KB234629

왕도와 패도

정도전의 경세철학 연구

왕도와 패도

정도전의 경세철학 연구

권행완 지음

한국학술정보㈜

서문

　고등학교 1학년 어느 날 눈을 뜨니 온 세상이 난리였다. 바로 10 · 26 박정희 대통령 시해사건 때문이었다. 그 후 신군부 세력에 의해 12 · 12 사태가 벌어지는가 싶더니 5 · 18 광주민주화운동이 촉발되었다. 그리고 얼마 후 군인 출신이 또 대통령이 되었다. 시민들과 대학생들은 사회적 불의에 분노하고 있었다. 그 뜨겁던 시절 나는 씨알사상으로 잘 알려진 함석헌 선생의 '뜻으로 본 한국역사' 등 『함석헌 전집』 20권을 읽으면서 지냈다. 역사의 한 모퉁이에서 정치에 대해서, 역사에 대해서, 권력에 대해서, 국가에 대해서, 폭력에 대해서, 사회변혁에 대해서, 생명에 대해서 시대의 아픔과 함께 나름대로 고민했다. 그러던 중 어느 날부턴가 역사를 거슬러 올라가기 시작했다. 한 나라의 현직 대통령(군주)을 시해한 사건이 옛날에도 있었던가? 군인이 대통령이 된 역사적 사례는? 그렇게 거슬러 오르다 역사적 사실 하나를 깨달았다. 왕정시대 모든 왕조의 창업자는 무인(武人) 출신이라는 사실을… 조선왕조의 시작도, 고려왕조의 출발도, 활 잘 쏘는 고주몽이 건국한 고구려도, 멀리는 중국의 탕무혁명(湯武革命)까지도. 하물며 현대 중국 건국의 아버지 모택동은 권력은 총구에서 나온다고 하지 않았던가? 나는 창업에 대한 역사적 패턴을 발견한 후 일상의 일에 파묻혀 까맣게 잊어버리고 있었다. 단지 정치학에 대해서만큼은 꼭 공부해 보고 싶은 생각뿐이었다.

격동하는 역사의 물줄기는 1987년 6월 항쟁에 그 정점을 이뤘다. 나는 군대에서 1987년 대통령선거 부재자투표와 관련하여 '군인양심 선언 제1호'가 될 뻔했던 일련의 '사건'을 치르고 나서, 며칠 밤을 뒤척이며 분노를 참지 못하다 목숨을 걸고서라도 꼭 지켜야 할 '가치'가 있다는 것을 깨닫고 뒤늦게 정치외교학과에 진학했다. 김주창 교수님은 논어, 맹자, 순자, 노자, 장자 등 동양철학과 정치사상을 가르쳐 주셨을 뿐만 아니라 제 꿈도 흔들어 깨워 주셨다. 신복룡 교수님은 '동학사상과 갑오농민혁명' 등 한국정치사상사에 대해서 설파해 주셨다. 학자는 한눈팔지 않고 철저하게 연구실을 지켜야 한다는 가르침을 몸소 보여 주셨다. 대학원 석사과정에서는 중국정치를 전공했다. 마침 학술답사를 갔던 중국 북경에서 정인재 교수님께서 "이 커다란 중국대륙 세력에 먹히지 않고 독자적으로 정치공동체(국가)를 이루며 오늘을 이어가고 있는 주변국가가 얼마나 되느냐? 만주족은 중국에 흡수되어 문자마저도 사라져 버렸다. 시대별로 국가영역이 표시된 중국지도를 펴서 한번 확인해 봐라. 중원(中原)은 똑같은 색으로 색칠해 있고 저 모서리 한 귀퉁이에 맹장처럼 한반도가 다른 색깔로 칠해져 있을 것이다. 우리는 정말 훌륭한 조상을 두었다. 우리 조상들이 얼마나 대단한지 연구할 필요가 있다."라고 하신 말씀의 역사적 패턴에 대해 고민했던 그때 그 기억이 어렴풋이 떠올라 나는 조선의 건국을 다시 살펴보았다. 이제야 비로소 창업에 대한 일련의 현상을 정리할 수 있었다. 혁명이었다. 조선 건국은 이전의 왕조와는 사뭇 달랐다. 5·16과도 달랐다. 그 다른 지점에 삼봉 정도전이 우뚝 서 있었다. 삼봉은 단순한 정권변화가 아닌 항구적인 국가경영의 비전을 실현시키기 위한 개혁프로그램을 준비하며 통치체도와 이념으로 조선을 무장시키고 있었다. 유교국가 조선의 이데올로기이자 정치가, 사상가, 혁명가, 경세가인 삼봉 정도전과의 만남은 그렇게 시작되었다.

삼봉 정도전을 생각하면 언제나 내 가슴은 벅차다. 유학의 비조 공자도, 역성혁명을 주장했던 맹자도, 신유학의 태두 주자도, 그 어느 유자(儒者)도 국가를 건국하여 유교이념을 제도적으로 실천하지 못했으나, 과문한 탓인지 모르지만 유교국가를 창업하여 유교적 질서를 기획하고 유교이념으로 국가를 경영하고자 치열하게 몸부림친 유자(儒者)는 삼봉이 유일하기 때문이다. 그래서 정치권력과 정치이념이 만난 조선 건국은 동아시아 유교정치사상사에서 건국이념을 국가경영패러다임으로 내면화시킨 정치적, 정치사상사적 사건이라고 할 수 있다. 정치사상사적 사건으로서의 조선왕조 탄생의 숙명은 제자(諸子) 중의 한 사람에 불과했던 『맹자』를 송나라 때 주자가 발굴하여 사서(四書)로 편입시키고, 정몽주가 『맹자』의 가치를 알아보고 시묘살이하던 삼봉에게 보낸 『맹자』의 책장을 삼봉이 펼치는 순간 이미 예고되어 있었다고 해도 과언이 아니다. 삼봉은 정몽주가 보내준 『맹자』를 하루에 한 장 또는 반 장 읽었다. 삼봉과 『맹자』의 만남이야말로 한국의 정신문화에 지대한 영향을 끼친 역사적 만남이었다고 말할 수 있을 것이다.

삼봉은 백성들로 하여금 유교적인 인(仁)의 질서를 누리게 하는 국가경영의 치도관(治道觀)을 구상한다. "강자는 겸병하고 약자는 빼앗기는" 약육강식의 '만인의 만인에 대한 투쟁 상태'에서 백성들을 구원하여 통치와 "질서가 바로잡혀 평화롭고 즐거운" 경세제민(經世濟民)의 국가비전을 실천하기 위해 맹자의 유가적 이상주의, 순자의 유가적 현실주의 그리고 관자의 실용주의와 상앙 및 한비자의 법가사상을 수용하여 법가의 부국강병에 몰두하지 않으면서 유가의 도덕적 명분주의에도 경도되지 않는 유교적 국가경영의 치도관으로서의 왕도와 패도, 즉 유교적 왕패관(王覇觀)을 수립한 것이다. 그래서 한 손에 붓을 들고 다른 한 손엔 칼을 치켜들고 있는 문무겸전(文武兼全)의 삼봉의 모습은 자연스럽다.

조선정치사상사를 보는 시각은 정몽주, 길재, 김숙자, 김종직, 김굉필, 조광조 등을 위주로 하는 도통론(道統論)적 시각이 주를 이루고 있다. 삼봉이 기획한 이념적 설계도에 따라 조선이 500년 동안 유교국가로 운영되었는데도 삼봉은 조선정치사상사에서 저만치 배제되어 있었다. 국가경영의 치도관적인 입장에서는 도통론(道統論)과는 달리 왕도와 패도에 대해 통합적 시각을 취하는 입장이다. 패도도 국가경영과 치세를 위한 하나의 중요한 수단이기 때문이다. 왕도는 치세에 적합한 통치사상이고 패도는 난세에 그 유력을 발휘한다는 점이 특징이다. 국가경영의 치도관에서는 왕도적 비전과 패도적 전망을 사상적 충돌없이 융합하고 있다. 왕도와 패도는 국가경영 치도관의 두 축이다. 이런 의미에서 학위논문인 ≪삼봉 정도전의 왕패정치담론에 관한 연구≫는 조선정치사상사의 지형 구도를 확장하고, 보다 생산적인 이해방식을 제공한다고 감히 생각한다.

이 책에서 미처 쓰지 못한 정도(政道)부분과 국가경영의 치도관의 시각에서 조선정치사상사를 저술하는 문제는 다음 연구과제로 남겨두었다.

이 책이 나오기까지 많은 은사님들의 가르침과 도움을 받았다.

석사논문 지도교수님이신 반산(盤山) 이상우 교수님께서는 "공동체 내 질서를 창출하고, 관리하고, 유지하며, 필요할 때 개혁하는 것, 그런 집단적 행위를 정치라 하고 그것을 학문적으로 연구하는 것이 정치학이다"라는 가르침을 주셨다. 그 영향으로 '질서'에 대한 문제의식을 학문적 화두로 삼게 되었고, 이전에 창업에 대해 역사적 패턴으로 정리했던 '혁명'과 선생님의 가르침으로 인해 깨달은 '질서'를 '化_질서관'의 시각으로 재구성하여 연구를 계속하고 있다. 또한 반산세미나에서 "사회과학은 Study of Man, 즉 사람을 공부하는 것이라고 했습니다. 그런데 사람이 없어졌습니다. 이렇게 되면 처음부터 의미 없는 학문이 됩니다. 그럼 왜 이렇게 되어 버렸는가? 이유는 자기가 만들어 놓은 이론적 틀에 심취하게 되면 그것이 아깝게 여겨지고 또한 자기 이론을 사랑하게 되어 원래 목적인 사람은 없어지고 이론만 남게 되는 것입니다. 숲속에서 길을 잃었습니다. 어딘지도 모릅니다. 그때는 헤매지 말고 갔던 길을 되돌아 나와야 됩니다. 출발점까지 다시 돌아와야 합니다. 출발점인 인간 연구로 되돌아 나와서 다시 시작해야 합니다. 중간에서 급하다고 이리저리 뛰다보면 영원히 자기가 쳐놓은 이론 그물에 갇혀 못 나오는 것입니다. 허상에 매이지 말고 과감하고 용감하게 돌아 나와서 사람으로부터 다시 출발해야 합니다. 궁극의 목적은 무엇입니까? 홍익인간입니다. 그렇지 않으면 사람을 속이는 것이지 학문이 아닙니다."라고 하신 말씀을 마음속 깊이 새기고 있다. '참 선비'이신 선생님을 닮고 싶어 선생님의 가르침만은 하나라도 놓치지 않으려고 부지런히 노력할 뿐이다. 중국원서로 중국정치사상사의 전체를 통관할 수 있도록 갈래를 짚어 주시며 번역의 방법론과 번역의 중요성을 일깨워주셨던 서강대 정인재 교수님.『중국고대정치사상사』등 중국원서에 대해 겁도 없이 덤벼들 수 있었던 것은 교수님의 '혹독한' 번역 훈련 덕분이다. 직업으로서의 학문과 취미로서의 학문에 대한 말씀과 함께 끊임없이 학문적 갈증을 해소하도록 독려하시고 사자후 같은 열변을 토하셨던 한국학중앙연구원 강광식 교수님, 현실의 나를 점검하도록 늘 다독이셨다. 양동안 교수님은 지식인의 자세에 대해 일깨워 주시며 스피노자와 거리의 철학자 에릭 호퍼처럼 학문에 대한 열정과 실천력을 겸비해야 한다고 당부하셨다. 교원대 김주성 교수님과 고려대 박홍규 교수님은 논문에 세련미를 더해 주셨다. 특히 교원대 김주성 교수님은 특유의 한글서체로 삼봉의 시(詩)를 써 주시며 학자 탄생을 축하해 주셨다. 박사학위논문 지도교수님이신 박병련 교수님은 조선정치사상사를 전관할 수 있도록 지도편달을 아끼지 않으셨다. 그 과분한 사랑에 감사드린다. 특히 교수님 덕분에 교수님의 은사님들까지 만나 뵐 수 있는 큰 영광도 누렸다. 月奉書院에서 순 한문 문집을 발간하신 화재(華齋) 이우섭 선생님과의 만남은 살아 있는 '유학'을 피부로 느낄 수 있었던 특별한 경험이었다. 또한 정산(精山) 김운태 교수님으로부터는 비록 짧은 시간이었지만 교정과 색인 작업을 도와드리면서 그 엄격하고 치밀한 학문적 자세를 직접 배울 수 있었다. 그러나 교수님께서는 책을 출판하시다 갑자기 유명(幽明)을 달리하셨다. 너무나 안타깝고 황망했지만 나는 교수님의 유지(遺志)를 받들어 출판을 끝까지 마무리했다. 교수님의 유작(遺作)이 되어버린『고려 정치제도와 관료제』는 그렇게 출판되었다. 삶과 죽음의 경계에서마저도 치열한 학문적 태도를 견지하시는 모습을 보고 학자의 삶이 어떠해야 하는지를 생생하게 깨달을 수 있었다. 김주창 교수님과 이선순 교수님은 천학비재(淺學菲才)한 제자를 십수 년 동안 교실에서뿐만 아니라 유경학회(儒經學會)에서 동양철학과 정치사상의 세계로 이끌어 주시고 한쪽 모퉁이를 가르쳐 주시면서 다른 세 모퉁이까지 깨닫게 해주셨다. 결코 잊을 수가 없다. 졸문책자(拙文冊子)가 저에게 학은(學恩)을 베풀어 주신 이 모든 선생님들께 혹여 누를 끼치지는 않을까 조심스럽기만 하다. 조금이나마 보답할 수 있는 길은 학자로서 초심을 잃지 않고 더욱디 열심히 공부하는 수밖에 없을 듯하다.

한국학중앙연구원 한국학대학원 시절 조광권 박사님, 이한수 박사, 김성문 박사와 함께했던 시간은 참으로 소중한 시간이었다. 문제의식을 가다듬고, 논리를 세우며, 쟁점에 대해 말의 검을 휘두르는 검객들이었다. 논정회(論政會)를 통해 학문의 열정을 불태웠던 동학들이 그저 고마울 뿐이다. 연구와 학문활동 등 학자적 고민을 함께해 준 김웅기 박사와 김태승 박사, 곁에 있는 것만으로도 든든하고 고마운 동학들이다. 밑도 끝도 없이 내 생각을 떠들어도 경청해 준 주변 분들에게도 고마운 마음 전한다.

배움의 즐거움에 빠져 당장이라도 밥벌이로서의 일은 그만두고 직업으로서의 학문에만 열중하고 싶은 욕심이 가끔 나를 부추기지만, 세상 일 내 마음대로 되는 게 얼마나 되던가? 비록 아무도 알아주지 않더라도 그저 묵묵히 공부해야겠다는 생각이다.

서당에서 한학(漢學)을 가르치시며 벼루가 움푹 패도록 먹을 갈고 붓글씨를 쓰셨던 할아버지, 평생 한학(漢學)을 하셨던 외할아버지, "精神一到何事不成 열심히 공부하자" 하시며 정성스런 태도와 부지런함을 강조하셨던 부모님 덕분에 나도 선인들의 글을 좋아하고 학문을 계속 하는 것이 아닌가 생각된다. 항상 다정다감하고 우애 깊은 처가 식구들의 응원도 큰 힘이 되었다. 공자, 맹자, 노자, 장자, 삼봉 등 사상가들에 대한 온갖 사설을 시도 때도 없이 늘어놓아도 싫은 기색 하나 없이 다 들어 준 아내 문정란과 사랑하는 딸 윤지에게는 '능구(能久)'의 자세로 늘 노력하는 남편과 아빠의 모습으로 기억되었으면 좋겠다.

2012년 7월
권행완

목 차

제 II 장 삼봉의 사상사적 위상과 배경

제 III 장 삼봉의 유교적 왕패관

제IV장 삼봉의 왕패론적 재상정치

제 V 장 결론

제1장

서론

1. 연구목적

고려는 비능률적인 관료체제와 민생을 보호하지 못하는 토지제도 그리고 법집행상의 난맥 등 무질서하고 혼란한 정치 상황을 해결할 만한 정치적 역량이 충분하지 못했다. 조선은 고려의 총체적 난맥상을 극복하면서 새로운 유교적 질서를 창출하였다. 이성계의 권력과 유학으로 무장한 정도전의 정치사상이 만나 유교국가 조선이 탄생한 것이다. 정치권력과 유학의 만남은 한국정치사 최초로 이념적 가치를 현실화시키기 위해 국가이념을 국가경영 패러다임(paradigm)으로 내면화시키는 역사상 최초의 정치적 사건이라고 할 수 있다. 삼봉 정도전(이하에서는 삼봉으로 칭한다)은 『조선경국전(朝鮮經國典)』, 『경제문감(經濟文鑑)』 등을 통하여 유교국가의 이념과 통치 질서의 사상적 기반을 마련하였다. 삼봉은 조선조 경국체제(經國體制)의 설계와 국가이념을 기획한 실질적인 업적에도 불구하고 한국사상사의 큰 흐름에서 그의 사상과 정치적 견해는 이질적인 것으로 평가받으며 배제되어 왔다. 그럼에도 불구하고 "『경제육전』이나 『경국대전』은 삼봉의 『조선경국전』의 형식과 방법을 계승"[1]하여 유교이념에 맞는 통치구조로 확립되어 갔다.

유교적인 정치이념은 경세제민(經世濟民)을 목적으로 한다. 경세제민은 백성을 구제하고 정치공동체인 국가를 경영하는 경국제세(經國濟世)[2]의 정치적 행위이므로 구체적인 실천전략이 필요하다. 이러한 측면에서 유교국가를 경영하는 실천적 치도관(治道觀)은 왕도와 패도로 집약할 수 있다. 삼봉은 고려체제의 문제 해결과 유교적 질서를 수립하기 위한 실천적 대안으로 국가경영의 치도관으로서 '유교적 왕패관'을 제시한다. 왕도(王道)와 패도(覇道)는 사상의 성격과 궁극적인 지향점이 상반되기 때문에 상호 분열가능성과 충돌가능성이 항상 상존하고 있다. 반면에 양자는 서로 길항관계를 극복하고 상보적인 관계로 발전할 가능성 또한 잠재되어 있다. 그 과정은 진대(秦代)의 독패시기(獨覇時期)를 거쳐 양한(兩漢)시기 유법의 투쟁과 교합으로 이어졌던 역사적 사례로 확인할 수 있다.

유교국가체제 치도관의 시각으로 볼 때, 한무제(漢武帝) 때 독존유술(獨尊儒術)로 유교를 국가이념으로 채택하고 아직 유교적 왕패관이 정립되지 않은 상태에서 일어났던 염철론(鹽鐵論)[3]이라고 하는 왕패논쟁

---

1) 윤국일, 『경국대전연구』(서울: 여강출판사, 1991). p.126.

2) 『三峰集』, 卷13, 朝鮮經國典上, 禮典, 擧遺逸.

3) 『염철론』은 중국 한나라 때 황제 명의로 소집한 국가경영 전략회의 석상에서 중앙관료와 민간인 출신의 지식인 간에 진행된 논쟁을 정리한 책이다. 정부 측이 취한 경향은 법가적이었고 민간 측이 주장한 것은 유가적이어서 결국 양측 사이에는 유가사상을 현실적인 통치 스타일로 적용하느냐, 아니면 진나라가 해왔던 것처럼 강력한 힘의 논리에 바탕을 둔 법가사상을 국가경영전략으로 적용하느냐의 문제로 집약되었다. 환관 지음, 김원중 옮김, 『염철론』(서울: 현암사, 2007). pp.4~5.

은 매우 중요한 역사적인 사상사적 사건으로 부각된다. 이런 의미에서 삼봉의 국가경영 치도관(治道觀)[4]의 본질을 이해하는 출발점은 거시적 관점에서 유교를 동아시아 최초로 국가이념으로 채택한 한(漢)나라를 주목하는 데서부터 시작할 필요성이 대두된다. 특히 한소제(漢昭帝) 때 국정의 실질적인 책임자이자 주요 정책담당자인 법가의 상홍양[5]과 재야 향리 출신인 유가의 문학과 현량들이 벌인 "염철회의는 단순한 경제정책 논쟁이나 정치적 책략에 그치는 것이 아니라 중국 사회와 국가를 이끌어 나갈 새로운 이념과 사회계층을 형성하는 것이었으니, 한대 아니 고대 중국의 사회와 국가의 전형적 모델은 진시황 시기나 한문제 시기 혹은 무제시기에 형성된 것이 아니라 염철회의가 진행된 전한 후기의 소선제(昭宣帝) 시기에 형성"[6]되었기 때문이다.

정부 당국자와 재야의 현량과 문학들이 벌였던 염철론(鹽鐵論)이라고 일컫는 왕패논쟁은 유교정치의 성격 및 방향을 결정하는 중요한 전기가 되었다는 점에서 주목을 끈다. 이 논쟁 이후 "유가와 법가는 이유식법(以儒飾法) 혹은 내법외유(內法外儒)의 절충과 공존의 지혜를"[7] 통해 국가경영의 치도관으로서 외유내법화(外儒內法化) 되었다고 할 수 있다.

서구화 물결이 유입되기 이전 동아시아 국가들의 치도관은 왕도와 패도가 핵심이었다. 때문에 치도관적 시각을 수립하기 위해서는 왕도와 패도에 대한 검토 작업은 필수적이다. 문제는 패도를 어떻게 볼

---

4) 治道라는 말은 先秦 儒法家가 치열한 논쟁을 전개한 바 있는 왕도와 패도문제를 근거로 만들어진 용어이다. 신동준, "先秦 儒法家의 治道觀과 治本觀의 비교연구", 서울대학교 박사학위논문, 1998. p.2.

5) 염철논쟁의 일방을 주도한 상홍양(桑弘羊)은 비록 상인 출신의 경제관료였지만, 법가사상에 통달한 법가적 관료라 할 수 있다. 환관 저, 김한규 · 이호철 역, 『염철론』(서울: 소명출판, 2002). p.15.

6) 같은 책, p.16.

7) 같은 책, p.16.

것인가이다. 국가경영의 치도관적인 입장에서는 도통론(道統論)과는
달리 왕도와 패도에 대해 통합적 시각을 취하는 입장이다. 패도도 치
평(治平)을 위한 하나의 중요한 수단이기 때문이다. 왕도는 치세(治世)
에 적합한 통치사상이고 패도는 난세(亂世)에 그 위력을 발휘한다는
점이 특징이다. 요순(堯舜)시대와 같은 태평성세가 언제까지 지속될
리 없고 전국(戰國)시대처럼 삶의 현장이 곧 전쟁터가 되는 난세의 역
사만이 펼쳐질 수 없는 것이 또한 역사의 흐름이다. 맹자가 일치일란
(一治一亂)이라고 갈파했듯이 치세와 난세는 교차하는 법이다. 그러나
치세와 난세는 정치지도자가 누구냐에 따라 치세도 될 수 있고, 난세
도 초래될 수 있다는 점에 유의해야 한다. 역사는 요순처럼 언제나
탁월한 지도자가 출현하기보다는 오히려 보통군주들이 다스린 기간
이 훨씬 길다. 왕도적 비전 없이 反民的이고 反도덕적인 법가의 냉혹
하고 급진적인 현실주의는 중국을 통일시켜 진(秦)제국의 위업을 달
성하기는 했지만 수성(守成)하지 못하고 급속한 몰락으로 그 한계를
드러냈다. 이러한 사실은 당위적인 왕도적 이념이 부재한 상태에서
현실적으로 효율적인 패도만으로 국가를 경영할 때 그 폐단은 매우
심각하다는 점을 역사는 증명하고 있다.

삼봉은 왕도적 비전이 결여된 고려체제는 "불씨의 해가 인륜을 헐
어 버린지라 앞으로는 반드시 금수를 몰아와서 인류를 멸하는 데까
지 이를 것이니 명교를 주장하는 사람으로선 그들을 적으로 삼아 힘
써 공격해야 할 것"8)이라는 우환의식(憂患意識)을 드러낸다. 그래서
태조가 내린 "교서를 받들고" 『조선경국전』을 지어 올리면서 "다스

---

8) 『三峰集』 卷5, 佛氏雜辨, 闢異端之辨.

리는 방법은 상신(相臣)에게 책임지우시고"9) "이에서 창업(創業)하여 자손에게 이어 줌이 어려움을 보여 충분한 준비로서 수성(守城)함을 오래도록 하신 것이다"10) 하면서 국가경영에 대한 치도관의 기획의지를 내보인다. 뿐만 아니라 "치도를 논하는 직책에 처하면"11) "전폐(殿陛) 아래에서 치도(治道)를 논하여 일인(군주를 가리킴)을 돕고 묘당의 위에 서서 도견을 잡아 만물을 주재하니"12) "국가의 치란과 천하의 안위가 항상 이에서 비롯될 것"13)이니 국가의 치세와 난세 그리고 천하의 안위가 모두 치도에 달려 있음을 말한다.

뿐만 아니라 삼봉은 『조선경국전』에서 "그 의형이나 단옥으로서 정치를 보좌하는 것은 한결같이 『대명률』에 의거하였다. 그러므로 신(臣)은 대명률의 총목을 참용하여 「헌전(憲典)」의 여러 편을 지었고, 또 대략을 서술하여 후서를 짓는다"14) 하여 법가류의 『대명률』도 활용하고 있다. 삼봉은 여기에 그치지 않고 한비자의 형명사상(刑名思想)까지 적극적으로 수용하여 국정운영의 실질적인 효과를 기대한다.

왕도적 비전을 제시하는 『조선경국전』의 기획은 물론 법가적 체취가 물씬 풍기는 『대명률』도 윤색하고 한비자의 형명사상(刑名思想)까지 수용하여 왕도와 패도의 두 산맥의 흐름을 융합하려는 의도가 엿보인다. 그래서 조선의 국가이념을 기획했던 삼봉이 어떻게 왕도적 비전과 패도적 실용성을 사상적 충돌 없이 수용하고 있는지가 무엇

---

9) 『三峰集』 卷3, 撰進朝鮮經國典箋. "謂治道責成於相臣"

10) 『三峰集』 卷3, 撰進朝鮮經國典箋. "可見創業垂統之艱難 俾爲持盈守城之悠久"

11) 『三峰集』 卷9, 宰相之職. "處論道之職"

12) 『三峰集』 卷9, 宰相之職. "殿陛之下論道德而佐一人 廟堂之上 執陶甄而宰萬物"

13) 『三峰集』 卷9, 宰相之職. "國家之治亂 天下之安危常必由之"

14) 『大明律 直解』 跋文.

보다 중요하다고 하겠다.

이러한 측면을 고려하여 본 논문에서는 일차적으로 한국정치사상 사에서 삼봉이 차지하는 위상을 국가경영의 치도관 입장에서 살펴보고, 삼봉의 유교적 왕패관에 영향을 미친 사상적 배경과 선진 유법가 사이에 벌어진 염철론이라는 왕패논쟁을 삼봉의 정치노선과 왕패관의 한 단서로서 이해하고자 한다.

본 논문이 궁극적으로 추구하는 핵심적인 과제는 다음 두 가지를 목표로 설정한다.

첫째, 왕도와 패도 사이에 형성된 상호 길항관계를 충돌 없이 경권(經權)의 패러다임을 통해 전략적으로 융합시키는 삼봉의 '유교적 왕패관'에 대해서 규명할 것이다.

둘째, 삼봉의 유교적 치도관으로 구상한 '왕패론적 재상정치'에 대해서 살펴 볼 것이다.

2. 선행연구 검토

삼봉에 대한 그간의 연구들은 1970년대 한영우의 『정도전 사상의 연구』[15]를 필두로 다방면에 걸쳐 광범위하게 이루어져 왔다. 그 대표적인 연구자들은 역사학의 도현철을 비롯하여 정치학의 박홍규와 최연식, 그리고 철학의 정성식 등이 각 분야별로 중심을 이루고 있다. 또한 최근의 삼봉에 관한 연구는 "삼봉학"으로 자리매김하여 2차에 걸쳐 학술회의[16]까지 개최되었다.

---

15) 한영우, 『정도전 사상의 연구』(서울: 서울대학교출판부, 1973).

16) 삼봉학은 남명학, 율곡학, 퇴계학, 다산학처럼 삼봉에 대한 연구를 총칭하는 개념이다. 한영우를 중심으로

먼저, 한영우는 삼봉의 사상체계를 윤리, 철학, 정치, 경제, 군사 등으로 나누어 '왕조의 설계사'로서의 면모를 부각시키는 종합적인 연구를 진행했다. 이는 삼봉에 대해서 총체적 의의를 밝히는 데 크게 기여했음은 의심할 바 없는 사실이다. 그러나 "우리의 정치사상사 연구에서는 예컨대 '경세제민(經世濟民)'의 정치적 실천에 주안점을 둔 동양적 전통을 드러내는 주제들을 축으로 해서 그에 대한 선현들의 생각을 체계적으로 해명하는 데 우선 주목해야 한다는 점"[17]에는 미치지 못하고 있다. "요컨대, 정치사상사 연구의 학문적 정체성 확보를 위해서는 적어도 그 '혼재성'의 내용을 어떤 구조적 연관성의 각도에서 인식할 필요가 있는 것이다."[18]

또한 한영우는 삼봉의 사상체계를 이해하는 방식에 있어서도 "정도전의 정치사상은 도덕윤리의 실현과정에 불과하다"[19]고 설명하고 있다. 삼봉의 정치사상에 대한 이러한 접근법은 "정도전을 정통 유교 정치사상가의 범주에서 보아 '윤리성'의 축에서 그 특성을 파악하는 것은 정도전의 구상을 이해하는 데 오류를 범할"[20] 한계성을 노출하고 있다. 오히려 제도적 실천까지 염두에 두고 국가경영의 틀과 실천적 치도관을 기획한 삼봉의 정치사상은 "경세성(經世性)의 축에서 바

2003년 11월 29일 제1회 삼봉학 학술회의가 '정치가 정도전의 재조명'이라는 주제로 개최되었다. 그로부터 4년이 지난 2007년 12월 6일 국제적으로 외연을 확대하여 '정도전 성리학의 국제적 위상'이라는 부제로 제2회 삼봉학 학술회의를 개최하였다. 제1회 학술회의에서 다룬 논문은 삼봉정도전선생기념사업회, 『정치가 정도전의 재조명』(서울: 경세원, 2004) 참조. 제2회 삼봉학 학술회의에 관한 논문은 삼봉정도전선생기념사업회, 『성리학자 정도전의 국제적 위상』(파주: 경세원, 2008) 참조.

17) 강광식, 「한국정치사상사 연구의 대상과 방법」, 『한국정치사상사 문헌자료 연구(Ⅰ)』(서울: 집문당, 2005). p.3.

18) 같은 책, p.3.

19) 한영우, 『정도전 사상의 연구』(서울: 서울대학교출판부, 1999(개정판)). p.249.

20) 박병련, 「정도전의 정치사상과 유교적 관료체제의 재설계」, 『한국사회와 행정연구 제11권 2호』(서울: 한국행정학회, 2000). p.127.

라볼 때 그가 갖고 있던 사상의 특징을 보다 분명히 이해할 수 있다"[21]고 본다.

둘째는 주자학과 조선건국의 관계를 이념과 권력의 틀로 설정하여 정치가 정도전[22]을 분석했다. 이 연구는 방법론에 있어서 독창성이 깃든 새로운 논의로서 기존 연구 성과의 한계를 넘어서고 있다. 그러나 정치가 정도전을 "주자학을 신봉한"[23] 주자주의자[24]로 명명하여 '주자주의자 정도전'은 곧 '왕도주의자 정도전'으로 추론할 수 있는 삼봉 독법(讀法)의 실마리를 제공하고 있다. 이러한 삼봉 독법은 이방원과 삼봉을 '법가와 유가'로 대비시켜 패도주의자 이방원[25]과 왕도주의자 정도전으로 정치적 대립구도를 설정하게 한다. 이것은 국가경영 치도관의 입장에서 『맹자』, 『순자』, 『관자』, 『오자』, 사공학 등의 사상을 수용하고, 한비자의 형명사상(刑名思想)까지 국가경영의 구상에 활용하고 있는 삼봉 정치사상의 '정치동학(動學)으로서의 패도적 요소의 추동력'을 간과하게 되는 취약성을 지닌다고 할 수 있다.

셋째, 『고려 말 사대부의 정치사상 연구』[26]에서는 고려 말에 성리학의 수용과 함께 새로운 정치세력으로 대두되는 신흥사대부들의 정

---

21) 같은 책, p.127.

22) 최상용 · 박홍규 지음, 『정치가 정도전』(서울: 까치, 2007).

23) 같은 책, p.14.

24) 같은 책, p.100. 이와 관련하여 김석근은 "과연 주자학은 혁명의 이론적 기초일 수 있는가, 그리고 구체적으로 여말선초의 역성혁명에 대해서 어떤 역할을 했던 것일까"라고 의문을 제기하고 "주자학과 혁명 사이에는 그다지 친화력이 없다"고 주장한다. 김석근, 「개혁과 혁명 그리고 주자학: 여말선초를 산 정몽주와 정도전의 현실인식과 비전」, 『한국정치의 재성찰: 전근대성 · 근대성 · 탈근대성』(서울: 한울, 1996) 참조.

25) 정변행위는 한비자적 시각에 따라 거행된 한비자적 행위라고 보아도 좋을 것이다. 최상용 · 박홍규 지음, 앞의 책, p.244. 또한 태종이 한비자를 읽었을 수도 있다는 입장에서 태종의 정치사상을 한비자적 정치행위로 해석한 논문으로는 박홍규 · 방상근, 「태종 이방원의 권력정치: 揚權의 정치술을 중심으로」, 『정신문화연구 29-3』(한국학중앙연구원, 2006) 참조.

26) 도현철, 『고려 말 사대부의 정치사상 연구』(서울: 일조각, 1999).

치사상적 문제의식을 구법파와 신법파라는 대비적 관점으로 분석한다. 구법파와 신법파의 대비 속에서 이색 계열과 삼봉 계열의 사상적 지향을 재조명하는 저자의 작업은 새로운 독법과 함께 사상사를 재조명하는 계기를 제공하고 있다. 개량주의적 처방책을 제시하는 이색 중심의 구법파와 급진개혁주의적 처방책을 대안으로 제시하는 삼봉 중심의 신법파의 내립구조 속에서 재해석한다. 저자는 구법파가 왕패겸용의 당태종을 정치개혁의 모델로 내세우고 있다고 주장한다.[27] 반면에 삼봉의 신법파는 주희의 왕도주의 내지 의리주의를 주장한다고 구법파와 대립시켜 파악하고 있다. 왕패겸용의 주장이 성리학과 대립되는 근본적인 차이점은 공리주의적 전략을 활용한다는 점이다. 그러나 저자는 이색계열의 구법파가 인간본성이나 정책에 관하여 공리주의적 견해를 제기하는 사례를 들지 못한다. 오히려 저자는 구법파가 공리보다는 교화를, 제도적 개혁보다는 인성의 자각을 강조한다고 설명한다.[28] 이 지적은 이색계열이 왕패겸용의 공리주의적 전략을 활용한다는 저자의 시각과 충돌을 일으키고 있다.

넷째 『창업과 수성의 정치사상』[29]에서는 이색, 삼봉, 권근을 비교 연구하는 관점으로 창업론(創業論)은 난세(亂世)의 정치론, 수성론(守成論)은 치세(治世)의 정치론으로 대비시킨다. 난세의 정치론은 개별성의 정치론, 치세의 정치론은 보편성의 정치론으로 일반화한다. 그래서 치인(治人) 중심적 정도전과 수기(修己) 중심적 권근을 대비하는 사상적 구조의 틀이 조선 중기 퇴율(退栗) 이기론(理氣論)의 원형(prototype)

---

27) 도현철이 이색계열이 당태종을 왕패겸용의 군주라고 인용한 전거는 이색의 문집이 아니라 『삼봉집』에 의거하고 있다. 너무 도식적인 대비에 치중한 결과라고 생각된다. 같은 책, p.134의 285번 각주 참조.

28) 같은 책, p.140.

29) 최연식, 『창업과 수성의 정치사상』(서울: 집문당, 2003).

이 되었다고 해석하고 있다. 이러한 접근법은 조선 초기 정치사상의 지형을 조선 중기 이후의 정치적 지형으로 소급해서 재단하고 있어 조선 전기와 중기 이후의 정치사상의 지형에 대한 차별성이 차단되어 있다. 또한 수성=치세=보편성=수기, 창업=난세=개별성=치인이라는 구도의 한 축으로 삼봉을 분석하고 있다. 그러나 일치일란(一治一亂)은 사상의 성격에 따라서 결정되는 것이 아니라 국가경영자가 누구냐에 따라, 또 국가경영자의 치도관에 따라 치세가 될 수 있고, 난세도 초래할 수 있다는 점을 상기할 필요가 있다.

다섯째, 『포은과 삼봉의 철학사상』[30]에서는 역사인식의 전개양상을 경상(經常)과 권변(權變)의 두 가지 유형으로 나누어 사상적 특성을 설명하고 있다. '經·權'의 시각으로 포은 정몽주와 삼봉 정도전을 "강상론 대 혁명론", "의리사상 대 변혁사상" 등으로 구분하여 논의를 전개하고 있다. 삼봉은 상황성에 입각하여 변법개혁을 추구하여 창업론적 논법의 시중지도(時中之道)의 변혁사상적인 성격이 짙다는 것이다. 그러나 삼봉은 국가이념의 기획자이며 동시에 유교국가체제의 구상자로서 유교국가의 항구적인 국가경영 치도에 대해서 고민한 경세가라는 점을 감안할 때 저자의 구분법은 삼봉의 정치사상을 시중지도의 일회성적인 처방책으로 끝나기 쉬운 논리적 취약성을 내포하고 있다.

이상의 연구결과 이외에도 삼봉의 법사상의 특성[31]과 조선경국전의 성격[32]에 대한 연구도 진행된 바 있고, 유교적 국가경영을 위한

---

30) 정성식, 『포은과 삼봉의 철학사상』(서울: 심산, 2003).

31) 최종고, 「정도전의 법사상」, 『문학과 지성 21』(문학과지성사, 1975). 이재룡, 「삼봉 정도전의 법사상」, 『민족문화연구 23』(고려대학교 민족문화연구소, 1990).

32) 김인호, 「조선경국전과 경제육전의 성격」, 『경제육전과 육전체제의 성립』(서울: 혜안, 2007).

정치체제와 제도에 관한 연구 성과도 산출되었다.[33]

이상의 제 연구는 대체로 사상의 '혼재성'에 치중하거나 국가이념 기획자로서의 '기획성'을 고려하지 않고 사상의 '종속적 위치'를 강조하며, 주자주의자로 단순화하거나, 이념적 대응양상의 분화를 유형화하여 창업과 혁명성의 면목만을 부각시키려 하는 한계를 지니고 있다고 할 수 있다. 이는 삼봉에 관한 연구가 양적, 질적으로 괄목할만한 성과를 거두고 있으나 "삼봉 사상은 독창성은 없고 주자사상만을 답습했다고 하는 주장"[34]처럼 주된 연구의 방향이 주자학적 시각 또는 도통론(道統論)적 시각을 벗어나지 못하는 현상과 결코 무관하지 않다. 이처럼 삼봉을 제한적으로 설명함으로써 '국가경영의 치도관'[35]으로서 왕도와 패도를 융합시켜 왕도적 비전과 패도적 실천전략을 유기적으로 체계화시킨 독특한 사상적 성격과 국가경영적인 측면은 간과하고 있는 셈이다. 삼봉의 정치사상이 각종 사상의 조각들로 복합적으로 구성되어 있는 특징 때문에 사상의 유기적인 측면을 파악하기가 여간 어려운 게 아니다. 삼봉의 정치사상은 국가비전의 달성과 효율적인 국가경영을 위해 매우 전략적으로 구성되어 있다. 따라서 삼봉을 주자주의자로 한정시키고 창업과 혁명성만을 부각시킨다면 삼봉의 정치사상을 분석하는 데는 그만큼 적실성이 결여될 수밖에 없다.

이처럼 다양한 분야에서 산출된 연구결과처럼 삼봉의 정치사상 또한 매우 복합적인 성격을 띠고 있다. 주자와 왕패논쟁을 벌였던 진량

---

33) 김원동, 「정도전의 통치이념과 제도에 관한 연구-조선경국전을 중심으로-」, 경희대학교 박사학위논문, 1979. 김인호, 「정도전의 역사인식과 군주론의 기반-경제문감의 분석을 중심으로-」. 도현철, 「정도전의 정치체제 구상과 재상정치론」, 『한국사학보 VOL-NO.9』(고려사학회, 2000).

34) 배종호, 『한국유학사』(서울: 연세대학교출판부, 1974). p.59.

35) 본고에서 국가경영의 치도관의 실천적 함의는 왕도는 비전으로 수립되고, 패도는 실용정치의 사상적 논거로 작동하도록 유기적으로 융합되고 전략적으로 구축되었다는 것을 의미한다.

계열의 사공학을 수용하기도 하여 사상의 내부 요소 간 초점불일치 내지는 긴장이 흐르기도 한다. 또한『대명률』을 윤색하고『관자』등의 법가사상을 수용하기도 하며, 한당의 군현제도와 군사제도를 절충[36]하는 등 삼봉의 학문과 사상은 지주철학의 성격이 강하고, 도덕지상주의에 경도되어 있는 정통 성리학과는 다소 다르다.[37] 뿐만 아니라 밖으로는 중국 삼대 이후의 역대 왕조의 문물을 가감 손익하고, 안으로는 고려시대의 문물을 참작하여 새로운 구조 속에 재구성[38]을 시도하고 있다. 삼봉의 정치사상은 하나의 초점으로 단순화하기가 쉽지 않은 사상적 특성을 지니고 있는 것이다. 이는 삼봉이 국가경영을 위해 백성과 국가발전에 유익하다고 생각되는 각종 다양한 사상을 동원했다는 증거이기도 하다. 때문에 삼봉의 정치사상은 '다양성'과 '복합성'을 그 특징으로 하고 있다고 할 수 있다.

한편 기존의 연구 성과들의 한계를 염두에 두고 볼 때, 비록 삼봉이 주자학 이외에도 민생안정과 부국강병 등에 사공학을 보완적으로 수용하고 있다고 밝힌 점과 통유(通儒)적 관점에서 사공을 중시했음을『경제문감』의 인용전거를 통해 밝힌 도현철의 연구[39]는 삼봉의 정치사상에 대해서 적지 않은 시사점을 주고 있다. 우선 정도전 학문 사상의 성격을 주자학의 범주에서 파악할 것인가 아니면 사공학(事功學) 등과 같은 보다 다양한 사유를 고려하며 폭넓게 파악할 것인가의 문제가 제기되었다.[40] 정도전의 정치적 사유와 지향은 새로운 국가를

---

36) 한영우, 『왕조의 설계사』(서울: 지식산업사, 1999). p.347.

37) 같은 책, p.347. 도현철, 「정도전의 사공학 수용과 정치사상」, 『한국사상사학 제21집』(한국사상사학회, 2003). 도현철, 「『경제문감』의 인용전거로 본 정도전의 정치사상」, 『역사학보 제165집』(역사학회, 2000). 정호훈, 「정도전의 학문과 功業 지향의 정치론」, 『한국사 연구 135』(한국사연구회, 2006).

38) 민족문화추진회 편, 「삼봉집해제」, 『국역 삼봉집』(평화당인쇄주식회사, 1997). p.10.

39) 도현철, 앞의 글, 「정도전의 사공학 수용과 정치사상」과 「『경제문감』의 인용전거로 본 정도전의 정치사상」.

만들어 운영함에 필요한 것이 무엇인가를 전면적으로 고민하는 가운데 형성된 것[41]으로 그에 의해 조선의 정치사상은 국가론 차원의 내용과 방법을 확보하게 되었다[42]. 그런 측면에서 삼봉을 '유교적 치도관의 기획자'로 이해하고 향후 보다 체계적으로 국가경영적인 측면을 이해하는 계기를 제공해 주었다고 할 수 있을 것이다.

이처럼 국가경영은 이념, 민생, 국방, 경제, 윤리, 도덕 등 총체적인 성격을 띠고 있다. 그래서 국가경영의 정치적 함의를 파악하기 위해서는 다양하게 분산된 시각보다는 사상의 유기적 관계성에 초점을 맞추는 통합적 시각이 필요하다 하겠다. 여기에 한걸음 더 나아가 국가경영의 치도관, 즉 유교적 왕패관의 시각으로 접근하여 "일견해서 맹자에서 강력한 의미를 갖고 등장하는 민본주의는 유교적 '仁政'의 맥락에서 의미를 갖고, 그것은 '왕도정치'와 연관을 갖는다. 그런데 맹자는 왕도정치를 강조하면서 힘과 무력을 앞세우는 패도정치를 경멸한다. 이러한 맹자적 입장은 유교정치사상의 정통의 흐름을 대변하는 것이다. 그런데 우리는 정도전에게서 반드시 왕도정치사상만으로는 이해할 수 없는 부분을 발견할 수 있"[43]는 측면을 고려하여 정치동학(動學)으로서 왕도와 패도를 융합하는 시각으로 외연을 확대하고 심화시켜 연구할 필요가 있다 할 것이다. 왕도와 패도는 유교적 치도관의 두 축이다. 경세제민, 국가경영을 위해 어떤 비전과 실천전략을 기획했는지 연구할 필요가 있다.

---

40) 정호훈, 앞의 글, pp.178~179.

41) 같은 글, p.211.

42) 같은 글, p.211.

43) 박병련, 앞의 글, p.130.

3. 연구방법 및 논문구성

1) 콘텍스트와 텍스트

　정치사상가에 대한 사상사적 연구는 콘텍스트(Context)와 텍스트(Text)의 상호관계 속에서 해석하기보다는 텍스트 중심의 시계열적인 해석방법을 취하는 경우가 많다. 시계열적인 연구방법에는 敎義史的인(history of doctrine) 연구방법과 觀念史的인(history of ideas) 연구방법이 있다. 교의사적인 연구방법은 기독교의 교의사, 유교의 교의사, 불교의 교의사 등의 역사적인 발전을 추적하는 사상사 연구방법론이다. 때문에 "기독교라든가 유교라든가 불교라든가 하는 것을, 또는 어느 전문분야의 학설을 하나의 완결된 관념형태라고 생각하여 그 시대의 정치적 사회적 기초와는 일단 분리하여 사상의 존재형태 그 자체를 문제시하는"44) 연구방법론이다. 이러한 연구방법은 정치사상가 개인의 사상을 해석하는 데 매우 유용한 측면이 있지만 정치사상가의 텍스트에 지나치게 의존할 위험성이 상존하고 있다. 뿐만 아니라 사상과 사상 간의 관계성과 사상 그 자체의 내재적인 구조 파악에는 취약하므로 그 사상만이 함의하고 있는 사상의 고유성과 다른 사상과의 연계성을 포착할 수 없다는 제한성을 지닌 연구방법이라 할 수 있다.

　관념사적인 연구방법은 "한 시대 또는 수시대에 걸쳐서 통용되어 온 특정의 관념들"과 "이른바 지배적인 관념들"이 "시대에 따라서 또는 사상가에 따라서 어떻게 변용되어" 갔으며, "이들 여러 관념들의

---

44) 박충석, 『韓國政治思想史』(서울: 삼영사, 1982). p.261.

구조적 연관은 어떠하였는가"[45]에 초점이 맞춰져 있다. 즉 "여러 관념들을 어디까지나 그 시대의 정치적 사회적 기초와의 연관 속에서 파악할 뿐 아니라, 그 시대의 정치적 사회적 기초와의 연관 속에서 이들 여러 관념들이 어떠한 기능을 하고 있는가 하는 것을 역사적으로 추적하는 연구 경향이라고 할 수 있다."[46] 이러한 연구방법은 사상과 사상 간의 관계성을 중시하고, 사상의 변천 그리고 동시대의 정치적 사회적 기초와 사상 간에 어떤 영향을 끼쳤는가 하는 상호작용에 주목한다. 그러나 이 연구방법은 관념의 맥락을 소홀히 하여 사상의 상황성을 간과하기 쉬운 취약성을 내포하고 있다. 만약 연구 대상에 대해 저자의 문헌 중심, 즉 텍스트 중심으로만 해석을 하고 콘텍스트를 배제하게 된다면 정치사상가가 콘텍스트를 향해 발언한 정치적 의도(Political Intention)를 파악하기는 매우 어려울 수 있다는 한계를 지니고 있다. 때문에 정치사상가의 텍스트는 정치사상가가 처해 있는 콘텍스트와의 관계성 속에서 이해되어야 한다.

스키너에 의하면, 지성사적 전기(intellectual biography)나 텍스트에만 의존할 경우 "가끔 만족스러운 결과를 가져온 것처럼 보일 수 있으나 이러한 방법으로는 주어진 저술가가 했음직한 발언과 그의 발언의 의도였다고 우리가 말할 수 있는 것 사이의 관계를 이해하려는 어떠한 노력에서도 필연적으로 제기될 수밖에 없는 몇 가지 핵심적 문제들을 논구할 수도, 심지어는 인지할 수도 없다는 것이다."[47]

---

45) 같은 책, p.260.

46) 같은 책, p.261.

47) Quentin Skinner, "Meaning and Understanding in the History of Ideas," James Tully ed., Meaning and Context: Quentin Skinner and His Critics(Cambridge: Polity, 1988); 틴 스키너, 「사상에서의 의미와 이해」, 제임스 탈리 엮음, 유종선 옮김, 『의미와 콘텍스트』(아르케, 1999). p.107.

본 논문에서는 이와 같은 문제의식을 바탕으로 정치사상을 일종의 언어행위로 간주하여 정치사상가의 저술이나 발언에 숨겨진 정치적 의도(Political Intention)를 탐구하는 스키너(Quentin Skinner)와 포칵 (J. G. A. Pocock)의 정치담론 분석 방법을 원용하기로 한다.

정치사상가의 텍스트는 콘텍스트에 비추어 이해하는 것이 저술이나 발언에 숨겨진 의도를 '있었던 그대로' 또는 '원래 의미대로' 보다 더 객관적으로 읽을 수 있을 것이다. 본 논문의 주안점은 삼봉의 철학적 사고체계 자체보다는 콘텍스트에 텍스트를 연동시켜 정치적 현실을 포착하는 정치적 사유방식에 주목한다. 그런 의미에서 국가경영의 치도관을 기획한 삼봉의 사상사적 위상을 고려하고, 유교적 왕패관이 점하고 있는 실천적 함의를 연구하기 위해서 다음과 같은 입장에서 접근하도록 한다.

첫째, 지금까지의 기존 연구들은 삼봉의 정치사상에 대해 왕패도의 언어 맥락적인(Linguistic Contextual)[48] 관계성에 대한 연구를 소홀히 해 정치사상사적인 좌표 설정과 실천적인 정치사상의 성격을 규명하는 데 매우 취약하다는 점을 염두에 두면서, 맥락적인 시각으로 왕도와 패도의 대립구조로 접근해서 왕패도의 긴장관계를 추동시킨 힘을 국가경영의 치도관으로 집약하도록 한다.

둘째, 맥락적인 시각으로 접근할 때 한소제 때 국가경영의 치도관에 대해 치열하게 논쟁을 벌였던 소금과 철에 대한 염철논쟁은 매우

---

48) 여기서 말하는 언어 맥락적이란 국가경영의 치도관으로서 왕도와 패도의 언어적 패러다임으로서 지배적인 문법을 지칭하는 것이다. 또한 한국정치사상사의 언어적 패러다임에 대해 시론적으로 연구방법론을 적용한 대표적인 논문은 강광식, 「율곡사상의 정치적 담론구조 분석: 한국정치사상사 연구방법 시론」, 『한국의 정치와 경제 제10집』(성남: 한국정신문화연구원, 1997). pp.41~101. 강광식 · 전락희 · 유종선 · 장인성 공저, 『조선시대 개혁사상 연구-정치적 담론분석을 중심으로-』(성남: 한국정신문화연구원, 1998) 참조.

중요한 왕패정치 논쟁으로 부각하게 된다. 유학과 권력이 만난 이후 최초로 국가경영에 대해 벌어지는 왕패논쟁은 국가경영에 대한 전략적 검토에 사상적 시사점을 제공해 주는 단서로서 이해하고자 한다.

셋째, 정치사상의 맥락적 이해뿐만 아니라 그 사상이 처한 정치적 환경과 지적 배경을 바탕으로 어떤 사상적 '기획과 실천'을 고려하고 있는지를 살펴야 한다. 왕도와 패도의 긴장관계와 그 긴장관계를 해소하는 방식에 따라 사상적 기획과 실천은 다르게 나타날 수 있다. 따라서 삼봉의 유교적 왕패관과 국가경영체제의 전략적 기획은 왕도와 패도의 긴장관계를 해소시키고 융합 발전시킨다는 입장에서 접근한다.

넷째, 삼봉은 주자주의자 또는 성리학자라기보다는 치세와 난세에 따라 왕패도에 대해 전략적으로 접근하는 경세가라는 입장을 견지한다.[49]

이러한 연구방법은 왕도와 패도가 서로 상반된 실천적 지향점으로 인해 촉발될 수 있는 충돌 가능성이나 분열 가능성을 극복하고 전략적으로 무장한 삼봉의 유교적 왕패관을 발견하게 할 것이다. 그 뿐만 아니라 조선 전기 정치사상의 지형을 폭넓게 이해하고 한걸음 더 나아가 조선정치사상사를 새롭게 접근할 수 있는 사상적 계기를 제공해 줄 수 있을 것이다.

본 논문에서 사용하는 국가경영의 치도관으로서 유교적 왕패관은 왕도와 패도를 국가경영의 두 축으로 삼는다. 유교적 왕패관은 왕도를 정치적 비전으로 설정하고 패도는 국가 및 민생현안에 대해서 실

---

49) 삼봉의 언어와 주자의 언어가 일치한다고 해서 우리는 삼봉의 언어가 주자의 카피라고 보는 오류를 범해서는 안 된다. 삼봉이 주자로부터 계발을 받았고, 언어를 차용하고 있는 것은 사실이지만 삼봉의 언어는 어디까지나 삼봉의 고유 문제의식 속에서 피어난 그 자신의 언어요, 이 조선 땅의 역사 현실이 잉태시킨 언어다. 김용옥, 『삼봉 정도전의 건국철학』(서울: 통나무, 2004). p.125. 본고에서는 주자의 언어 뿐 아니라 『삼봉집』에 인용된 모든 인용문에 대해 삼봉의 주체적 문제의식이라는 입장에서 접근하기로 한다.

용적 처방을 내리며, 민생을 실(實)로 보는 민본적 사유를 왕도와 패도의 중심축으로 작동시키는 것을 말한다. 그래서 민본적 사유는 왕도가 과잉 도덕주의의 교조성에 빠지지 않도록 하고, 패도 역시 부패하거나 공업(功業)만을 최고로 삼지 않도록 하며, 권력이 非도덕적이거나 반민적(反民的), 해민적(害民的)이지 않도록 하는 정치적 사유의 근거지 역할을 하는 것이다. 이 시각은 패도도 치세를 달성하는 하나의 수단으로 본다는 점이 특징이다. 그래서 왕도와 패도는 서로 대립하는 것이 아니라 서로 상보적인 관계로 설정된다.

2) 논문 구성

제2장에서는 삼봉이 구상한 유교적 국가경영 치도관의 사상적 경향은 매우 복합적이고 개방적이며 문무(文武)를 겸전하는 것으로 파악한다. 이를 위해 삼봉이 부대끼며 살았던 여말선초 사상가들의 문집도 배경자료로 활용할 것이다. 또한 한국정치사상사에서 삼봉의 사상사적 위상은 조선조 유교국가체제의 기획자로서 살펴볼 것이다. 유교적 왕패관은 존왕천패(尊王賤覇)의 시각에서 왕도지상주의를 추구하는 맹자의 왕도론과 실용성을 지상과제로 삼는 선왕후패(先王後覇)의 순자의 패도론을 그 사상적 연원으로 하고 있음을 설명할 것이다. 특히 권력과 유학이 만난 이후 국가경영의 치도에 대해 역사상 최초로 벌어지는 소위 염철론(鹽鐵論)이라고 하는 왕패논쟁을 삼봉의 정치노선과 왕패관의 한 단서로서 이해하고자 한다.

제3장에서는 삼봉의 유교적 왕패관에 대해서 알아볼 것이다. 유교적 왕패관의 근저에는 '민'의 본성이 자리하고 있으며, 왕패정치가 발

동하는 핵심적 원동력은 '민'의 본성임을 밝힐 것이다. 따라서 민의 본성은 국가경영의 치도로서의 왕패도와 유교적 국가비전에 대한 정당성을 제공하는 핵심어로 이해하고 설명한다. 그러나 왕도와 패도는 그 실천적 지향성이 상반되기 때문에 현실적으로 상호 충돌가능성과 분열가능성이 늘 상존한다.

유교적 치도관 입장에서는 도통론(道統論)과 달리 왕도와 패도에 대해 통합적 시각을 취하는 입장이다. 유교적 치도관은 왕도와 패도의 긴장과 대립을 경권(經權)의 패러다임으로 융합시키고 있음을 밝힐 것이다. 뿐만 아니라 육전체제(六典體制)와 『조선경국전』과의 관계, 『조선경국전』「헌전(憲典)」과 『대명률직해(大明律直解)』의 대비를 통해 법전의 기획의도와 유교적 왕패관이 함축하고 있는 의미를 알아볼 것이다.

제4장에서는 유교적 국가경영의 의미와 『경제문감 별집』「군도(君道)」에 나타난 군주관을 분석해서 역대 군주들을 치세의 군주(帝者, 王者, 覇者)와 난세의 군주(强君, 昏君, 庸君)로 구분하여 군주의 유형을 설명할 것이다. 군주는 도덕성의 상징적 존재이자 인정(仁政)을 실현하는 정치적 구심점이다. 재상은 작상(爵賞)과 형벌(刑罰)을 관장하며 군주가 집중(執中)의 경지에 들도록 격군(格君)의 보좌는 물론 책임정치를 실시한다. 그래서 책임정치의 중추적 인물인 유자(儒者)를 살펴보고 왕도적 재상정치의 모델과 패도적 재상정치의 모델을 이윤과 관중으로 설정하여 삼봉이 구상한 왕패론적 재상정치의 정치적 함의(Political Intention)를 설명할 것이다. 또한 삼봉의 정치사상에 삼투되어 있는 사공학적인 요소와 한비자의 형명사상(刑名思想) 등의 의미를 검토할 것이다.

결론적으로 삼봉의 유교적 왕패관의 구조는 '민'의 본성과 국가비전 그리고 군도(君道), 유자(儒者)와 수령의 자질 등을 왕경패권(王經覇權)의 패러다임으로 일관되게 관통시키고 있음을 확인할 것이다. 유교적 치도관은 법가의 부국강병에 몰두하지 않고 유가의 도덕적 명분주의에도 경도되지 않으며 왕도를 국가적 비전으로 설정하고 패도적 실용성과 법제적 사유를 기반으로 사상사의 새로운 지평을 전개했음을 제시할 것이다.

제II장

삼봉의 사상사적 위상과 배경

1. 삼봉의 사상사적 위상

1) 유교적 국가경영 치도관의 사상적 경향

삼봉의 유교적 국가경영 치도관을 살펴보기 위해서는 그의 사상에 영향을 끼치며 서로 교감하고 그가 부대끼며 살았던 당대의 사상적 분위기를 먼저 살펴보아야 한다. 여말선초의 사상적 분위기에 대해 손문호는 고려시대의 사상적 특징은 유교와 불교 및 무속이나 도참에 의거한 혼합구조로 이루어져 있었으나 고려 말에 와서 성리학이라는 혁신적 유교를 통해 혼합적 구조는 극복된다[50]고 말하고 있다. 그러나 "모든 역사는 현대사"라고 했던 B. 크로체의 명제나 "역사란 과거와 현재의 끊임없는 대화"라고 했던 E. H. 카의 언명은 역사의

---

50) 손문호, 「고려 말 신흥사대부들의 정치사상 연구-유교적 국가주의를 중심으로-」, 서울대학교 박사학위논문, 1989. p.64.

일순간의 단절을 이야기하는 것이라기보다는 역사의 연속성을 강조하고 있다고 봄이 더 타당할 것이다. 특히 한 시대를 풍미하는 사상이 어느 순간까지는 A사상이고 어느 순간부터는 B사상으로 갑자기 변화한다고 설명하기는 어렵다고 본다. 사상이 단순히 사상가 개인이나 지배계급의 지배를 합리화하는 단절적인 이데올로기라기보다는 구체적인 역사적 상황에 대한 역동적이고 능동적인 반응이라고 보아야 할 것이다. 그러므로 사상과 사상가는 그 시대의 시공간적인 콘텍스트 속에서 발생하고 형성되는 역사적 산물임에 틀림없다. 사상도 관성의 법칙에서 예외일 수 없다. 이런 관점에서 여말선초의 사상적 분위기를 살펴본다면 성리학 일변도로 사상적 초점이 일치했다고 추측하기에는 다소 무리가 따른다. 이 주장을 더욱 설득력 있게 뒷받침할 수 있는 일차적인 방법은 여말선초 정치사상가들의 문집을 재검토하는 작업이다.

삼봉(三峰) 정도전의 『삼봉집(三峰集)』 「심문(心問)」 편(篇)에는 "사람의 마음속의 이치는 바로 상제(上帝)의 명한 바"[51]라고 하였고, "마음이 천군(天君)이 되어 지(志)로써 기(氣)를 통솔하여 물욕을 제어하는 것"[52]이라고 하여 上帝와 天君과 같은 도가적 개념을 스스럼없이 사용하고 있다.

또 양촌 권근의 『양촌집』 「연안부향교기(延安府鄕校記)」에 "요순의 도는 효제에 근본하고, 효제의 극치에는 신명(神明)과 통하게 되는 것"[53]이라고 하여 역시 도가적 개념인 신명(神明)이 자연스럽게 오르

---

51) 『三峰集』, 心問篇. "人心之理卽上帝之所命"

52) 『三峰集』, 心問篇. "心爲天君以志統氣而制物慾"

53) 『陽村集』 卷12, 延安府鄕校記. "堯舜之道本於孝悌 堯舜之至通乎神明"

내리고 있다.

매월당(梅月堂) 김시습(1435~1493)의 『매월당집(梅月堂集)』 「위주제팔(魏主第八)」 편에는 "반야는 곧 지혜이다. 참된 지혜를 씀으로써 어리석음과 어둠을 깨친 즉 장차 천리가 있음을 보고 인욕을 그친다. 반야로써 수신하면 가히 몸을 닦을 수 있고, 반야로써 제가하면 집이 가지런히 될 수 있다. 이로써 반야의 나라나 반야의 천하는 다스려지지 않거나 평안하게 되지 않음이 없다"[54] 라고 하여 마치 유교와 불교를 융합시킨 듯한 주장도 보인다.

그 뿐만 아니라 이첨(1345~1405)의 『쌍매당협장집(雙梅堂篋藏集)』(권23) 「정심론(正心論)」 편에는 "다스림의 근본은 도에 있고, 도는 본래 마음에 있으니, 능히 그 마음을 바르게 한즉 도가 행해지고 다스림이 흡족하게 된다. 무릇 마음이란 신명(神明)의 집이고 묘한 무리의 이치여서 만물을 주재한다"[55]고 하는 도가적 분위기에 사로잡혀 있다.

삼봉과 정치적 라이벌인 호정 하륜(1347~1416) 또한 『호정집(浩亭集)』 「심설(心說)」 편에서 "심이란 이와 기가 합해진 것"[56]으로 이해하고 있다. 그리고서 "나누어서 말하면 정일집중(精一執中)의 가르침이 되나니 이 말은 고금을 통해 변할 수 없는 심학(心學)의 연원(淵源)이다. 수천 년이 지나 주자의 태극도설(太極圖說)이 있고 정자(程子)·주자(朱子)가 부연(敷衍)하여 이를 설명하니 이기설이 밝게 구비되었다"[57]

---

54) 『梅月堂集』, 魏主第八篇. "般若者卽智慧也 用眞智以破愚闇 則將見天理存而人慾遏矣 以之修身 身可修矣 以之齊家 家可齊矣 以是而之國之天下 無不治而平矣"

55) 『雙梅堂篋藏集』, 正心論篇. "治本乎道 道本乎心 能正其心 則道行而治洽矣 夫心者神明之舍 妙衆理而宰萬物者也"

56) 『浩亭集』, 心說. "心者理與氣合者也"

57) 『浩亭集』 卷2, 心說. "分而言之 以謂精一執中之戒 此其萬世之心學淵源也 數千載之下 乃有朱子太極圖說 程子朱子 敷而衍之 理氣之說 明宜備"

고 하여 심학과 주자학의 이기론(理氣論)을 거론하고 있다. 그러나 때로는 "그런즉 그 바름 또한 통하여 맑고 탁하고 순수하고 혼잡한 것이 가지런하지 않음이 없다. 그러므로 지혜롭고 어리석으며 현명하고 불초(不肖)함에 같지 않음이 있으면 편벽되고 또한 막힌 것이다. 역시 한 가지 길인 양지(良知)가 없는 것은 아니다"[58]라고 말한다. '良知'는 맹자가 먼저 언급했고 정명도가 강조했으며 왕양명과 육상산으로 이어지는 개념이다.

또 「성설(性說)」 편에서 "성이란 하늘의 이치가 사람의 마음에 존재하는 것으로 仁義禮智信이 그 이름이다. 하늘에 있어서는 이치가 되고 사람에 있어서는 성(性)이 된다. 그러나 실은 하나이다. 적연하여 움직이지 않는 것이 그 본체(本體)요 감응하여 통하게 되는 것이 그 작용(作用)이다. 측은(惻隱)·수오(羞惡)·사양(辭讓)·시비(是非)가 작용(作用)하여 밖으로 드러난 것이다. 밖으로 드러난 것을 본 즉 모든 본체(本體)의 가운데 있음을 알 수 있는데 이것이 소위 본연지성(本然之性)이다. 오직 그 자질과 성품이 가지런하지 않으므로 어두움과 밝음, 강함과 약함이 같지 않음이 있다. 이것을 이른바 기질지성(氣質之性)이라 한다. 맹자가 말한 성선설은 근본을 다하여 근원을 궁구하는 논리이나 기질지성에는 미치지 못한다. 순자가 말한 성악설은 양자(楊朱)가 말한 선과 악이 혼재해 있다. 한자(韓愈)가 말한 성삼품설은 모두 기질지성을 말한 것으로 본연지성에는 미치지 못한다. 무릇 본연지성은 요순과 길가는 보통사람이 모두 하나이다. 그래서 기질지성은 수백 천만가지로 똑같지 않다"[59]고 말한다. 하륜은 본연지성과 기질지

---

58) 『浩亭集』, 心說篇. "然其正且通者 不能無淸濁純雜之不齊 故有智愚賢不肖之不同 偏且塞者 亦不無一路之良知"

성이라는 성리학의 핵심개념을 정확하게 사용하고 있다.

세조의 제갈량이라 불려졌던 保閑齋 신숙주(1417~1475)는 『보한재집(保閑齋集)』(권16)「상문종론언로환관소(上文宗論言路宦官疏)」편에서 "언로가 천하에 있음은 마치 혈기가 사람 몸에 있는 것과 같다. 혈기가 한번 멈추어 돌지 않으면 백 사람의 인체에 병이 생겨 天君이 편안할 수가 없다. 언로가 하루 불통되면 사방에 병이 생기고 人主가 편안할 수가 없게 된다. 그러므로 옛날 천하를 국가로 삼은 것은 대개 역시 많은 術이 있고, 반드시 직언과 극진한 간언을 구하는 일을 우선으로 삼았다"[60] 하여 도가의 天君이 등장하고 있다.

『경국대전』편찬에 참여한 서거정(1420~1488)의 『사가집(四佳集)』「칠휴정기(七休亭記)」편에는 "노자 왈 욕되지 않음에서 족함을 알고, 게으르지 않아서 그침을 안다",[61] 또 「우국재기(友菊齋記)」에서는 "만약 벗인 고인을 숭상한 즉 사업은 이윤과 주공같이 하고, 공을 벌이는 데는 관중과 안영같이 하며, 조운은 소하와 장량같이 한다"[62] 하여 조선 중기 이후에 감히 인용할 수 없는 노자를 인용하고 있고, 이윤, 관중, 안영, 소하 등의 다양한 사상에 대해 매우 개방적인 태도를 취하고 있다.

春亭 변계량(1369~1430)은 진법(陣法)에 대해 스스로 자문자답하는 「진설(陣說)에 대한 문답」에서 "혹이 말하기를, 군진(軍陣)의 일에 대

---

59) 『浩亭集』, 性說. "性者天理之在人心者也 仁義禮智信其名也 在天爲理在人爲性 其實一也 寂然不同者其體也 感而遂通者其用也 惻隱羞惡辭讓是非用之見於外者也 觀其見於外者則可以知其體之有諸中矣 此所謂本然之性也 惟其資稟不齊故有昏明强弱之不同此所謂氣質之性也 孟子言性善此極本窮源之論而不及乎氣質之性 荀子言性惡 楊子言善惡混 韓子言性有三品是皆言氣質之性而不及乎本然之性 夫本然之性則堯舜與塗人一也而氣質之性則十百千萬之不同"

60) 『保閑齋集』 卷16, 上文宗論言路宦官疏. "言路之在天下 猶血氣之在人身 血氣一息不行則百體受病而天君不能安 言路一日不通則四方受病而人主不能安 故古之爲天下國家者 盖亦多術 而必以求直言極諫爲先務"

61) 『四佳集』(文集 卷1), 七休亭記篇. "老子曰 知足不辱 知止不殆"

62) 『四佳集』(文集 卷1), 友菊齋記. "若尚友古人則事業如伊周 功烈如管晏 遭遇如蕭張 文雅如王謝 獨淵明乎哉"

해 공자는 '배우지 않았다'고 하였고, 맹자는 '큰 죄이다' 하였는데 무엇 때문인가?" 묻고, 대답하기를, "이 역시 어떤 일에 충격을 받아 그렇게 말씀한 것이다. 위령공(衛靈公)은 무도한 임금이었다. 성인을 보고 진법에 관해 물었으니, 전쟁을 좋아하는 뜻이 드러난 것이다. 그래서 공자께서 배우지 않았다고 핑계대고 대답하지 않은 채 떠난 것이다. 맹자의 시대에는 천하가 한창 전쟁에 휘말려 성과 땅을 빼앗고 죽은 사람이 들판에 가득하였으니, 백성들이 극도로 도탄에 빠져 있었다. 맹자가 '전쟁을 잘하는 사람은 최고 형벌을 받고 진을 잘 치는 사람은 큰 죄인이다'라고 말씀한 것은 그 또한 시대의 병폐를 구제하는 말이었다. 학자는 성현의 말씀에 대해 마땅히 마음을 비우고 뜻을 쏟아 그 의미를 살펴야지 한마디 말만 가지고 대뜸 정론이라고 해서는 안 될 것이다"[63]하여 공자와 맹자의 말일지라도 그 의미는 시의(時宜)와 맥락적인 측면을 고려해야 하며 교조적으로 해석해서는 안 된다고 주장한다. 이는 당시 관료들의 학문에 대한 태도가 매우 자유롭고 실용적이며 개방적이었음을 엿볼 수 있는 대목이다.

고려왕조의 몰락과 운명을 같이하고, 목은 이색, 포은 정몽주와 함께 여말3은(麗末三隱)으로 일컬어지는 이숭인[64]은 『도은집(陶隱集)』「성균관 벗들에 보이다(示館中僚友)」[65]라는 시를 통해 법가사상이 활개치는 현

---

63) 『春亭集』 卷5, 軍陣之事. "孔子以爲未學 孟子以爲大罪 何也 日此亦有激而云甫也 衛靈公無道之君也 見聖人而問陣 好戰之志著矣 孔子所以托未學 不對而遂行也 孟子之時 天下方急於戰爭之事 爭城爭地 殺人盈野 生民之塗炭極矣 孟子所謂善戰者服上刑 善爲陣大罪也者 盖亦救時之言也 學者於聖賢之言 當虛心悉意 以審其旨 未可執其一言而 以爲定論也"

64) 삼봉은 이숭인과 젊은 날에는 절친한 친구였으나 정치적 입장 차이로 정적의 관계로 변한다. 결국 삼봉은 남은과 함께 황거정과 손흥종이 이숭인을 죽이도록 사주한 것으로 보인다. 양촌 권근에 의하면 삼봉은 포은 정몽주, 도은 이숭인과 가장 친하게 함께 강론하고 연마하며 후진들을 훈도(訓導)하고 이단을 물리치는 것을 자신의 임무로 삼았었다. 절친할 때 삼봉은 의주공관에서 이숭인을 그리워하는 「義州公館夜坐憶陶隱」(『三峰集』 卷2, 七言絕句)이라는 시를 짓기도 했다. 태종 때(1411) 황거정과 손흥종의 죄를 추정하는 국문 내용과 결과는 『三峰集』 卷8, 附錄, 事實 참고.

실을 말하고 있다.

> 나이 들도록 뜻 가진 이 만나지 못해 　　壯年空有志
> 홀로 서서 끝내 무리 짓지 못했네 　　獨立竟無徒
> 이미 신불해와 한비자의 쓰임을 보았고 　　旣見申韓用
> 이어서 불교와 도교의 갖춰진 것도 들었다 仍聞佛老俱
> 성인의 가르침 도리어 저막해졌으니 　　聖模還寂寞
> 우리들의 일은 가히 슬플 뿐이구나 　　吾事可嗚呼
> 묻노니 그대 좌중의 벗들이여 　　且問座中友
> 누가 군자유가 되려 하는가 　　誰爲君子儒

항상 성리학의 중흥을 꾀하고 있으나 이미 신불해와 한비자의 법가사상이 현실적 힘을 발휘하고 불교와 도교사상이 횡행하는 현실을 근심하는 대목을 주목할 필요가 있다.

이상으로 미루어 볼 때 여말선초의 사상적 분위기는 주자학 일변도의 지적 흐름이 아니라 불교와 도가, 그리고 관자뿐 아니라 신불해, 한비자의 법가사상까지 두루 통용되고 있음을 알 수 있다. 이는 학문적으로 대단히 자유스러웠다는 지성계의 반증이다. 춘추전국시대와 같이 정치적 난세 때에는 현세 효용적이고 실질적인 대안을 찾기 위해 제가백가들처럼 지적 교류가 풍부하고 사상적으로도 자유분방함을 확인할 수 있는 자료들이 아닐 수 없다. 결코 획일화된 틀 속에 경직되어 있지 않았다는 사실이다. 그래서 통치에 있어서도 불교적인 요소와 도가적인 색채 그리고 유가적인 처방이 혼재하는 고려의 사상적 관성에서 완전히 벗어나지 않고 있고 지성계의 문제의식으로 여전히 잔존하고 있다 함이 옳을 것이다. 이러한 사상적 동향에 대해

---

65) 『陶隱集』, 示館中僚友

현상윤은 "고려말기 유학의 학문 경향은 유학의 요소 가운데 주로 실제적인 정치, 경제, 법률과 문장 등을 학습의 대상으로 하는 중국 한나라와 당나라"[66) 그리고 "송나라의 학풍이 혼합되었다"[67)고 요약한다.

삼봉 역시 『심문천답(心問天答)』, 『심기리편(心氣理編)』, 『불씨잡변(佛氏雜辨)』 등을 통해 불교를 배척하면서 주자학(朱子學)을 적극적으로 수용하는 데 그치지 않고 다양한 사상적 흐름을 전략적으로 활용하는 지적 태도를 보이고 있다. 『진법(陣法)』, 『오행진출기도(五行陣出奇圖)』, 『강무도(講武圖)』, 『팔진삼십육변도보(八陣三十六變圖譜)』 등 병서(兵書), 『태을칠십이국도(太乙七十二局圖)』와 같은 도가서(道家書), 『상명태일제산법(詳明太一諸算法)』과 같은 역서(曆書), 『진맥도결(診脈圖訣)』과 같은 의학서(醫學書) 등 국가경영에 필요한 다양한 분야의 서적들을 두루 섭렵하고 있다. 당시에 "중국 강남에서 1만여 권의 서적을 구입한 기록"[68)이나, "송 비각(宋 秘閣) 소장의 서적을 얻었다는 기록"[69) 등이 이를 뒷받침하고 있다. 다음 내용은 삼봉 자신이 직접 서적포를 설치하려는 의지를 읽을 수 있는 대목이다.

> 선비된 자가 비록 학문의 길로 향할 마음은 있을지라도 진실로 서적을 얻지 못하면 또한 어찌 하겠는가? …… 그래서 절실한 소원이 서적포(書籍鋪)를 설치하고 동활자를 만들어서 무릇 경(經)·사(史)·자(子)·서(書)와 제가(諸家)·시·문과 의방(醫方)·병(兵)·율(律)

---

66) 현상윤, 『조선유학사』(서울: 현음사, 1992). p.58.

67) 같은 책. p.59.

68) 『高麗史』 卷34, 世家34, 忠肅王1, 忠肅王 원년 6월 경인. "贊成事權溥 商議會議都監事李積 三司使權韓功 評理趙簡 知密直安于器等 會成均館考閱新 購書籍 且詩經學 初成均提擧事 遣博士柳衍 學諭俞迪于江南 購書籍 未達而船敗 衍等赤身登岸 判典校寺事洪瀹 以太子府參軍在南京 遺衍寶鈔一百五十錠 使購得經籍一萬八百卷而還"

69) 『高麗史』 卷34, 世家34, 忠肅王1, 忠肅王 원년 가을 갑인. "元皇太后遺使賜公主酒果 帝賜王 書籍四千三百七十一冊計一萬七千卷 皆宋秘閣所藏 因洪瀹之奏也"

의 서적에 이르기까지 모조리 인출해서 학문에 뜻을 둔 자로 하여
금 다 글을 널리 읽어 시기를 놓치는 한탄을 면하도록 하고자 한다.[70]

　　삼봉은 경전, 역사서, 의학 관련 서적, 병법, 율(律) 그리고 제자백가
(諸子百家)의 사상서까지 모두 서적포에 비치해서 선비들이 시기를 놓
치지 않고 학문할 수 있도록 하자는 절실한 소원을 표명한다. 또한
동시대 사람으로서 삼봉의 사상을 이해하고 사상적 교감이 깊었던
양촌 권근에 의하면 삼봉은 "예악(禮樂), 제도(制度), 음양(陰陽), 병법
(兵法), 역법(曆法)에 이르기까지 정밀히 해득하지 않은 것이 없어, 팔
진(八陣)을 조로 삼아 36변(變)의 보(譜)를 만들고, 태을(太乙, 陣의 이름)
을 요약하여 72국(局)의 도(圖)를 짓되, 간략하면서도 곡진하여 세상의
명장(名將)과 술사(術士)들이 모두 좋게 여겼다."[71] 뿐만 아니라 삼봉
은 고려 말에 武學을 포함한 10개 분야의 학문을 교육한 십학도제조
(十學都提調)를 역임[72]하기도 한다.『태조실록』 삼봉의 졸기에도 역시
"도전은 타고난 자질이 총명하고 민첩하며, 어릴 때부터 학문을 좋아
하여 많은 책을 널리 보아 의논이 해박하였으며, 항상 후생을 교훈하
고 이단을 배척하는 일로써 자기의 임무로 삼았다. 일찍이 곤궁하게
거처하면서도 한가하게 처하여 스스로 문무(文武)의 재간이 있다고
생각하였다"[73]고 평가한다. 삼봉이 실천하고자 하는 유자(儒者)에 대
해서는『금남야인(錦南野人)』에 잘 드러나 있다. 유자의 업(業)은 "세
도(世道)의 승강과 밝은 임금과 어두운 임금, 간신과 충신들의 언어

---

70)『三峰集』卷1, 七言古詩, 置書籍鋪詩.

71)『三峰集』三峰集序.『陽村集』卷16, 序類, 鄭三峰道傳文集序.

72)『太祖實錄』7년 8월 26일(己巳). 정도전 졸기.

73)『太祖實錄』7년 8월 26일(己巳). 정도전 졸기. "道傳天資聰敏 自幼好學 博覽群書 議論該洽 常以訓後生
　　闢異端爲己任 嘗窮居偃仰 自謂有文武才"

행사의 잘잘못, 현인군자(賢人君子)의 출처와 거취, 예악형정(禮樂刑政)의 연혁 등의 파악에서부터 음양과 일월성신(日月星辰) 그리고 산악(山嶽), 하해(河海)와 같은 천지만물의 변화와 귀신의 정(情)과 유명(幽明)의 이치, 사단(四端)과 오전(五典), 만사(萬事) 만물의 이치"74)에 이르기까지 통달하는 것이다. 진정한 유자(儒者)는 윤리 도덕가이고 성리철학자이어야 할뿐 아니라, 천문, 의학, 지리, 복서(卜筮) 등 기술적인 학문에도 능통해야 하고, 후학(後學)을 가르치는 교육자이어야 하며, 역사가인 동시에 저술가이어야 하며, 또 의리를 위해서는 목숨을 바치는 지자(志士) 혹은 무인(武人)이어야 한다고 생각하였다.75) 뿐만 아니라 그의 유자관에는 무학(武學)이나 기술학(技術學)에 대한 차별의식이 전혀 보이지 않는 점이 주목되며, 이는 그의 학문세계가 성리학에만 머문 것이 아니라, 富國强兵이나 민생안정에 필요한 모든 실용적인 지식체계를 흡수하고 있는 증거이기도 하다.76) 그래서 "법령제도(法令制度)의 손익(損益)과 예악형정(禮樂刑政)의 득실에 이르기까지 깊이 연구하고 널리 생각하여 그 이치를 통달하지 않은 것이 없었다."77) 태조 역시 "경은 학문이 고금을 통하고, 재주가 문무(文武)를 겸했으니, 일대(一代)의 전장(典章)이 모두 경의 손에서 나왔다. 지금 경에게 동북면도선무순찰사(東北面都宣撫巡察使)를 명하노니, 경은 가서 무릇 봉안(奉安)해야 할 원릉(園陵)은 모두 성전(盛典)에 따라 하나도 빠짐없이 거행할 것이며, 성보(城堡)를 완전히 수리하여 백성들을 편안히 살게

---

74) 『三峰集』 卷4, 說, 錦南野人.

75) 한영우, 「정도전의 인간과 사회사상」, 『진단학보 50』(진단학회, 1980). p.133.

76) 같은 책, p.134.

77) 『三峰集』 卷8, 附錄, 諸賢叙述, 鄭三峰 錦南雜題 序.

하고, 참호(站戶)를 알맞게 두어서 왕래에 편리하게 하고, 각 고을의 경계선을 구획하여 분쟁하는 폐단을 막고, 군(軍)과 민(民)의 이름을 정돈하여 존비(尊卑)의 계급을 정하라"78)고 하는 내용을 통해서도 삼봉의 학문 및 문무를 겸전하는 사상적 경향을 충분히 파악할 수 있다.

2) 조선조 유교국가체제의 기획자

포은 정몽주와 삼봉 정도전은 여말선초의 정치적 격변기에 고려체제를 수호하려는 온건개량 노선과 새로운 왕조를 개창하려는 급진적인 혁명노선을 견지한 대표적 인물이다. 이들은 흔히 강상의리파(綱常義理派)와 혁명의리파(革命義理派)로 분류된다.

고려조를 위해 혁명세력과 정치노선을 달리했던 정몽주는 태조대에는 간신79)으로 평가되고 있으나, 창업(創業)이 일단락되고 태종대에 들어서 수성(守成)의 시대가 전개되자 양촌 권근이 강상의리(綱常義理)의 표상으로서 충성과 절의(節義)의 정신을 높여야 한다는 이유로 상서한 이래 정몽주는 불사이군(不事二君)의 '만고충신'으로 표창되었다.

> 자고로 국가를 가진 자는 반드시 절의 있는 선비를 포창하니 만세의 강상을 굳게 하자는 것입니다. 왕자가 의(義)를 들어서 창업할 때에 자기에게 붙는 자는 상을 주고, 붙지 않는 자는 죄를 주는 것이 진실로 의당한 일이오나 대업(大業)이 이미 정하여져서 수성(守成)할 때에 이르러서는 반드시 전대에 절의를 다한 신하에게 상을 주어 죽은 자는 벼슬을 추증하고 살아있는 자는 불러 써서 아울러

---

78) 『三峰集』 卷8, 附錄, 敎告文.

79) 『太祖實錄』 元年 12月 16일(壬戌). 趙浚의 上疏文. "將躬獵以來而展賀焉 不幸墜馬臥于草次 姦臣鄭夢周"

정표(旌表)와 상을 가하여 후세 인신(人臣)의 절의를 장려하는 것이
니 이것은 고금의 공통된 의리입니다.[80]

또한 세종은 정몽주를 다음과 같이 평가한다.

정몽주의 일은 태종께서 그가 충의를 위하여 죽은 줄을 아시고 벌
써 포창하고 상을 내리셨으니 다시 의논할 필요가 있느냐 충신의
대열에 기록함이 옳다.[81]

인종 원년 성균관진사 박근 등이 올린 상소에서도 정암 조광조의
학문의 연원성을 밝히는 과정에서 정몽주는 다시 거론된다. 정몽주를
동방이학(東方理學)의 시조로 자리매김하고 있다.

조광조의 학문이 바른 것은 그 전수받은 바로부터 유래가 있습니
다. 젊어서부터 개연히 구도에 뜻이 있어 김굉필에게서 가르침을
받았습니다. 김굉필은 김종직에게서 배우고, 김종직의 학문은 그
부친 사예 김숙자에게서 전해졌고, 김숙자의 학문은 고려의 신하
길재에게서 전해졌고, 길재의 학문은 정몽주에게서 전해졌는데, 정
몽주의 학문은 실로 우리 동방의 시조이니 그 학문의 연원이 이러
합니다.[82]

조선조 도통(道統)의 계보를 정몽주→길재→김숙자→김종직→김굉필→
조광조로 밝히고 있다. 정몽주를 조선 도학(道學)의 시조로 추앙한다. 이

---

80) 『太宗實錄』 元年 1월 14일(甲戌). “自古有國家者 必褒節義之士 所以固萬世之綱常也 王者擧義創業之時
　　人之附我者賞之 不附者罪之 固其宜也 及大業旣定守成之時則必賞盡節前代之臣 亡者追贈 存者徵用 竝
　　加旌賞 以勵後世人臣之節 此古今之通義也”

81) 『世宗實錄』 12年 11월 23일(庚申). “上曰 夢周之事 太宗知其死於忠義 已曾褒賞 何必更議 宜錄忠臣之列”

82) 『仁宗實錄』 元年 3월 13일(乙亥). “光祖之學之正 其所傳者 有自來矣 自少慨然 有求道之志 受業於金宏
　　弼 宏弼受業於金宗直 宗直之學 傳於其父 司藝臣淑滋 淑滋之學 傳於高麗臣吉再 吉再之學 傳於鄭夢周
　　夢周之學 實爲吾東方之祖 則其學問之淵源類此”

러한 도통론적 입장은 고봉 기대승에게서 다시 한 번 재확인된다.

> 고려 말기에 정몽주는 충효의 큰 절의가 있었고, 정주의 학문을 배워 동방이학의 조종이 되었는데, 불행하게도 고려가 망하려는 때를 당하여 살신성인했습니다. 우리 왕조에 들어와서 정몽주의 학문을 전수하여 익힌 사람은 김종직으로 학문은 연원이 있고 행실 또한 방정했으며 후진을 가르치는데 정성을 쏟았습니다. …… 또 김굉필이 있는데 바로 김종직의 제자로서 김종직은 대체로 문장을 숭상했으나 김굉필은 힘써 실천을 하던 사람이었습니다. …… 조광조는 또 김굉필의 제자인데 독실한 공부가 있어 세도를 만회 이욕의 근원을 막으려고 하였습니다.[83]

포은 정몽주는 강상의리 정신의 표상으로서 사상사적 위치를 확고부동하게 차지하고 있음을 알 수 있다. 이러한 강상의리 정신은 성지청자(聖之淸者)로서 도덕적 순수성으로 표상되는 백이숙제와 그 사상사적 맥락이 닿아 있다.

삼봉은 정몽주의 백이숙제와 같은 강상의리와는 달리 탕무적 당위 유학[84]으로 무장하고 있다. 삼봉은 "탕(湯)과 무왕(武王)이 걸(桀)·주(紂)를 쳐부술 때 탕은 말하기를 '나는 상제가 두려워 감히 치지 않을 수 없다' 하고, 무왕이 말하기를 '내가 하늘에 순종하지 않으면 그 죄가 주와 같다'고 하였으니, 하늘의 명령과 하늘의 토벌은 자기가 사양할 수 없는 것이라는 뜻"[85]으로 받아들인다. 탕무의 혁명을 결코 사양할 수 없는 하늘의 뜻으로 수용하는 입장이다. 그래서 삼봉은

---

83) 『宣祖實錄』 卽位年 10월 23일(甲辰). "高麗末鄭夢周 有忠孝大節 以程朱之學爲學 爲東方理學之祖 不幸值高麗將亡之際 殺身成仁 入我朝而傳習鄭夢周者 金宗直也 學有淵源 行又端方 誨諭後學 用其至誠 …… 又有金宏弼 是宗直弟子也 宗直則大抵尙文章 而宏弼則力行之人也 …… 趙光祖又金宏弼弟子也 有篤學工夫欲挽回世道 防其利欲之源"

84) 김형효, 『물학 심학 실학』(화성: 청계, 2003). p.240.

85) 『三峰集』 卷5, 佛氏雜辨, 闢異端之辨.

"이단을 물리치는 것을 나의 임무로 삼는다"[86]고 선언한다. 탕무적인 당위성의 요청에 의해 탕무적인 당위의 도덕유학을 신념화하고 있다.

> 불씨의 해가 인륜을 헐어 버린지라 앞으로는 반드시 금수(禽獸)를 몰아와서 인류를 멸하는 데까지 이를 것이니, 명교를 주장하는 사람으로선 그들을 적으로 삼아 힘써 공격하여야 할 것이오. 일찍이 '내 뜻을 얻어 행하게 되면 반드시 말끔히 물리쳐 버리겠다'고 했었다.[87]

삼봉은 위와 같은 말로, 고려왕조의 지배이념이었지만, 이제는 타락하여 인륜을 헐어버리고 인류를 멸하는 데까지 이르게 할 수 있는 불교를 혁파할 것을 다짐한다. 탕무의 혁명처럼 마치 걸주와 같은 "불교를 물리침으로써 죽어도 편안하다"[88]고 하여 유교의 도에 대한 계승과 발전에 간절한 의지를 드러낸다. 삼봉은 아래의 시에서처럼 큰 도가 열리기만을 고대하고 있다.

북소리 두둥둥 다투어 오락가락	簫鼓紛紛競往來
초형은 상에 가득 술은 잔에 넘실넘실	椒馨滿案酒盈杯
부정한 제사란 나중에 복이 없다 말들 하니	共言淫祀終無福
큰 도가 열리는 걸 어느 때 얻어 보나	得見何時大道開[89]

결국 삼봉은 탕무의 혁명사상으로 무장하여 새로운 왕조 조선을 개창하는 주역이 된다. 삼봉은 유교적 국가경영 치도관의 기획자로서

---

86) 『三峰集』 卷5, 佛氏雜辨, 闢異端之辨.

87) 『三峰集』 卷5, 佛氏雜辨, 闢異端之辨. "佛氏之害 毀棄倫理 必將至於率禽獸而滅人類 主名敎者 所當爲敵而力攻者也 吾嘗謂得志而行必能闢之廓如也"

88) 『三峰集』 卷5, 佛氏雜辨, 闢異端之辨.

89) 『三峰集』 卷2, 七言絕句, 春雪訪崔兵部, 又.

유교국가의 입국과 관련된 정치적, 사상적, 경제적, 군사적인 측면 등
다양한 업적에도 불구하고 삼봉은 한국정치사상사의 사상사적 위상
에서 배제되었다.[90]

삼봉은 유교국가 치국의 대요를 마련하기 위해 『조선경국전』을 지
어[91] 유교정치 질서의 틀을 제시하고, 『경제문감』과 『감사요약』 그리
고 『경제문감별집』을 각각 저술하였다. 또한 '즉위교서'를 작성하여
유교국가의 경영이념을 기획하고,[92] 토지개혁과 병제개혁을 주도하여
정치적, 경제적, 군사적, 사회적으로 유교국가의 건설을 추진하였다.
특히 이색(李穡)이 불법(佛法) 자체를 비판하는 것이 아니라 승려의 타
락과 과도한 불사(佛事)를 비난하는 온건한 입장을 견지하고,[93] 정몽주
역시 불교는 일용평상(日用平常)의 도(道)가 아니라고 비판하는 소극적
인 태도를 취하지만,[94] 삼봉은 『불씨잡변』을 저술하여 적극적인 사상
투쟁을 전개함은 물론, 성리학의 이론적 근거를 기반으로 불교의 핵심
적 교리와 역사적 사회적 기능에 대해 치밀하게 비판함으로써, 왕조
교체의 이념적 정당성의 기틀을 확보하고 있다. 이처럼 삼봉은 유교적
국가경영을 위해 치도관을 설계한 유교국가체제의 기획자이다. 그 중

---

90) 사상사적 위상과 관련하여 곽신환은 조선조 오백 년 동안 포은의 사상사적 위상은 부인할 수 없는 엄연한
   역사적 사실이라는 입장인 반면, 이을호와 윤사순, 한영우는 '춘추대의를 중요시하는 도학적 기준'이 아니
   라 성리학자뿐 아니라 경세가로서 정도전을 평가해야 한다고 주장한다. 곽신환, 「포은철학사상의 탐색」,
   『육사논문집 21집』(육군사관학교, 1981). 이을호, 「조선조 전기의 유가철학」, 한국철학회 편, 『한국철학연
   구 中』(동명사, 1978). 윤사순, 「정도전 성리학의 특성과 그 평가」, 『한국유학사상론』(열음사, 1986). 한영
   우, 『정도전 사상의 연구』(서울대출판부, 1999(개정판)) 참조.
91) 『三峰集』 卷3, 撰進朝鮮經國典箋.
92) 즉위교서는 조선건국자들의 유교국가주의를 읽을 수 있는 중요한 텍스트이자 유교담론의 집대성이라 할
   수 있다. 박현모, 「정치이념으로서의 유교국가주의」, 『한국정치사상사 문헌자료 연구 Ⅰ』(서울: 집문당,
   2005). p.40.
93) 『高麗史』 卷115, 李穡傳. "五敎兩宗 爲利之窟 …… 佛大聖人也 好惡必與人同 安知已逝之靈 不恥其徒
   之如此也哉"
94) 『高麗史』 卷117, 鄭夢周傳. "儒者之道 皆日用平常之道 …… 彼佛氏之敎 則不然 辭親戚 絶男女 獨座巖
   穴 草衣木食 觀空寂滅爲崇 是豈平常之道"

에서 삼봉의 정치사상적 위상 변화를 살필 수 있는 자료로는 개국 이전인 1391년 공양왕이 "좀 더 풍부하고 태평한 세상"이 되도록 노력하지만 "정치와 교화에 있어 매양 방책이 없"[95]어 삼봉에게 내린 '구언(求言) 교서'에 대해 삼봉이 '소(疏)'를 작성하여 대책(對策)을 올리는 위치에서 1392년 태조 즉위 시에 국가경영의 방향성을 제시한 '즉위교서'를 직접 작성하여 '유교적 치도관의 기획자'로 수직 이동한 사실을 주목할 필요가 있다. 삼봉이 1391년 공양왕이 내린 구언 교서의 물음에 답해 올린 '소'(疏)의 내용은 다음과 같다. "덕이란 얻는 것(得)이니 마음에 얻어지는 것을 말하며, 정이란 바루는 것(正)이니 자신을 바루는 것을 말합니다. 그러나 덕이란 것은 품부 초에 얻어지는 것도 있고, 수양을 쌓은 뒤에야 얻어지는 것도 있습니다. 전하께서는 대도(大度)가 너그러우시고 천성이 자애로우시니 품부 초에 얻어진 것은 그러하오나, 전하께서 평일에 글을 읽어 성현의 성법(成法)을 고찰하지 않으시고, 일을 처리하여 당세에 통무(通務)를 알지 못하시니, 어떻게 덕이 닦아지고 정령에 잘못이 없겠습니까?"[96] 그래서 "전하께서는 품부의 아름다움을 자부하지 마시고 수양이 이르지 못한 점을 경계하소서. 그러면 덕이 닦여지고 정령이 시행될 것입니다"[97]라고 하여 성현의 성법을 고찰하고 당세의 통무를 두루 익혀 덕정(德政)을 펼칠 것을 요구하고 있다. 또한 "상(賞)이란 공 있는 이를 권장하는 것이며, 형(刑)이란 죄 있는 이를 징계하는 것입니다. 그래서 상을 천명(天命), 형을 천토(天討)라고 하니, 이는 하늘이 상을 주고 형을 주는 권리를 인군이 하

---

95) 『三峰集』卷3, 疏, 上恭讓王疏.

96) 『三峰集』卷3, 疏, 上恭讓王疏.

97) 『三峰集』卷3, 疏, 上恭讓王疏.

늘을 대신하여 행할 뿐이라는 것을 말합니다. 그러므로 상이나 형은 비록 인군에게서 나간다손 치더라도 인군이 마음대로 내고 들일 수 있는 것은 아"98)니라는 것이다. 상과 벌을 인군의 마음대로 행사하지 말고 공 있는 자에게는 상을, 죄 지은 자에게는 형을 공정하게 하늘을 대신하여 집행하라는 요청이다.

삼봉은 1392년 개국을 맞아 태조가 즉위할 때 "중외의 대소신료와 한량, 기로, 군민들"에게 내린 "교지"99)를 직접 작성한다.100) 즉위교서에서 "사직은 반드시 덕이 있는 사람에게 돌아가게" 하여 "공로와 덕망"을 갖춘 태조가 "새로운 정치"101)를 이루게 하려는 것이다. "환과고독은 왕정(王政)으로서 먼저"102) 하도록 하고, "고려 말기에는 형률(刑律)이 일정한 제도가 없어서 …… 지금부터 서울과 지방의 형(刑)을 판결하는 관원은 무릇 공사의 범죄를 반드시 대명률(중국 명대의 기본적인 형법전)의 선칙(宣勅)을 추탈하는 것에 해당되어야만 …… 가산을 몰수하게 할 것이며 …… 율문(律文)에 의거하여 죄를 판정하고 …… 폐지할 것이다"103) 하여 죄를 대명률에 의해서 공정하게 판정하여 집행하도록 하고 있다. 이는 유교적 치도관의 기획자로 정치사상적 위상이 변화했음을 의미하는 것이다. 이는 덕(德)과 형(刑) 그리고 대명률을 통해 유교적 치도관인 왕도와 패도를 사상적으로 기획하여 국가경영을 꾀하려 했다는 실천적 함의를 내포하고 있다.

---

98) 『三峰集』 卷3, 疏, 上恭讓王疏.

99) 『太祖實錄』 원년 7월 28일(丁未).

100) 『太祖實錄』 원년 7월 28일(丁未). "교지는 정도전이 지은 것이다"라고 기록되어 있다.

101) 『太祖實錄』 원년 7월 28일(丁未).

102) 『太祖實錄』 원년 7월 28일(丁未).

103) 『太祖實錄』 원년 7월 28일(丁未).

사림파의 종주 김종직의 「나루동루에서 부로들에게 유하는 글 끝에 씀(題羅州東樓諭父老書後)」104)이라는 시를 통해 사림파의 삼봉에 대한 태도와 조선정치사상사에 있어서의 삼봉의 사상사적 위치를 단적으로 가늠해 볼 수 있다.

누가 종지가 기·설과 같다고 하던가　　　　　誰謂宗之夔契倫
공연히 평지에서 위태로운 구렁텅이를 파고 있었네　崎嶇平地竟阽身
쓸데없이 공문에서 부로에게 일러 주는 것보다　　謾煩父老東門諭
아무 말 말고 회진에 가만히 있는 것이 어떠리　　爭似三緘隱會津

세조는 학문을 천문문(天文門), 풍수문(風水門), 율려문(律呂門), 의학문(醫學門), 음양문(陰陽門), 사학문(史學門), 시학문(詩學門)의 7가지로 나누고 각 부문마다 나이어린 문신을 배속시켜 학습하도록 한다.105) 김종직은 세조의 이러한 조치에 이의를 제기하여 "지금 문신(文臣)으로　천문(天文)·지리(地理)·음양(陰陽)·율려(律呂)·의약(醫藥)·복서(卜筮)·시사(詩史)의 7학(學)을 나누어 닦게 하는데, 시사(詩史)는 본래 유자(儒者)의 일이지만, 그 나머지 잡학(雜學)이야 어찌 유자(儒子)들이 마땅히 힘써 배울 학(學)이겠습니까? 또 잡학은 각각 업(業)으로 하는 자가 있으니 만약 권징(勸懲)하는 법을 엄하게 세우고 다시 교양을 더한다면 모두 정통할 수 있으니 반드시 문신(文臣)인 연후에 가능한 것은 아닙니다"106) 하며 시문학과 시사만 남겨두고 나머지는 잡학이니 모두 혁파할 것을 주장한다. 김종직의 학문관과 삼봉의 학문관의 차

---

104) 『三峰集』 卷8, 附錄, 諸賢叙述.
105) 『世祖實錄』 10년 7월 27일(戊寅).
106) 『世祖實錄』 10년 8월 6일(丁亥).

이를 가늠해 볼 수 있는 대목이다.

2. 사상적 배경

삼봉은 유교국가체제의 구상과 함께 유교적 치도관의 기획은 물론 왕패정치담론의 생산자였다. 삼봉의 국가경영의 지도관을 살펴보기 위해서는 그 사상적 배경부터 모색해야 한다.

정치적으로 왕도적 이상주의를 추구했던 대표적인 인물로는 맹자를 꼽을 수 있다. 맹자는 왕도의 당위성을 정치적 비전으로 내세운다. 맹자는 왕도를 숭앙하고 패도는 절대 배척하는 왕도지상주의자이다. 반면에 정치적 현실주의를 대표하는 인물은 순자이다. 순자는 국가경영의 치도관으로서 왕도가 최선임에는 틀림없지만 왕도적 정치이념이 너무 이상적이어서 정치적 이념으로는 더없이 순수하나 실질적인 측면에서 아무 내용 없이 공허하므로 현실적으로 실현 불가능할 것 같으면 차선책으로 패도도 용인하는 선왕후패(先王後覇)의 입장을 취한다. 하지만 다분히 현실적으로 패도에 치우쳐 있다. 순자의 패도는 실용성을 지상의 과제로 생각하고 있다. 순자의 정치적 현실주의와 매우 유사한 정치적 실용주의자로 관중을 들 수 있다. 상앙과 한비자는 오로지 부국강병만을 추구하는 법가적 현실주의자들이다. 상앙과 한비자적인 정치적 사유는 요순시대를 이상사회로 보지 않고, 인의예지(仁義禮智)와 같은 왕도적 목표를 설정하는 것 자체를 근본적으로 부정하며 害民的, 反도덕적인 패도절대주의를 추구한다는 점에서 순자와 구별된다.

삼봉의 왕도와 패도의 정치적 사유의 배경에는 맹자가 주장하는 왕도의 당위성과 순자의 패도적 실용성이 두 축을 형성하고 있다 하겠다.

1) 맹자와 순자의 왕패도론

맹자의 왕도론(王道論)

공자는 패도를 실현한 관중에 대해 일포일폄(一褒一貶)하는 입장이다.[107] 관중의 공업적(功業的) 측면에 대해서는 긍정적인 평가를 하는 반면에 도덕적인 측면에서는 예(禮)를 지키지 않는 무례(無禮)한 관중으로 비판하고 있다. 대단히 이중적이다. 그러나 맹자는 패업을 이룬 관중에 대해 철저하게 비판적인 입장을 취한다. 공손축이 맹자에게 물었다. "제나라에서 요로를 담당하신다면 관중과 안자의 공적을 다시 기대할 수 있겠습니까?"[108]라고 하자 증서의 말을 인용하였다.

> "관중은 군주의 신임을 얻기를 저와 같이 독차지하였으며 국정을 시행하기를 저와 같이 오래 하였는데도 공열이 저와 같이 낮으니, 네 어찌 곧 나를 이 사람에게 비교하는가?"[109]

그뿐 아니라 공자의 문도들도 패업을 이룬 패도주의자 제환공과 진문공에 대해 언급한 사실이 없음을 거듭 강조하고 있다.

> "제선왕이 물었다. 제환공과 진문공의 일을 들을 수 있겠습니까?" 하자 "맹자가 대답하여 말하기를, 중니의 문도들은 제환공과 진문

---

107) 『論語』 憲問, 八佾.

108) 『孟子』 公孫丑上. "公孫丑問曰 夫子當路於齊 管仲晏子之功 可復許乎"

109) 『孟子』 公孫丑上 1. "管仲得君 如彼其專也 行乎國政 如彼其久也 功烈 如彼其卑也 爾何曾比予於是"

공의 일을 말한 자가 없습니다. 이 때문에 후세에 전해진 것이 없어, 신이 아직 듣지 못하였습니다. 그만두지 말고 기어이 말하라 하신다면 왕도(王道)를 말하겠습니다."110)

맹자는 패업을 달성한 관중과는 비교하는 것 자체를 거부하고, 패업을 달성한 패도주의자에 대해서도 언급하려 하지 않고 오직 당위적인 왕도만을 주장할 뿐이다. 맹자적인 맥락에서 볼 때 부국강병에 의한 패도주의의 대국정치(大國政治)를 추구하기보다는 소국주의(小國主義)의 왕도정치를 이상으로 한다. 왕도정치의 출발점은 요, 순, 우, 탕, 문, 무, 주공을 그 연원으로 한다. 맹자는 성인이 오백 년마다 이 세상에 나타난다고 말한다. 소위 '성인 오백 년 주기설' 또는 '성인 대망론'이다.

요순으로부터 탕왕에 이르기까지가 오백여 년이니, 우왕과 고요는 직접 보고서 알았고, 탕왕은 들어서 알았다. 탕왕으로부터 문왕에 이르기까지가 오백여 년이니 이윤과 래주는 직접 보고서 알았고, 문왕은 들어서 알았다. 문왕으로부터 공자에 이르기까지가 오백여 년이니 태공망과 산의생은 직접 보고 알았고, 공자는 들어서 알았다.111)

맹자의 왕도주의적인 시각에서 보면 "오백 년이면 반드시 왕자가 나타나"112) 어지러운 난세를 평정하고 치세(治世)로 이끈다는 신념을 가지고 있다. 천하의 향후 전망에 대해 양혜왕이 "천하가 어디에 정해지겠습니까?" 묻자 "한 곳에 정해질 것입니다." "누가 능히 통일시키겠습니까?" 하자 "사람 죽이기를 좋아하지 않는 자가 능히 통일할 수

---

110) 『孟子』 梁惠王上. "齊宣王問曰 齊桓晉文之事 可得聞乎 孟子對曰 仲尼之徒 無道桓文之事者 是以 後世無傳焉 臣未之聞也 無以則王乎"

111) 『孟子』 盡心下.

112) 『孟子』 公孫丑下. "五百年必有王者興"

있습니다."113) 도덕적 질서의 방향 설정에 대해 재차 확인하고 있다.

맹자는 군주라 할지라도 왕도를 행하지 않는 군주에 대해 "인(仁)을 해친 자는 적(賊)이라 이르고, 의(義)를 해치는 자를 잔(殘)이라 이르고, 잔적(殘賊)한 사람을 일부(一夫)라 이르니, 일부(一夫)인 주(紂)를 베었다는 말은 들었고, 군주를 시해했다는 말은 듣지 못하였다"114)고 말한다.

통치자로서 도덕적 본성을 계발하려는 의지가 부족한 군주는 전국시대의 패권 쟁탈을 더욱 심화시켰고 그러한 통치형태는 오랫동안 왕자의 출현을 저해했다. 이에 맹자는 왕정(王政)을 실현하기 위해 다음과 같이 말했다.

> 백성이 가장 귀하고 사직이 그 다음이요 임금이 가장 가볍다. 이렇기 때문에 백성의 마음을 얻으면 천자가 되고 천자의 마음을 얻으면 제후가 되며 제후의 마음을 얻으면 대부가 된다. 제후가 사직을 위태롭게 하면 바꾸어 버린다.115)

정치의 근본 목적을 백성의 보존으로 설정했다는 사실에 주목해야 한다. "왕도정치는 도덕적 교화를 거쳐서 실시되지만 패도정치는 무력과 강압으로 시행되며 또 왕도정치의 힘은 도덕적 감화적이지만 패도정치의 힘은 물리적 강제적이다."116) 왕정과 패정의 갈림길에서 "백성이 인자에게 돌아감은 물이 아래로 흐르는 것과 같고 짐승이 들

---

113) 『孟子』梁惠王上· "孟子見梁惠王 …… 卒然問日 天下惡乎定 吾對日 定於一 孰能一之 對日 不嗜殺人者能一之"

114) 『孟子』梁惠王下· "賊仁者謂之賊 賊義者謂之殘 殘賊之人 謂之一夫 聞誅一夫紂矣 未聞殺君也"

115) 『孟子』盡心下· "民爲貴 社稷次之 君爲輕 是故得乎丘民 而爲天子 得乎天子 爲諸侯 得乎諸侯 爲大夫 諸侯爲社稷 則變置"

116) 풍우란 저, 정인재 역, 『중국철학사』(형성출판사, 1991). p.103.

로 달아나는 것"[117)]과 같은 이치이다.

맹자의 왕도정치는 가장 기본적인 민생 보장부터 출발한다. "생명을 잘 키우고 죽음을 장사지내는 데 유감스러운 점이 없으면 그것이 곧 왕도의 시작이다."[118)] "농사철을 위반하지 않으면, 곡식을 이루 다 소비할 수 없다. 촘촘하게 짜인 그물로 깊은 연못에서 투망질을 하지 않으면, 물고기와 자라를 이루 다 소비할 수 없다. 곡식과 물고기와 자라를 이루 다 소비할 수 없고 재목을 이루 다 소비할 수 없으면, 백성들이 산 자를 봉양하고 죽은 자를 장사지내는 데 유감을 가지지 않게 된다. 산 자를 봉양하고 죽은 자를 장사지내는 데 유감을 가지지 않게 함이 왕도정치의 출발점이다."[119)] 존왕천패(尊王賤覇)에 입각한 맹자의 치도관은 일종의 왕도지상주의라고 규정할 수 있다. 유가적 신념에 의한 왕도적 비전을 수립하여 이념적 방향성을 제시했다고 할 수 있다. 맹자는 왕도주의를 왕자에 의해서 성취될 수 있는 정치이념으로 설정하였다. 맹자의 논리는 목적 그 자체로서의 인간의 본래적인 도덕적 성향에 따라 사회의 도덕적 결과들은 성취될 수 있다는 의미이다.

순자의 패도론(覇道論)

순자는 맹자가 왕도와 패도를 대립시켜 패도를 배척했던 것과는 달리 왕도와 패도를 대립적인 것으로 보지 않고 다스림의 정도의 차이로 보고 있다. "순자는 맹자와 같이 왕도를 최선의 정치이념으로 인정하고, 그것이 너무 이상적이어서 현실적으로 실현 불가능한 것

---

117) 『孟子』離婁上. "民之歸仁也 猶水就下 獸之走壙也"

118) 『孟子』梁惠王上. "養生喪死無憾 王道之始也"

119) 『孟子』梁惠王上. "不違農時 穀不可勝食也 數罟不入洿池 魚鼈不可勝食也 斧斤以時入山林 材木不可勝用也 穀與魚鼈不可勝食 材木不可勝用 是使民養生喪死無憾也 養生喪死無憾 王道之始也"

같으면, 차선(次善)이나 아니면 하선(下善)으로 패도를 법가처럼 인정"[120]한다는 점이다. 순자의 제자가 이사와 형명(刑名)[121] 법술(法術)의 학문을 좋아한 한비자이듯이 순자는 법가로 가는 길을 열었음에도 불구하고 반민적·해민적(反民的·害民的) 패도는 경계하고 있다.[122] 순자가 말한 패도는 정치의 실용성을 추구하는 관중을 추종하는 것이므로 지나치게 극단적인 패도절대주의의 권모술수형으로 추락한 상앙이나 이사 그리고 한비자와 같은 반도덕적인 패도이자 법가적 현실주의와는 구별되어야 한다. 이런 점으로 미루어 볼 때 "『순자』에는 군자 중심의 '왕도'의 이상론이 기본적으로 깔려 있으면서도 현실적으로 통일된 중앙집권적 절대군주제국의 출현을 목전에 두고 있기 때문에 부국강병을 지향하는 '패도'(覇道)의 정치원리가 또한 강하게 반영되어 있다."[123] 순자의 패도론은 비도덕적 패권주의가 아니라 현실적인 역사 속에서 실용적인 방편으로서의 패도를 추구했던 관중과 유사하다. 관중은 부국강병의 원천이 되는 경제력을 확보하여 제환공을 중국 최초의 패자로 만들었다. 관중은 법가의 선구[124]이자 현실에서 실질적인 대안을 찾았던 실용적인 정치가였다. 국가를 잘 경영하는 사람은 반드시 먼저 백성을 부유하게 한 뒤에야 다스린다. 국가를

---

120) 김형효, 『맹자와 순자의 철학사상』(서울: 삼지원, 1990). pp.176~177.

121) 형명(刑名)은 곧 형명(形名)을 말한다. 신하로 하여금 자기가 한 말(名) 또는 그 소명은 반드시 실천적 행위, 즉 '形'을 통하여 드러나야 하는 것이다. 이 형명(刑名)학에 의하면, 군주는 신하들이 한 말이나 그 말의 명분(名)을 근거로 하여 그들이 실제로 행한 행위의 실질(實)에 대한 책임을 물어야 한다는 것이다. 송영배 편저, 『제자백가의 사상』(서울: 현음사, 1997). p.470.

122) 『荀子』議兵. "李斯問孫卿子曰 秦四世有勝 兵强海內 威行諸侯 非以仁義爲之也 以便從事而已 孫卿子曰 非女所知也 女所謂便者 不便之便也 吾所謂仁義者 大便之便也 彼仁義者 所以修政者也 政修則民親其上 樂其君 而輕爲之死 故曰 凡在於軍 將率末事也 秦四世有勝 諰諰然常恐天下之合而軋己也 此所謂末世之兵 未有本統也 …… 今女不求之於本 而索之於末 此世之所以亂也"

123) 같은 책, p.407.

124) 소공권 저, 최명·손문호 역, 『중국정치사상사』(서울: 서울대학교출판부, 1998). p.352.

지탱하는 4개의 강령은 예의염치(禮義廉恥)이다. "창고가 가득 차면 예절을 알고 입을 옷과 먹을 양식이 풍족하면 영광과 치욕"125)을 알 게 된다는 논리이다. 예의염치가 널리 베풀어지지 않는 한 국가는 망하고 만다는 것이다. 정치질서를 유지하는 데도 "백성의 살림이 부족하면 명령은 욕을 보게 되고, 백성이 고통과 재앙을 당하게 되면 명령은 시행되지 않는다."126) 관중의 입장에서 경제는 정치적 치란(治亂)의 물질적 기초가 된다. 경제가 정치적 치란의 기초로 작동되기 때문에 "무릇 나라를 다스리는 도(道)는 반드시 먼저 백성을 부유하게 해야 한다. 백성이 부유하면 다스리기 쉽지만 백성이 가난하면 다스리기 어렵다."127)는 주장이다. 그렇기 때문에 백성들은 배불리 먹는 것이 최우선이다. "곡식이란 왕의 근본이 되는 일이고, 군주의 큰 임무이며, 백성을 소유하는 길이고, 나라를 다스리는 도"128)가 된다.

관중은 맹자와 같은 이상주의자도 아니고, 이회의 법경(法經)을 가지고129) 변법(變法)을 추진하여 부국강병에 성공한 상앙이나 법가사상을 집대성한 한비자처럼 몰인정하고 냉혹한 현실주의자도 아니다. 변화하는 시대의 요청사항에 적합한 대안을 실용적으로 처방하여 그 실효를 거둔 실용주의자였다.

순자는 「의병(議兵)」에서 "탕과 무가 걸과 주를 주살하였을 때 그들

---

125) 『管子』牧民.

126) 『管子』牧民, 版法.

127) 『管子』治國.

128) 『管子』治國, "粟者 王之本事也 人主之大務 有人之塗 治國之道也"

129) 상앙은 중국의 초기 법가인 "이회(李悝)·오기(吳起) 등 위에서의 변법 이론과 실천을 익히 알고 있었다." 장국화 엮음, 임대희 외 옮김, 『중국법률사상사』(서울: 아카넷, 2003). p.130. 중국 최초의 법전인 법경(法經)을 만든 이회의 정치개혁은 나중 상앙의 변법과 유사하다. 장현근, 『상군서 동양의 마키아벨리즘』(서울: 살림, 2005). p.45.

은 팔짱을 끼고 지휘를 하였는데도 강폭한 나라들이 그 지휘를 따라 걸과 주를 처단하였다. 그것은 한 사내를 주살한 것과 같았다.”130) 순자 역시 맹자처럼 반민적·해민적(反民的·害民的) 권력의 횡포와 전횡을 일삼아 온 걸(桀)과 주(紂)를 방벌한 것은 단지 일개 못된 사내를 죽인 것에 지나지 않는다고 지적했다.

순자는 왕도를 최우선으로 설정하고 있다. 순자는 “하늘이 백성들을 낳은 것은 군주를 위한 것이 아니며, 하늘이 군주를 세운 것은 백성들을 위한”131) 것이라고 주장한다. 그의 위민사상은 맹자의 민귀경군설(民貴輕君說)과는 약간 다르다. “군주가 배라면 백성은 물이다. 물은 배를 띄울 수도 있지만 배를 전복시킬 수도 있다. 그러므로 군주가 편안해지기를 바란다면 공정한 정치로서 백성을 사랑하고, 군주가 영화롭기를 바란다면 예를 숭상하고 선비를 공경하고, 공명을 세우기를 바란다면 현인과 능력인을 숭상하고 부려야 한다.”132) 특히 “순자는 왕도정치를 실천하는 데 가장 절실한 것으로 지혜가 있고 인덕이 있는 재상을 등용하는 것이 가장 편리하고 절실한 방법임을 거듭 강조하고 있다.”133) 그래서 “왕도를 실현하기 위하여 필수적인 것이 군자다운 인물을 찾아 적재적소에” 배치하는 것이었고, 왕도정치를 하려는 군주에게 가장 중요한 일은 현능한 재상을 등용하는 것134)이었다. “그러므로 나라를 다스리는 데는 道가 있고, 임금에게는 직분이 있는

---

130) 『荀子』 議兵. “湯武之誅桀紂也 拱挹指麾 而彊暴之國 莫不趨使 誅桀紂 若誅獨夫”

131) 『荀子』 大略. “天之生民 非爲君也 天之立君 以爲民也”

132) 『荀子』 王制. “君人者舟也 庶人者水也 水則載舟 水則覆舟 此之謂也 故君人者 欲安則莫若平政愛民矣 欲榮則莫若隆禮敬士矣 欲立功名則莫若尙賢使能矣”

133) 『荀子』 王霸. “故能當一人 而天下取 失當一人 而社稷危”『荀子』 君道. “在愼取相 道莫徑是矣 故知而不仁不可 仁而不知不可 旣知且仁 是人主之寶也 而王霸之佐也”

134) 김승혜, 『原始儒敎』(서울: 민음사, 1994). p.286.

것이다. 일상적인 일을 처리하고 상세한 세목을 관리하는 것은 …… 백
관들로 하여금 하게 하면 된다. …… 따라서 한 명의 재상을 택하여 의
논하고, 그에게 모든 일을 두루 총괄하게 하며, 신하와 여러 관리들이
지방에 이르기까지 모든 업무를 처리하지 않는 바가 없도록 하는 것
이다. 이것이 곧 임금의 직분이니 이와 같이 하면 천하가 하나로 통일
되고, 명성은 요우(堯禹)와 맞먹게 될 것"135)이라는 의견을 피력한다.

순자는 왕도와 패도를 인륜정치와 기술정치로 구분한다. 패도는
기술정치로서 현실적으로 위민의 대책을 강구하는 것을 말한다. "순
자는 법가적 통치를 패도로 보았으며, 진(秦)의 강건한 정치체제를 일
면 긍정하면서도 그 안에 유가의 가르침이 수용되어야만 비로소 왕
도의 실천이 가능할 수 있음을 역설하여 유가로서의 그의 입장을 분
명히 하였다."136) 순자의 패도는 위민적 요소의 도덕적 근거를 박탈
하지 않고 있다. 뿐만 아니라 순자의 견해는 인륜정치만으로 다스려
지지 않을 때 법치에 의한 강제성의 가능성도 배제하지 않고 있다.
순자의 왕패도의 개념을 범주화하여 요약하면 다음 표와 같다.

〈표 II-1〉 순자의 왕도와 패도의 개념

王道	覇道
① 人倫政治	① 技術政治
② 大同社會	② 小康社會
③ 禮治의 有爲而化	③ 法治의 有爲而化
④ 義立而王	④ 信立而覇
⑤ 大忠(周公)	⑤ 次忠(管仲)과 下忠(伍子胥)

· 자료: 김형효, 『물학 심학 실학』(청계, 2003). p.309.

---

135) 『荀子』 王覇. "故治國有道 人主有職 若夫貫日而治詳 …… 是所使夫百吏官人爲也 …… 若夫論一相
以兼率之 使臣下百吏莫下宿道鄕方而務 是夫人主之職也 若是則一天下 名配堯禹"

136) 김승혜, 앞의 책, p.222.

위 도표에서 나타나고 있는 것처럼 "순자의 왕도나 패도는 다 실용적"으로 독법(讀法)할 수 있으나, "다만 전자는 예치적이고 후자는 법치적이라는 강도의 차이가 있을 뿐이다."[137]

> 그러므로 형이 죄에 온당한즉 위엄이 서고, 형이 죄에 부당한즉 모멸감이 생긴다. 그 벼슬이 현능에 온당한 즉 그 벼슬이 귀하게 여겨지고, 그 벼슬이 현능에 맞지 않은즉 천하게 여겨진다. 옛날에 그 형이 죄를 넘지 않았고, 벼슬이 그 덕을 넘지 않았다. 그래서 그 아버지를 죽여도 그 아들을 신하로 썼고 그 형을 죽여도 그 동생을 신하로 썼다. 형이 죄보다 넘쳐흐르지 않았고, 벼슬과 상이 덕을 넘는 일이 없었다. 이렇게 구분하여서 각자가 성실하게 서로 통하도록 하였다. …… 난세가 오자 그렇지 아니해서, 형벌이 죄보다 넘쳐흘렀고, 벼슬과 상이 그 덕을 능가하였다. 족벌로 죄를 논하고 세대를 이어 현능을 높이 걸었다. 그래서 한 사람이 죄가 있으면 삼족이 다 벌을 뒤집어썼다. 덕이 비록 순임금과 같아도 형을 면할 수 없었으니, 일족이란 이유로 죄를 받기 때문이다.[138]

순자는 왕도와 패도에 대해 선왕후패(先王後覇)적인 입장을 취한다. 그의 정치적 사유는 유가적인 비전과 함께 법가적인 충고도 연관시켜 사유하고 있다. 이러한 순자의 정치적 사유는 유가적 현실주의자로서 법가적인 요소들이 유가 자체 안에서 어떻게 수용될 수 있는가에 대해 설득력 있는 설명을 제공해 준다. "순자는 패도를 부분적으로 인정하면서도 왕도 밑에 두었을 뿐 아니라 법의 위치를 법을 실천할 수 있는 군자 밑에 둠으로써 한대로부터 이루어지는 법의 유교화 과정을 시작하였다"[139]고 볼 수 있다. 그러나 순자적 기획은 왕패도

---

137) 김형효, 앞의 책, 『물학 심학 실학』, p.312.

138) 『荀子』 君子. "故刑當罰則威 不當罪則侮 爵當賢則貴 不當賢則賤 古者刑不過罪 爵不有德 故殺其父而臣其子 殺其兄而臣其弟 刑不怒罪 爵賞不踰德 分然而各以其誠通 …… 亂世則不然 刑罰怒罪 爵賞踰德 以族論罪 以世擧賢 故一人有罪 而三族皆夷 德雖如舜 不免刑均 是以族論罪也"

의 화학적 결합이 아니라 명분으로서의 왕도와 실용으로서의 패도로 왕패도에 대한 이중 긍정의 의미가 컸다. 이중 긍정의 논리는 왕도와 패도가 착종되어 위험한 동거를 인정하고 있는 태도이자 위험한 줄타기를 하고 있는 것이다. 김형효는 순자의 이런 정치적 사유에 대해 "하여튼 순자가 그의 체중을 실어서 말한 패도는 맹자적인 왕도와 법가의 형명법술(刑名法術)의 道 사이에서 왔다 갔다 하며 균형을 잡고자 한 위험한 곡예를 하고 있는 것만은 사실이다"[140]고 언급한다.

순자가 추구하는 패도의 정치적 목적은 권력의 비도덕적 패권주의에 경도되어 있다기보다는 부국강병과 사회생활의 안녕과 질서를 유지하여 현실적인 정치적 성공과 공리적 실용성을 가져오게 하기 위한 실용적 방편의 관점에서 접근하고 있는 것만은 사실이다. 때문에 "힘의 패도라 하여 반드시 무지막지한 무도의 정치를 말하는 것은 절대 아니"[141]며, "패도는 동양식으로 표현하면 부국강병의 위민정책이다."[142] 그래서 정치적 이상주의로 치달을 수 있는 왕도적 비전에 대한 경고와 반민적(反民的) 패도주의에 집착할 수 있는 법가에 대한 경계를 늦추지 않고 있다.

2) 주희와 진량의 왕패도론

주희의 왕도론

주희는 어느 시대, 어느 상황에도 적용되는 보편타당한 천리(법칙)

---

139) 김승혜, 앞의 책, p.90.

140) 김형효, 앞의 책, 『맹자와 순자의 철학사상』, p.177.

141) 김형효, 앞의 책, 『물학 심학 실학』, p.391.

142) 김형효, 같은 책, p.344.

가 존재하므로 인욕을 제거하고 천리를 회복해야 한다고 주장한다.

> 나는 천리, 인욕 이 두 글자를 고금에 걸친 왕패의 행적으로 구할
> 필요가 없고 오히려 내 마음의 의리와 사정 간에서 구해야 한다고
> 생각합니다. 그것을 살피는 것이 조밀할수록 그 바라봄이 더욱 선
> 명해질 것이고 그것을 지키는 것이 엄밀할수록 그 발현은 더욱 용
> 맹할 것입니다.[143]

> 천리와 인욕이 병행되는 현상이 일어나기도 하지만 그 본연의 근
> 본처에서 보면 오직 천리만 있고 인욕은 없는 경지를 회복해야 한
> 다. 성인의 가르침은 다른 것이 아니라 인욕을 제거하고 천리를 회
> 복하는 것이다.[144]

주희는 천리와 인욕에 대해 인욕을 제거하고 천리를 회복해야 한
다는 당위의식을 통해 바라본다. 주희의 문제의식은 천리를 회복해서
삼대와 같이 천리가 실현되는 사회, 안정되고 질서 있는 사회를 최종
목표로 이어진다. 주희는 여전히 도(道)의 역사는 오직 요순과 삼대의
역사일 뿐이라고 말한다.

> 요·순·우·탕·문·무·주공·공자가 전한 道는 천오백 년간 하
> 루도 천지 사이에 행해질 수가 없었습니다. 만약 道의 상존을 논하
> 자면 본래 사람이 관여할 바 아닙니다. 이 도는 그 자체로 고금을
> 통해 항상 불멸하는 것으로서 비록 천오백 년 동안 사람들에 의해
> 훼손되기는 하였으나 종국에는 그것을 소멸시킬 수가 없습니다. 그
> 런데 어떻게 한대와 당대의 이른바 현군들이 道를 도울 수 있는 힘
> 이 조금이라도 있었겠습니까?[145]

---

143) 『朱文公文集』 卷36, 答陳同甫. "嘗謂天理人慾二字 不必求之於古今王伯之迹 但反之於吾心 義利邪正
之間 察之愈密 則其見之愈明 特之愈嚴 則其發之愈勇"

144) 『朱文公文集』 卷36, 答陳同甫. "蓋天理人欲之竝行 其或斷或續 固宜如此 至若論其本然之妙 則惟有天
理而無人欲 是以聖人之敎必欲其盡去人欲而复全天理也"

145) 『朱文公文集』 卷36, 答陳同甫. "堯舜三王周公孔子所傳之道 未嘗一日得行於天地之間也 若論道之常存

주희는 역사적 현실에 대한 도의 초월성을 얘기하면서 도는 인간이 관여할 수 없는 것이라고 말한다. 그래서 천오백 년 동안 역사에 내재하는 도가 훼손되기는 했지만 초월적인 도 그 자체는 끝내 사라지지 않았다고 주장한다. 때문에 도덕적 완성을 위한 수양공부를 무시한 채 난세의 치평을 이룬 한당군주들은 그 공업이 아무리 위대할지라도 결코 도덕적 선까지 실현할 수는 없다는 것이다. 삼대의 역사는 삼대의 역사이고, 한당의 역사는 한당의 역사일 뿐이다. 결코 하나가 될 수 없다.

> 무릇 사람은 단지 이 사람일 뿐이고 도는 단지 이 도일 뿐이니 어찌 삼대와 한당의 구분이 있겠습니까? 그러나 유가의 학문이 전수되지 못하고 요, 순, 우, 탕, 문, 무 이래로 전해져 오던 심법이 천하에 드러나지 못하게 되었으니 한당의 군주가 비록 이에 암합하였던 적이 없다고는 할 수 없으나 그 전체는 단지 이욕에 있었던 것입니다. 이것이 곧 요, 순 삼대는 요, 순, 삼대에서 비롯되고, 한고조, 당현종은 한고조, 당현종에서 비롯된 이유이니 이들은 결국 합하여 하나가 될 수 없습니다.146)

주희는 동기주의적 시각에서 한고조와 당태종을 비판한다. 한고조와 당태종은 사리심과 인욕으로 정치를 했기 때문에 천리의 올바름을 얻지 못해 요순 삼왕과 공자로 이어진 도가 하루도 행해지지 않았다고 주장한다.

却又初非人所能預 只是此箇自是互古互今常在不滅之物 雖千五百年被人作壞 終殄滅他不得耳 漢唐所謂賢君 何嘗有一分氣力扶補得他耶"

146) 『朱文公文集』 卷36, 答陳同甫. "夫人只是這箇人 道只是這箇道 豈有三代漢唐之別 但以儒者之學不傳而堯舜禹湯文武以來轉相授受之心不明於天下 故漢唐之君雖或不能無暗合之時 而其全體却只在利欲上 此其所以堯舜三代自堯舜 漢祖唐宗自漢祖唐宗 終不能合而爲一也"

노형께서는 한고조와 당태종이 한 바를 보시고 그들의 마음이 과
연 도덕심에서 나왔는지 사리심에서 나왔는지 또 과연 그들의 동
기가 사악한 마음에서 출발했는지 올바른 마음에서 출발했는지 살
펴보시길 바랍니다. 그런데 한고조는 사사로운 마음이 치열하지는
않았다 할지라도 전혀 없었다고 할 수는 없을 것이며 당태종의 경
우는 어느 한 순간의 생각도 인욕에서 나오지 않은 적이 없었던 것
같습니다. …… 만약 그들이 능히 국가를 세울 수 있었고 또 능히
이것을 대대로 물려줄 수 있었다고 해서 이들이 천리의 올바름을
얻었다고 한다면 이것은 바로 성패로서 시비를 논하려는 것이니
이는 마치 사냥할 때 다만 새를 많이 잡은 일을 자랑할 뿐 자신의
교활한 사냥 방법이 정도에서 나오지 않은 일은 부끄러워하지 않
는 것과 같습니다. 천오백 년 동안 이와 같이 행해졌으니 단지 새
는 구멍을 막는 데 급급하게 세월을 보낸 것입니다. 이 기간 중에
비록 소강의 순간이 있었을지라도 요순 삼왕 주공 공자에게 전수
된 도는 하루도 천지간에 행해진 적이 없습니다.147)

주희는 한고조와 당태종이 정치적 공효를 거둔 것은 우연히 맞아
떨어진 것에 불과하다고 보았다. 한고조와 당태종의 정치는 의(義)가
아닌 사사로운 이익으로부터 나온 것이므로 도(道)에 합치 되었다고
말할 수 없다는 것이다. 삼대는 왕정의 시대이고, 한당은 패정의 시대
이기 때문이다.

주희는 실용주의적인 패도를 실천한 제나라의 재상 관중에 대해서
도 그가 이룩한 공업(功業)에 초점이 맞춰져 있는 것이 아니라 관중의
마음은 모두 이용에서 비롯되었으므로 도덕적 관점에서 본다면 결코
위대하지 않다고 주장한다. 관중을 패도라고 비판했던 맹자의 입장을
계승하고 있다.

---

147) 『朱文公文集』 卷36, 答陳同甫. “老兄視漢高帝唐太宗之所爲 而察其心果出於義耶 出於利耶 出於邪耶
　　正耶 若高帝 則私意分數 猶未甚熾然 而不可謂之無 太宗之心 則吾恐其無一念之不出於人欲也 ……
　　若以其能建立國家 傳世久遠 便謂其得天理之正 此正是以成敗論是非 但取其獲禽之多 而不 羞其詭遇
　　之不出於正也 千五百年之間 正坐如此 所以只是架漏牽補 過了時日 其間雖或不無小康 而堯舜三王周
　　公孔子所傳之道 未嘗一日得行於天地之間也”

관중의 공적은 이윤과 여불위 이하 누가 감히 그에 미치겠습니까?
그러나 그 마음은 이욕의 마음이고 행위는 이욕의 행위일 뿐이니
성인은 비록 그의 공적을 칭찬하였지만 맹자와 동중서는 모두 법의
에 비추어 그것을 판단하였을 뿐 다른 것을 빌려오지 않았습니다.[148]

주희가 보기에 비록 관중의 정치적 공업이 아무리 위대하게 보여
도 그것은 "한때의 영웅과 호걸지사들이 그 자질의 빼어남과 계책의
뛰어남으로 인해 우연히 도(道)와 부합하는 행위를 연출했을지라도
그들이 행한 바의 근본은 이욕의 사사로움을 면할 수 없기"[149] 때문
에 결코 위대할 수 없는 문제이다.

주희는 동기와 결과를 엄격히 분리하여 일의 천리(天理)와 도심(道
心)만을 따르고 일의 성패와 결과에 대해서는 추호도 고려하지 말라
고 주장한다. 천리와 인욕을 이분법적으로 구분하고, 정의와 이익, 왕
도와 패도를 엄격하게 분별한다.

진량의 왕패병용론

삼봉은 성리학을 수용하면서 한편으로 사공학적인 사상 경향도 보
이고 있다. 『경제문감(經濟文鑑)』에는 『주례정의(周禮訂義)』, 『산당고색
(山堂考索)』, 『서산독서기(西山讀書記)』, 『문헌통고(文獻通考)』 등이 참
고 되었고, 송대 사공학 계열의 저술이 원용되었다.[150] 삼봉은 유교
적 국가경영을 위해 수기(修己)와 같은 도덕론과 함께 실용적이고 실

---

148) 『朱文公文集』 卷36, 答陳同甫. "且如管仲之功 伊呂以下誰能及之 但其心乃利欲之心 迹乃利欲之迹 是
　　以聖人雖稱其功 而孟子董子皆秉法義以裁之 不少假借"

149) 『朱文公文集』 卷36, 答陳同甫. "一時英雄豪傑之士或以資質之美 計慮之精 一言一行偶合於道者 蓋亦
　　有之 而其所以爲之田地根本者 則固未免乎利欲之私也"

150) 도현철, 앞의 글, 「정도전의 사공학 수용과 정치사상」, p.198. 삼봉이 사공학 계열의 서책에서 인용한 자
　　세한 내용은 도현철, 앞의 글, 「『경제문감』의 인용전거로 본 정도전의 정치사상」 참조.

제적인 효과를 얻을 수 있는 사공(事功)에 관심을 기울였다. "성리학의 도덕적 수양이나 본성함양으로는 얻을 수 없는 것으로서 국가조직, 국가경영에 관한 학문적 검토를 통해 가능한 것이고 사공학의 이해를 통해 접근할 수 있는 것이었다."[151]

사공학은 왕안석을 연원으로 하면서 진량(陳亮),[152] 여조겸(呂祖謙), 섭적(葉適) 등으로 이어지는 학문적 계보를 형성하고 있다. 사공학은 내적인 도덕적 수양이나 본성함양을 내세우는 성리학과는 달리『주례』와 외적인 제도를 중시했다.[153] 주자와 진량은 한당대(漢唐代)의 군주들의 패정에 대해서 수차례 논쟁을 벌였다. "주자는 전통적 주장을 인습하여 왕패를 서로 용납할 수 없는 두 정체라고 인식했다. 그래서 삼대를 존숭하고, 한당을 폄하"[154]했다. 진량은 현실의 상황을 어떻게 타개할 것인가를 중시하므로 실제의 일(事)에서 실질적인 결과와 업적(功)을 따진다. 그는 역사적 사실을 따질 때 사공을 기준으로 보고, 역사적인 인물을 평가할 때도 그가 처한 상황에서 어떻게 문제를 해결하여 안정과 질서를 가져왔는지를 중심으로 살핀다.

주희는 진량과 왕패논쟁을 하면서 사공학을 비판하고 도학과 구별하고 있는 데 반해, 삼봉은 유자가 갖춰야 할 덕목으로서 사공(事功)을 수용하고 있다. 유교적 국가경영의 실용적 처방책으로서 사공학을 주목하고 있다. "외적 규율을 강조하는 사공학은 처음부터 본성함양을 중시하는 주자학과 충돌할 가능성이 이미 내재되어 있고, 주자가

---

151) 도현철, 앞의 글, 「정도전의 사공학 수용과 정치사상」, p.210.

152) 진량(1143~1194)은 절강성 무주 영강 출신이다. 그의 출신지 절강성 일대는 여조겸, 섭적 등 역사와 현실을 중시하는 학풍이 주류를 이루었다. 진량의 영가학파 역시 경전과 제도 연구를 통해 사공(事功, 현실적인 결과, 즉 상황타개)을 추구했다.

153) 소공권 저, 최명·손문호 역, 앞의 책, pp.759~807 참조.

154) 같은 책, p.792.

이러한 사공학에 경계를 늦추지 않았다."[155] 반면에, "주자와 논쟁한 진량은 황제 한 사람의 독재가 아닌 공의에 의한 정치를 지향함으로써 부국강병을 달성할 것을 주장하였다."[156]

진량에게 있어서는 한고조와 당태종의 사리심보다 그 시대의 문제를 해결하는 것이 더 중요한 시대적 과제이다. 그는 도심으로 했느냐 인심으로 했느냐 하는 행위의 동기보다 법도에 맞게 문제를 해결하는 결과를 중시한다. 때문에 삼대의 법도가 어느 시대에나 실현되어야 하는 천리는 아니다. 어느 시대에나 그 시대의 시대적인 문제가 있고 해결방법도 다르다고 본다. 진량의 정치적 사유는 인간의 의지적인 노력으로 천리를 실현하거나 못하거나 관계없이 모든 시대를 관통하여 존재하는 보편적인 역사에 결코 동의할 수 없다는 입장이다. 진량은 인간의 행위를 떠나 초월적으로 존재하는 도는 있을 수 없으며, 인간의 의지적인 노력과 공업에 의해 성취된다는 점을 강조한다.

> 왕통은 '황분제전은 내가 알지 못한다. 삼대의 법으로써 천하를 통일하지 않았다면 결국 나라가 위태로워졌을 것이다. 부득이한 경우를 들자면 양한의 제도일 것이다. 양한의 제도로써 천하를 보완하지 않았다면 실로 혼란에 빠졌을 것이다'라고 말했습니다. 仲淹(왕통의 자)은 그들이 인의와 공서로써 천하를 통일한 것을 취했으나 비서께서는 그들이 인을 빌리고 의를 빌려다가 행한 것이라고 말하십니다. 마음은 때로는 소멸될 수 있지만 천오백 년 내내 없었다고 말할 수 있습니까? 법도 때로는 폐지될 수 있지만 천오백 년 내내 폐지되었다고 말할 수 있습니까? 전체가 모두 이욕에 있다고 하신 말씀은 제가 보기에는 한당의 군주를 너무 과소평가한 것입니다.[157]

---

155) 도현철, 앞의 글, 「정도전의 사공학 수용과 정치사상」, p.225.

156) 강길중, 「진량의 경세사상에 대한 일고」, 『경상사학 9』(경상사학회, 1993). pp.22~28.

157) 陳亮, 『龍川集』卷20, 又書. "王通有言 荒墳帝典 吾不得而識矣 不以三代之法統天下 危邦也 如不得已 其兩漢之制乎 不以兩漢之制輔天下者 誠亂也已 仲淹取其以仁義公恕統天下 而秘書必謂其假仁借義以

진량의 공리주의적인 관점에서 볼 때 한당군주의 공업(功業)을 모두 이욕의 산물이라고 도덕적으로 판단하는 것은 한당군주를 지나치게 과소평가한 행위이다. 만약 양한(兩漢)의 제도로써 천하의 질서를 바로잡지 않았다면 걷잡을 수 없는 혼란과 무질서에 빠졌을 것이라고 말한다. 한당 군주들의 공업은 인의와 공서(公恕)였지 결코 사사로운 이욕은 아니며 오히려 천하를 구제한 군주들로 재평가하고 있다. 진량은 한당시대에 도가 부재했고, 도를 상실했다고 하는 주장에 대해 도는 어느 시대에나 존재해 왔으므로 지난 15세기 동안 도가 밝혀지지 않았다는 것은 옳지 않다는 논리를 펴고 있다. 삼대는 천리가 완전하게 실현된 사회이고, 한당은 천리가 욕망에 의해서 은폐된 시대라고 보는 주희의 도덕적 역사관을 거부한다.

> 고조 당태종과 황가 태조(송태조)를 보면 천지가 그들에 의지해서 항상 운행하고 멈추지 않게 된 것이고 사람의 기강도 그들을 계승하여 타락하지 않게 된 것입니다. 따라서 도의 존망은 사람이 관여할 수 없다는 말은 잘못된 것입니다. 한당의 현군이 과연 한 가닥의 기력도 없었다면 이른바 초연하게 소멸하지 않는 것은 과연 무엇이겠습니까? 도가 사람을 의지하여 존재하지 않는다면 석씨가 말한 천겁 만겁과 같은 것들이 진실로 있다고 할 것입니다.[158]

진량은 관중에 대해서도 주희와 상반된 입장을 취한다. 진량의 관점에서는 관중의 공업을 도덕주의적인 시각이 아니라 공리주의적인 측면에서 평가해야 한다는 주장이다. 진량이 보기에 관중의 공업은

行之 必有時而泯可也 而謂千五百年常泯可乎 法有時而廢可也 而謂千五百年常廢可乎 至於全體只在利欲上之語 竊恐待漢唐之君太淺狹"

158) 陳亮,『龍川集』卷20, 與朱元晦秘書. "高祖太宗及皇家太祖 蓋天地賴以常運而不息 人紀賴以接續而不墜 而謂道之存亡非人之所能預 則過矣 漢唐之賢君果無一毫氣力 則所謂卓然不泯滅者果何物邪 道非賴人以存 則釋氏所謂千劫萬劫者 是眞有之矣"

개인적인 사리사욕이 아니라 생민지리(生民之利)이다.

> 공자는 관중을 칭찬하기를 '환공은 제후를 여러 차례 모아 연맹을
> 맺었으나 무력을 쓰지 않은 것은 관중의 힘이다. 인과 같도다, 인
> 과 같도다'라고 말했고, 또 '천하가 바르게 되고 백성들이 오늘날
> 까지 그 은혜를 입었다. 관중이 없었다면 우리는 아마 머리를 묶지
> 않고 옷깃을 왼쪽으로 여미는 오랑캐가 되었을 것이다'라고 말했
> 습니다. 학자들은 공 씨의 문하와 오척동자조차 모두 오패를 칭찬
> 하기를 부끄러워하고 맹자도 覇가 힘으로써 仁을 빌린 것이라고
> 논변했으나 공자께서는 이토록 칭찬하였습니다. 이른바 '인과 같도
> 다'라는 말은 대체로 '인과 비슷하나 틀리다'라고 말할 수도 있지
> 만 말의 맥락을 볼 때 앞서 말한 학자들의 해석은 결코 아닐 것입
> 니다. 그렇기 때문에 이천(伊川)은 '인과 같도다'를 인의 功用이 있
> 다는 것으로써 칭찬하였습니다.159)

진량은 국가를 이민족으로부터 보호하고 번성시킨 관중을 매우 긍
정적으로 평가한다. 진량은 맹자가 왕도주의적 시각으로 관중의 패도
를 비판했던 입장과는 달리 관중의 공업(功業)적 측면을 '仁하다'고 평
가한 측면을 부각시켜 주희와 대립의 축을 세우고 있다.

진량은 왕패병용설을 물리치라는 주자의 충고에 "왕도와 패도가
같이 섞여서 쓰일 수 있는 것이라면 천리와 인욕 또한 더불어 행해질
수 있을 것입니다."160) 도(道)는 모든 시기의 역사 속에서, 즉 삼대이
든, 한당이든 차이 없이 작용하며 자신이 주장하는 왕패병용설이 옳
다고 한당시대의 역사적 업적을 통해 밝히려고 한다.

---

159) 陳亮, 『龍川集』 卷20, 又書. "孔子之稱管仲曰 桓公九合諸侯 不以兵車 管仲之力也 如其仁 如其仁 又曰
　　一匡天下 民到于今受其賜 徵管仲 吾其被髮左衽矣 說者以爲孔氏之門五尺童子皆羞稱五伯 孟子力論伯
　　者以力假仁 而夫子稱之如此 所謂 如其仁者 蓋曰似之而非也 觀其語脉 決不如說者所云 故伊川所謂 如
　　其仁者 稱其有仁之功用也"

160) 陳亮, 『龍川集』 卷20, 丙午復朱元晦秘書書. "王覇可以雜用 則天理人慾可以幷行矣"

맹자와 순자가 의리와 공리, 왕도와 패도를 논한 이래로 한·당의
유자들은 그것을 제대로 이해하지 못했습니다. 송대에 이르러 정자
를 위시한 이락의 학자들이 천리와 인욕을 분별함으로써 그것이
비로소 크게 밝혀졌습니다. 그러나 그들은 삼대에는 도로써 천하를
다스렸고, 한·당은 지략과 힘으로 천하를 장악했다고 말합니다.
그것은 설득력이 없습니다. 그래서 근래의 유자들은 삼대에는 순전
히 천리에 의해 통치가 행해졌고 한당시대에는 순전히 인욕에 의
해 통치가 행해졌으나 간혹 천리와 암합되는 것이 있었기 때문에
한당의 통치가 그나마 장구할 수 있었다고 말합니다. 만약 그렇다
면 한당의 천오백 년 동안 천지는 터진 구멍을 임시로 막으며 겨우
시간을 보낸 셈이 되고 인심 역시 헤어진 옷자락을 이리 당기고 저
리 기우며 간신히 그럭저럭 세월만 보낸 셈이 되니 그렇다면 만물
은 어떻게 번성할 수 있었으며 도는 어떻게 상존할 수 있다는 말입
니까? 그러므로 지량은 한당 군주의 본령이 웅대하고 광활하지 않
음이 없었던 까닭에 능히 나라를 천지와 더불어 병립하게 만들었
고 따라서 사람과 사물들은 의지해서 살아가고 번성할 수 있었다
고 생각합니다.161)

진량은 한고조와 당태종의 통치는 결과적으로 사공의 시각으로 볼
때 성공적이라고 평가한다. 반면에 주희의 도덕주의적 입장에서는 한
당의 군주들에 대한 통치는 결과와는 상관없이 실패작으로 평가한다.
이들의 통치는 도와 천리가 실현된 것이 아니라 전적으로 인욕에 의
해 통치되었기 때문이다. 삼대만이 도로써 천하를 다스렸고, 한당시
대에는 힘으로써 천하를 장악했다고 비판한다. 이에 대해 진량은 "비
서께서는 삼대 이전에는 이기심과 욕망이 전혀 없었고 부귀영화를
추구하려는 사람도 없었다고 여기십니다. 그리고 시경(詩經)과 서경

---

161) 陳亮,『龍川集』卷20, 又甲辰答書. "自孟荀論義理王覇 漢唐諸儒未能深明其說 本朝伊洛諸公 辨析天理
　　人慾 而王覇義理之說 於是大明 然 謂三代以道治天下 漢唐以智力把持天下 其說固已不能使人心服 而
　　近世諸儒 遂謂三代 專以天理行 漢唐 專以人慾行 其間 有與天理暗合者 是以亦能久長 信斯言也 千五
　　百年之間 天地亦是架漏過時 而人心亦是牽補度日 萬物何以阜蕃 而道何以常存乎 故 亮以爲 漢唐之君
　　本領非不洪大開廓 故能以其國與天地竝立 而人物賴以生息"

(書經)에도 이렇게 정결하게 실려 있으니 다만 이러한 것만이 올바르고 위대한 책이라고 여기십니다. 그러나 제 생각으로는 사람에게 일단 마음이 생겨난다면 깨끗하지 못한 부분도 당연히 생겨나게 마련입니다. …… 성현이 일단 만들어 놓은 것을 뒷사람들이 후세에 비호하여 잇고 또다시 공자의 미화작업을 한차례 거쳤던 까닭에 이처럼 정결하게 보이는 것"162)이라고 반박한다. 진량이 보기에 한당의 군주들은 탁월한 본령을 지니고 있기 때문에 위대한 업적을 성취했다는 입장이다. 이러한 진량의 주장은 송의 유자들을 겨냥한 것이었으나, 실제로는 은근히 '5패가 인의를 가장한다(五覇假之)'는 맹자의 설을 배척하는 것이기도 했다.163) 주자는 한당이 오로지 인욕에 입각하여 통치되었다고 말하지만, 진량은 왕도와 패도의 구별은 천리와 인욕에 있지 않고, 한당도 모두 백성을 이롭게 하기 위해 왕도와 패도를 병용했다고 주장한다.

> 왕도와 패도가 같이 섞여서 쓰일 수 있는 것이라면 천리와 인욕 또한 더불어 행해질 수 있을 것입니다.164)

> 잡패(雜覇)라고 하는 것도 그 도는 본래 왕도에 근본하고 있다. 여러 유자가 자처하는 것은 義이고 王道이며, 漢唐이 행하여 이룬 것은 利이며 覇道이다. 하나(필자: 儒者)는 스스로 이와 같이 말했고, 하나(필자: 雜覇)는 스스로 그와 같이 행했다. 말하는 것이 비록 매우 좋지만 행하는 것 역시 나쁘지 않습니다. 이와 같이 義와 利가 함께 행해지고, 왕도와 패도가 아울러 쓰이는 것입니다. 나는 처음

---

162) 陳亮, 『龍川集』卷20, 又書_乙巳. "秘書以爲三代以前都無利慾 都無要富貴底人 今詩書載得如此淨潔 只此是正大本子 亮以爲才有人心 便有許多不淨潔 …… 聖賢建立於前 後嗣承庇於後 又經孔子一洗 故得如此淨潔"

163) 소공권 저, 최명·손문호 역, 앞의 책, p.794.

164) 陳亮, 『龍川集』卷20, 丙午復朱元晦秘書書. "王覇可以雜用 則天理人慾可以幷行矣"

부터 끝까지 다만 하나의 궁극적 관심은 단지 행해서 이루는 것일
뿐입니다.[165)

주희와 진량의 왕패논쟁은 존왕천패설(尊王賤覇說)과 왕패병용설로
대립하고 있다.[166) 특히 삼대와 한당의 군주들, 즉 한고조, 당태종의
패정(覇政)을 중심으로 전개된다. 주희는 정치적 행위의 도덕적 정당
성을 중시하고, 진량은 현실의 상황을 어떻게 타개해 나갈 것인가를
중요시한다. 그래서 실제의 일에서 실질적인 결과와 실천에 의한 업
적을 매우 중시한다. 어떤 역사적인 인물이 그가 처한 상황에서 어떻
게 문제를 해결하여 안정과 질서를 가져왔는가에 초점이 맞춰져 있
다. 진량은 주희의 왕도적 국가경영의 한계를 지적하고 있고, 주희는
왕도와 의(義) 그리고 천리를 배제한 패도적 산물은 이욕의 산물일 뿐
이라고 비판한다.

3. 정치노선과 왕패관의 단서: 염철론

1) 폐가입진(廢假立眞)의 정치노선

삼봉은 소금과 철의 전매에 대한 왕패논쟁, 즉 염철론의 핵심인물
을 곽광으로 인식하고 있다. 이는 삼봉의 왕패관의 사상적 성격 및

---

165) 陳亮, 『龍川集』 卷20, 又甲辰答書. "謂之雜覇者 其道固本於王也 諸儒自處者曰義曰王 漢唐做得成者曰
利曰覇 一頭自如此說 一頭自如此做 說得雖甚好 做得亦不惡 如此却是義利雙行王覇竝用 如亮之說 却
是直上直下 只有一箇頭處 做得成耳"

166) 주자와 진량은 1182년 처음 만난 이후, 1182~1186년 사이에 왕도와 왕패병용에 대해서 서신으로 사상
논쟁을 벌인다. 그 논쟁의 내용은 주자가 진량에게 보낸 13편의 편지와 진량이 주자에게 보낸 8편, 총
21편의 편지에 수록되어 있다. 주자가 진량에게 보낸 13편의 편지는 『朱文公文集』에, 진량이 주자에게
보낸 8편의 편지는 『龍川文集』에 각각 수록되어 있다.

정치노선과 밀접한 관련이 있음을 의미한다. 윤소종은 "무진년(戊辰年) 여름에 임금이 위화도(威化島)에서 돌아와 군사를 동문 밖에 주둔하고 있으니, 소종이 '곽광전167)'을 품안에 품고 나아와서"168) 폐가입진(廢假立眞)의 결행을 촉구한다. 삼봉은 "이보다 먼저 윤소종 등과 더불어 '우왕을 신씨라 하는 사람은 충신이요, 왕씨라 하는 사람은 역적이다'고 주장"169)한다. 뿐만 아니라 "우와 창은 본래 왕씨가 아니니 종조(宗祧)를 받들 수 없고, 또 천자의 명령도 있으니 마땅히 가짜 왕씨는 폐하고 진짜 왕씨를 세워야 한다 하고 정비(定妃)의 명을 받들어서 창을 강화로 추방하고 공양왕(恭讓王)을 맞아"들일 때에도 삼봉은 폐가입진(廢假立眞)의 입장을 견지하고 있다.170) 삼봉은 윤소종과 더불어 폐가입진의 정당성의 근거로 활용하고 있는 곽광에 대해서 "한(漢)의 곽광(霍光)은 무제(武帝)의 고명대신(顧命大臣)으로서 소제(昭帝)를 옹립(擁立)하였으니 그 공덕이 지극히 컸습니다마는 남이 상서하여 자신의 죄를 고하는 일이 있자, 그는 금중(禁中)에 감히 들어가지 못하고 밖에서 죄가 내리기를 기다렸다"171)고 긍정적으로 평가한다.

---

167) 곽광은 한무제가 죽자 한무제로부터 성왕을 보필한 주공과 같은 역할을 부탁하는 고명(顧命)을 받고(고명을 받은 인물은 곽광, 김일제, 상관걸, 전전추, 상홍양 다섯 사람이다) 8살의 어린나이로 즉위한 소제(昭帝)를 보좌했다. 곽광은 충직하고 부지런하여 언제 어디서나 만일의 사태에 대비하여 만사에 신중을 기하고 최선을 다했다. 덕분에 황제의 나이가 어렸음에도 불구하고 나라가 태평했다. 소제가 21세에 요절하자 창읍왕 유하를 옹립했는데 오직 수렵과 주색에만 열광하는 등 방탕하고 제왕으로서 위엄이 없자 폐하고 다시 선제를 영립(迎立)하였다. 선제 2년 곽광이 세상을 떠나자 그의 일족이 반란을 획책했다는 이유를 들어 모두 숙청했다.

168) 『太宗實錄』 2년 9월 17일(기미). 윤소종(尹紹宗)의 졸기. 『三峰集』에는 "소종은 태조의 군문(軍門) 앞에 나가서 '곽광전'을 올리고 드디어 우왕을 폐한 다음, 왕 씨 중에서 좋은 사람을 뽑아 세우려 하였다"고 정리하고 있다. 『三峰集』 卷8, 附錄, 事實.

169) 『三峰集』 卷8, 附錄, 事實.

170) 1389년 11월(창왕 1년) 흥국사에서 폐가입진에 대해 논의할 때 참석한 인물은 이성계, 정도전, 심덕부, 지용기, 정몽주, 설장수, 성석린, 조준, 박위 등이다. 정몽주는 위화도회군과 폐가입진에는 정치적으로 동의한 것으로 보인다.

171) 『三峰集』 卷3, 上都堂書.

또한 곽광을 어떻게 평가하느냐에 따라 조선 초기 정치적 성향과
노선의 향방이 달라지고 있다. 삼봉은 곽광에 대해 긍정적으로 평가
하지만,[172] 반면에 태종 이방원과 정치노선을 같이하고 왕권 중심의
정치를 옹호했던 하륜은 곽광에 대해 "배움도 재주도 없었고 음탕한
아내가 사악한 꾀를 몰래 내 제사를 끊어지게 하였다"[173]고 하여 매
우 비판적인 입장을 취하고 있다.[174] 하륜이 이처럼 곽광에 대해 혹
평하는 것은 임금을 폐한 정도전의 정치노선과 무관하지 않는 것으
로 해석된다. 『정종실록』에도 "곽광이 창읍왕을 폐한 것과 적인걸이
여릉왕을 바로잡은 것은 모두 큰 절개"[175]라는 표현이 등장하고,
『세종실록』에도 "곽광과 같은 공을 세웠다 하더라도" 하는 실록의 내
용으로 보아 조선 개국 당시 곽광에 대한 평가는 긍정적이었던 것으
로 보인다. 오히려 곽광을 혹평한 하륜의 견해가 독특한 위치를 점하
고 있음을 알 수 있다.

2) 법가적 현실주의에 대한 경계

한무제의 법가적 현실주의의 국가경영에 대해 한소제 시기에 정부
를 대표하는 대부 측과 민간을 대표하는 문학 현량 측 간에 왕패논쟁

---

172) 삼봉은 곽광에 대해 긍정적 평가를 하고 있지만, "곽광이 대사마(大司馬)로서 안으로는 상서(尚書)를 거
　　느리고 밖으로는 군마(軍馬)를 거느리매 대사마의 권세가 전횡(專橫)하였다"고 한 부분에 있어서는 비판
　　적 입장도 보이고 있다. 『三峰集』卷9, 經濟文鑑 上, 宰相.

173) 『浩亭集』議政府相規說. "不學無術 陰妻邪謀 霍光之絶祀也" 또 人臣들의 말과 행동을 본받을만한 인
　　간상과 경계해야 할 인간상으로 구분하고 있는데, 본받을만한 인물은 伊尹, 傅說, 子産, 孟子, 諸葛孔明,
　　董仲舒, 眞西山 등이고, 곽광은 公孫弘, 王安石 등과 함께 경계해야 할 인물로 평가되고 있다.

174) 재상중심론과 국왕중심론에 대한 정치사상적 갈등과 정도전과 하륜의 곽광에 대한 정치적 평가에 대해
　　서는 이한수, 「조선 초 '개국주도파'와 '개국 후 참여파'의 정치사상적 갈등-정도전과 하륜을 중심으로-」,
　　『청계논총 제2집』(성남: 한국정신문화연구원, 2000) pp.119~148 참조.

175) 『定宗實錄』 2년 7월 2일(乙丑).

이 벌어진다. 이 논쟁을 주도한 인물은 한무제가 "곽광(霍光)과 김일제(金日磾)를 알려지지 않은 가운데 발탁하여 탁고하는 부탁을 하였으니 밝고 원대하다고"[176] 했던 곽광(霍光)이다. 곽광은 유가적인 입장이며 한무제의 대외 팽창정책을 옹호한 상홍양과 정치적 대립관계에 놓여 있다. 대부 측의 주장은 다음과 같다.

> 흉노는 한나라를 배반하여 신하노릇을 하지 않고, 여러 차례 변경을 침략해 왔습니다. 이를 방비하자니 중국 내지의 병사들을 고생시키게 되고, 이를 내버려두자니 그들의 침략이 그치지 않았습니다. 이에 선제께서는 변경 주민들이 오랫동안 피해를 당하고 오랑캐들에게 붙잡혀 가는 고초에 시달려 온 것을 불쌍히 여기셔서, 이 지역에 요새를 구축하고 봉수를 갖추는 한편, 군대를 주둔시켜 변경을 방비토록 하셨습니다. 그런데 이러한 변경방비에 소용되는 재정이 부족하였기 때문에 소금, 철, 술에 대한 전매제도를 시행하고 균수법을 실시해서 재정을 확충하여 변경방비에 소용되는 비용으로 충당하고자 한 것입니다.[177]

상홍양을 대표로 하는 대부 측의 주장은 흉노의 변경 침략을 방어하기 위해서 전쟁비용이 필요하기 때문에 염철전매제도를 실시해야 하며, 무력으로 흉노를 제압해야 한다는 논리이다. 이러한 대부 측의 논리는 한무제시대의 대외정책의 계승을 주장하는 것이며, 전형적인 법가의 부국강병 노선이다. 법가는 부국강병을 통해 천하를 지배하고자 한다.

법가적인 정치노선을 견지하는 대부 측에 맞서 현량 문학 측이 주

---

176) 『三峰集』 卷11, 經濟文鑑 別集 上, 漢武帝.

177) 『鹽鐵論』 本義 第1. "匈奴背叛不臣 數爲暴於邊鄙 備之則勞中國之士 不備則侵盜不止 先帝哀邊人之久患 苦爲虜所係獲也 故修障塞 飭烽燧 屯戍以備之 邊用度不足 故興鹽鐵 設酒榷 置均輸 蓄貨長財 以佐助邊費"

장하는 유가적인 내용은 다음과 같다.

> 옛날에는 덕을 숭상하고 무력을 사용하는 것을 천하게 여겼습니다.
> 공자께서는 '먼 곳의 사람이 복종하지 않으면 덕정을 베풀어서 이
> 들을 귀순하게 하고 이미 귀순하였으면 이들의 생활을 안정시켜
> 주어야 한다'고 했습니다. 그런데 지금은 도덕을 닦는 것은 저버린
> 채 무력에만 의존하여 군사를 일으켜 적을 토벌하는가 하면, 주둔
> 군을 배치시켜 적을 방어하느라 병사들을 들판에서 고생시키고 있
> 는 지가 오래되었고, 이를 위해 변경으로 실어 나르는 곡식 수송은
> 끝이 없으니, 이는 밖으로는 변경의 병사에게 배고픔과 추위의 고
> 통을 겪게 하는 것이고, 안으로는 내지의 백성을 고달프게 하는 일
> 입니다. …… 백성을 덕으로써 인도하면 백성은 순박해지고 백성에
> 게 군주가 이익을 중시하는 것을 보여주면 민간의 풍속은 각박하
> 게 됩니다. 풍속이 각박해지면 도의를 저버리고 이익만을 좇게 되
> 며, 이익만을 좇게 되면 백성들은 이익을 좇느라 길거리에서 서로
> 부딪치고 시장에서 북적거리게 될 것입니다.[178]

문학측은 무력에 의한 패도적인 통치에 반대하고 불인인지정(不忍人
之政)에 의한 인정과 덕에 의한 왕도정치를 주장한다. '도덕의 단서'로
서 사단(四端)의 확충을 주장했던 맹자는 존왕천패(尊王賤覇)의 기본 입
장을 통해 왕도정치를 역설한 반면, 힘에 의한 패도정치와 이익추구를
배척했다. 문학 측은 공자와 맹자의 유가사상을 배경으로 하고 있다.

왕도의 당위성을 주장하는 문학 측과 패도의 실용성을 견지하는
대부 측 간의 첨예한 대립에도 불구하고 관중에 대해서는 상호 우호
적인 입장에서 접근한다. 문학 측과 대립하는 상홍양의 경제정책[179]

---

178) 『鹽鐵論』 本義 第1. "古者貴以德而賤用兵 孔子曰 '遠人不服 則修文德以來之 旣來之 則安之' 今廢道
　　德而任兵革 興師而伐之 屯戌而備之 暴兵露師以支久長 轉輸糧食無已 使邊境之士饑寒於外 百姓勞苦
　　於內 …… 夫道民以德 則民歸厚 示民以利 則民俗薄 俗薄則背義而趨利 趨利則百姓交於道而接於市"

179) 상홍양의 재정정책에 대해서는, 김용은, 「漢 前期 國家財政과 財政論 硏究-상홍양의 재정정책을 중심으
　　로-」, 경희대학교 박사학위논문, 2000 참조.

에 영향을 준 사상과 논리는 『관자』가 상당한 비중을 차지하고 있다. 상홍양은 염철회의 과정에서 관자의 사상을 직접적으로 인용하여 경제정책의 목적과 방향성을 제시한다.

> 표준을 정하고 시세의 변화를 파악하여 경중(輕重)의 방법으로 백성들을 통제한다. 풍년이 든 해에는 여분의 곡식을 저축하여 궁핍해질 때를 대비하고 흉년으로 고통스러운 해에는 화폐와 물자를 풀고 남는 것을 유통시켜 부족한 부분에 조달하는 것이다.[180]

어사는 "관중이 환공을 보좌함에 선군의 사업을 계승하여 경중(輕重)의 변화를 이용하는 정책을 실시하여, 남쪽의 강국인 초나라를 복속시켜 제환공은 제후의 패자가 되었다"[181]고 평가한다. 경중의 변화를 이용한 부국강병(富國强兵) 정책은 제후의 패자를 추구하고 있음을 알 수 있다.

현량 역시 "『관자』에 이르기를 양곡 창고가 가득 차면 예절을 알게 되고 생활이 풍족해지면 영욕을 알게 된다[182]고 하였으니 부유한 백성일수록 예의를 지키게 하기가 더 쉬운 법이다"[183] 하여 백성들의 창고가 가득 차게 만드는 것이 예절과 영욕을 아는 도덕적 인간으로 만드는 기초라고 생각하고 있다. 현량은 물질적 이익을 완전히 부정하지는 않고 있다.

현량은 염유가 공자에게 "'백성이 부유해진 다음에는 무엇을 또 해

---

180) 『鹽鐵論』 力耕 第2. "王者塞天財 禁關市 執準守時 以輕重御民 豊年歲登 則儲積以備乏絕 凶年惡歲 則行幣物流有餘而調不足也"

181) 『鹽鐵論』 輕重 第14. "管仲相桓公 襲先君之業 行輕重之變 南服彊楚而霸諸侯"

182) 『管子』 牧民篇, 輕重甲篇.

183) 『鹽鐵論』 授時 第35. "管子日 倉廩實而知禮節 百姓足而知榮辱 故富民易與適禮 難與適道"

야 하는가'라고 물었을 때 공자는 '가르쳐야 한다'고 말했다.[184] 덕으로써 교화하고 예로서 정제하면[185] 백성은 자연히 의로운 행동을 하게 되고 선을 추구하게 될 것이다"[186] 하여 부(富)에 그치는 것이 아니라 보다 적극적으로 인을 개발하고 고양시킬 수 있는 교육에 초점을 맞춘다. 덕으로써 교화하고 예로써 정제하면 백성들은 자연스럽게 의(義)와 선(善)을 추구한다는 점을 강조한다. 『순자』의 「대략」 편에서도 "부유하지 않으면 백성들의 성정을 기를 수 없고 교육하지 않으면 백성들의 성품을 다스릴 수 없다"[187]고 언급한 바 있다. 교화의 장치는 학교이다. 공자, 순자는 공통적으로 우선 부유하게 하고 예의와 교화를 하는 선부후교(先富後敎)의 방식을 따르고 있다.

삼봉은 법가적 패도주의 노선을 견지한 한무제에 대해 중국을 최초로 통일한 "진시황의 실패한 길을 답습한"[188] 군주로 인식한다. 그러나 "진나라는 끝내 회복할 줄을 몰라 호해(胡亥) 조고(趙高)가 이를 계승한 것이 마땅한 사람이 아니었지만, 제(帝)는 뉘우치고 깨달아 간절하게 자책하였으니 소제(昭帝)와 곽광이 계승하되 착하게 하였기 때문에 진나라와 한(漢)나라의 흥망이 크게 달랐던 것이다."[189] 삼봉이 보기에 한무제는 "정벌하기를 좋아하여"[190] "형을 엄하게 하고 벌

---

184) 『論語』 子路篇. 冉有曰 旣庶矣 又何加焉 曰 富之 曰 旣富矣 又何加焉 曰 敎之.

185) 『論語』 爲政篇의 원문장은 "道之以德 齊之以禮 有恥且格"인데 염철론에서는 '道之'를 '敎之'로 바꾸어 사용하고 있다.

186) 『鹽鐵論』 授時 第35. "語曰旣富矣 又何加焉 曰敎之 敎之以德 齊之以禮 則民徒義而從善." 『論語』 述而篇에 의미가 상통하는 문장이 있다. "子曰 德之不修 學之不講 聞義不能徒 不善不能改 是吾憂也(述而3), 子曰 三人行必有我師焉 擇其善者而從之 其不善者而改之(述而21)"

187) 『荀子』 大略. "不富 無以養民情 不敎 無以理民性"

188) 『三峰集』 卷11, 經濟文鑑 別集 上, 漢武帝.

189) 『三峰集』 卷11, 經濟文鑑 別集 上, 漢武帝.

190) 『三峰集』 卷10, 經濟文鑑 下, 衛兵.

을 가혹하게 하여, 무공(武功)을 세우려 군사를 남발하다가 용도가 부족하게 되자 취렴(聚斂)이 한이 없게 되어 민력(民力)이 탕진되고 재용(財用)이 고갈되었으며 따라서 흉년이 들고 도적이 사방에서 일어나 도로가 통하지 못했다"191)고 비판한다. 백성들을 돌보지 않고 무공을 세우기 위해 군사를 남발하고 형벌을 엄하게 하여 오로지 부국강병을 통한 대외팽창정책을 추구하다 재용이 고갈되자 군사비 조달을 목적으로 소금과 철을 국가가 독점 판매하여 국가재정을 충당한 법가적 패도주의와 법가적 통치에 대해 비판적 입장을 견지한다. 백성들은 대외 원정에 동원되고, "한실(漢室)이 마침내 이 때문에 쇠약해졌다."192) 그뿐만 아니라 "한나라 초기에 재상을 신임하던 제도가 무제에 이르러 무너졌다"193)고 인식하여 군주의 통치를 재상이 보좌하는 관계 속에서 국가경영을 파악하고 있다.

삼봉은 '군도'에서 한소제의 장단점을 열거하면서 "무제의 사치하고 군사를 남용한 뒤를 이어 받아 나라 안이 비게 소모되고 호구가 반으로 줄었는데, 곽광이 시무의 요점에 밝아 먼저 현량과 문학의 선비를 들어 쓰고, 백성들의 고통을 물어"194) "염철의 각고를 의논해서 파하고 마구전을 면제하며, 민부전을 10분의 1로 감하"195)여 민력을 회복한 점을 부각시키고 있다. 이때 나타나는 현량과 문학이 곧 법가의 대부 측 상홍양(桑弘羊)196)에 맞서 왕패논쟁을 벌인 재야 유가 측

---

191) 『三峰集』 卷11, 經濟文鑑 別集 上, 漢武帝.

192) 『三峰集』 卷10, 經濟文鑑 下, 衛兵.

193) 『三峰集』 卷9, 經濟文鑑 上, 宰相.

194) 『三峰集』 卷11, 經濟文鑑 別集 上, 漢昭帝.

195) 『三峰集』 卷11, 經濟文鑑 別集 上, 漢昭帝.

196) 삼봉은 염철론의 정부 측 대표인 상홍양에 대해 "국가가 이익을 독점하는 정책을 쓰는" 법가사상에 이념적 기초를 둔 법가적 관료로 평가하고 있다. 『三峰集』 卷9, 經濟文鑑 上, 宰相.

인사들이다. "쌍방의 주장은 선진 유가와 법가사상을 벗어나지 않는
다."197) 한무제 때 유학이 권력과 만나 유교국가를 표방한 이후 염철
논쟁을 통해 선진 유법가 간에 벌어진 가장 첨예한 왕패논쟁이었기
때문이다.

이런 사실로 미루어 볼 때 곽광이 주재했던 염철론은 삼봉의 정치
노선과 왕패관에 영향을 미친 왕패논쟁으로서 그 시사점이 내재되어
있다고 볼 수 있다. "그것은 예치와 법치의 절충(禮主刑補)으로 명명된
동아시아적 통치기제의 특징을 설명하는 단서이기도 하며, 왕정(王政)
과 패정(覇政)을 둘러싼 논쟁의 기원을 이해하는 전제이기도 하다."198)
선진 유법가 간의 왕도적 이상주의와 법가적 현실주의는 국가경영을
위한 치도로서 융합되지 못하고 상호 충돌하고 있다. 이 논쟁은 "예
치와 법치의 주도권을 둘러싼 대립과 투쟁이 아니라 양자를 어떻게
절충하고 겸전함으로써 항상적인 규범화의 기제를 창출하느냐의 문
제의식이라고"199) 했을 때, 삼봉은 한무제의 '패도적 국가경영의 한
계'를 지적하며 또한 경계하고 있다.

---

197) 소공권 저, 최명 · 손문호 역, 앞의 책, p.491.

198) 윤대식, 『동아시아의 정치적 의무관에 대한 모색』(파주: 한국학술정보, 2008). p.18. 맹자 이전에 왕도와
패도는 서로 대립적이지 않았다. 왕자는 통일군주를 가리키고 패자는 제후를 지칭했다. 왕도와 패도 모
두 긍정적이었고, 정치노선의 함의는 없었다. 중국역사상 왕도와 패도를 서로 다른 정치노선의 개념으로
가장 먼저 사용한 것은 맹자였다. 劉澤華 主編, 『中國古代政治思想史』(天津: 南開大學出版社, 1992).
pp.85~86. 이후 덕치의 왕정과 힘에 의한 패정으로 구별하게 되었다.

199) 윤대식, 앞의 책, p.269.

제 Ⅲ장

삼봉의 유교적 왕패관

1. 왕패정치의 근거

1) '민(民)'에 대한 이해: 性善과 盜賊

삼봉이 이해하는 민의 본성은 왕패정치가 발동하는 핵심적 원동력이다. 민의 본성은 성선(性善)에서 출발한다. 삼봉이 구상한 유교적 질서 속에서 '민'은 인(仁)의 가능성을 천부적으로 부여받은 보편적인 존재이다. 삼봉에 있어서 '민'은 '노예'[200]나 '인(人)에 사역당하는 도구적 존재'[201]가 아니다. 삼봉은 "제 전객 자설의 권에 제하다(題全典客字說卷中)"[202]라는 시에서 '민'의 존재를 다음과 같이 밝히고 있다.

---

200) 趙紀彬 지음, 조남호 · 신정근 옮김, 『反논어』(서울: 예문서원, 1999). p.39.

201) 같은 책, p.46.

202) 『三峰集』 卷1, 五言古詩, 題全典客字說卷中.

하늘이 본성을 내려주어서 　　　惟天降以衷
백성이 떳떳함을 지녔느니라 　　民固秉其彝
대륜을 말하자면 다섯 가지인데 　大倫乃有五
순리이지 강위는 아니라오 　　　順也非强爲
　　　　⋮　　　　　　　　　　　　⋮
맹자가 어찌 우릴 속였겠는가 　　孟氏豈我欺

삼봉의 '민'에 대한 정치사상은 삼봉 자신이 '떳떳함을 지닌 백성'
이라고 하였듯이 그러한 '민'에 대한 의미는 『시경(詩經)』에 나오는
다음의 구절과 매우 밀접한 의미의 맥락을 짓고 있다.

하늘이 뭇 백성을 낳으시니 　　　天生烝民
사물이 있음에 법이 있도다 　　　有物有則
백성이 떳떳한 성품을 지녔느니라 　民之秉彝
이 아름다운 덕을 좋아하도다 　　好是懿德203)

맹자가 만장에게 『서경』의 말을 인용하여 "하늘은 우리 백성이 보
는 바를 통하여 보고, 하늘은 우리 백성이 듣는 바를 통하여 듣고 계
시다"204)는 민본주의의 극치에 이르는 말을 했듯이, 삼봉이 상정하고
있는 백성 역시 하늘이 본성을 내려주어 떳떳함을 지닌 천민(天民)이
다. 그래서 왕도정치의 출발은 성선이 그 근원지가 되며, "천명(天命)
을 민명(民命)으로 만들기 위해서는 민명의 지선한 본성을 확보하지
않을 수 없는 것이다."
　삼봉이 파악하고 있는 민의 본성은 본질적으로 '떳떳함을 지닌' 민
지병이(民之秉彝)에 그치지 않는다. 삼봉이 경험적인 측면에서 파악하

---

203) 『詩經』 卷18. "天生烝民 有物有則 民之秉彝 好是懿德"

204) 『孟子』 萬章章句上. "天視自我民視 天聽自我民聽." 『書經』 泰書中.

고 있는 백성들은 "민심이 무상하여 합하기는 어렵고 어그러지기는 쉬운"205) 존재들이다. 마치 『서경』에 나오는 다음 구절을 연상케 한다.

> 황천은 특별히 친근한 사람이 없어 다만 덕 있는 사람을 도와주고, 민심은 무상하여 오직 은혜를 베푸는 자에게만 따르는 것이다. 선을 행함을 달리하되 똑같이 다스림으로 돌아가고, 악은 행함을 달리하되 똑같이 어지러움으로 돌아가니 그대는 경계하라.206)

위 구절에 나타난 『서경』의 '민'만을 중심으로 볼 때 '민'은 하늘이 부여한 떳떳한 도리를 실현하는 백성이 아니다. 자기에게 은혜를 베푸는 자에게만 따르는 이욕적이고 자기중심적인 욕심의 변덕에 젖을 줄 아는 '민심이 무상한' 백성들이다.

삼봉의 '민'에 대한 이중적 사유는 "태어날 때부터 덕을 좋아하는 양심은 사람마다 지니고 있는 것"207)이지만 "백성들이란 욕심이 있는 것이어서 이득 될 것을 보면 동하게 되는데, 만일 가르칠 줄은 알지 모르고 기한에 내몰면, 비록 형벌로 죽이기를 날마다 하더라도 억조의 사리를 탐하는 마음을 이겨낼 수" 없어서 "성인은 그치게 할 수 있는 도리를 알기 때문에 위엄과 형벌을 숭상하지 않고 정사와 교화를 닦아서, 농상의 업을 가지게 하고 염치의 도리를 알게 함으로써, 비록 상을 준다고 해도 도둑질을 하지 않게 하였다. 그러므로 악을 방지하는 도리는 그 근본을 알고 요령을 얻는 것에 있을 뿐인 것이다."208)

---

205) 『三峰集』 卷9, 經濟文鑑 上, 宰相. "民心無常 難合易睽"

206) 『書經』 周書, 蔡仲之命. "皇天無親 惟德是輔 民心無常 惟惠之懷 爲善不同 同歸于治 爲惡不同 同歸于亂 爾其戒哉"

207) 『三峰集』 卷13, 朝鮮經國典 上, 禮典, 旌表.

208) 『三峰集』 卷12, 經濟文鑑 別集 下, 議論. "止惡之道在知其本得其要而已"

　　삼봉은 맹자처럼 성선의 민(民)으로만 상정하는 것이 아니라 ‘욕심’
과 ‘사리를 탐하는 마음’을 지닌 존재로도 염두하고 있다. 성선과 탐
욕이 충돌하는 모순적인 ‘민’들에게 막연한 도덕주의적 위협만으로
는 악을 방지할 수 없는 존재들이다. “사람의 성품은 다 착한 것이며,
수오(羞惡)하는 마음은 사람마다 모두 가지고 있다. 도적이 되는 것은
인간의 본정”209)이기 보다는 “일정한 생업이 없는 사람은 일정한 마
음을 가질 수 없는” 관계로 “기한이 몸에 절실해지면 예의를 돌아볼
겨를이 없이 대부분 부득이한 사정에 압박되어 도적이 되는 것일 뿐
이다.”210) 아무리 인간이 하늘이 부여한 성선을 타고났더라도 생활여
건상 후천적으로 경제적인 조건이 뒷받침되지 않으면 부득이 하게
사정에 압박되어 도적이 될 수도 있다는 논리이다. “백성의 욕심은
한량없고 이익을 추구하는 마음은 쉽게 솟구치는 것”이어서 “만약 형
벌을 밝혀서 이를 억제하지 않는다면 역시 금하기 어렵다”211)고 주장
한다. 그래서 삼봉은 백성의 “성품이 착한 것을 근본으로 하고 간사
한 도적을 경계”212)해서 이욕(利慾)의 욕망을 천리(天理)로 전환시키는
정치를 모색하고 있다. 삼봉이 이해하는 ‘민’의 본성에는 선과 악이
동봉되어 있다. 맹자와 다른 새로운 ‘민’의 본성에 대한 이해를 통해
유교적 국가경영의 왕패정치담론을 생산하고 있다.

---

209) 『三峰集』 卷14. 朝鮮經國典下, 憲典, 盜賊.

210) 『三峰集』 卷14, 朝鮮經國典, 憲典, 盜賊.

211) 『三峰集』 卷14, 朝鮮經國典, 憲典, 盜賊.

212) 『三峰集』 卷14, 朝鮮經國典, 憲典, 盜賊.

2) 자연상태와 패도정치: 만인에 의한 만인의 투쟁 상태

'인간은 누구든지 요순이 될 수 있다(人皆可以爲堯舜)'는 맹자적인 성선의 '민'의 본성은 삼봉이 이해하는 민과는 차이점을 드러내고 있다. 삼봉이 현실적으로 체감하는 민의 본성은 근원적으로 떳떳한 본성을 부여받았지만 그 자체로 구원된 상태가 아니라 정글의 자연에서 야수성(野獸性)이 살아 숨 쉬는 욕망의 본능을 내재하고 있다. '민'은 성선적인 본성과 물욕과 정욕의 충동에서 결코 자유로울 수 없는 이중성을 지닌 존재이다. 힘없는 백성들은 권력 있는 권세가들과 권력을 등에 업은 사원(寺院) 세력들에 의해 토지 겸병(兼垃)과 함께 삶의 터전을 잠식당하고 있다. 삼봉은 '만인의 만인에 대한 투쟁 상태'가 벌어지는 치열한 생존경쟁의 현장에서 이 야만(野蠻)이 울부짖는 투쟁 상태를 종결하고 통치와 질서를 보장할 수 있는 또 다른 '정치'를 모색하고 있다.

> 옛날 성인이 賦稅法을 만든 것은 다만 백성으로부터 수취하여 자기를 봉양하는 것은 아니었다. 백성들이 서로 모여 살게 되면 음식과 의복에 대한 물욕이 밖에서 공격하고 남녀에 관한 정욕은 안에서 공격하여 동류일 경우에는 서로 다투게 되고 힘이 대등할 경우에는 싸우게 되어 서로 죽이기까지 하는 것이다. 통치자는 법을 가지고 그들을 다스려서 다투는 자를 평화롭게 해 주어야만 민생이 편안해지는 것이다. 그러나 그 일은 농사를 지으면서 병행할 수 없는 것이므로 백성은 10분의 1을 稅로 바쳐서 통치자를 봉양하는 것이다. 통치자가 백성으로부터 수취하는 것이 큰 만큼 자기를 봉양해 주는 백성에 대한 보답도 역시 중한 것이다.213)

---

213) 『三峰集』 卷13, 賦稅. "古之聖人立賦稅之法非徒取民以自奉民之相聚也飮食衣服之欲攻乎外男女之欲攻乎內在醜則爭之力敵則鬪之以至於相殘爲人上者執法以治之使爭者平鬪者和而後民生安焉然不可耕且爲也則民之出乎什一以奉其上其取直也大而上之所以報其養者亦重矣"

이는 ‘자연상태에서의 만인(萬人)에 의한 만인(萬人)의 투쟁’을 역설
했던 홉스(Thomas Hobbes)의 주장과 공간적 시간적 차이를 초월하여
거의 유사하다고 할 수 있을 것이다.[214) ‘백성들이 모여 살게 되면’에
서의 民은 태어나면서부터 본성이 악한 늑대로 태어나는 것이 아니라
타자들과 집단 속에 동거할 때 상황 여하에 따라 늑대가 될 수 있다
는 의미이다. 즉 타자의 民들을 만나기 이전 오이코스(Oikos)의 사적
(私的) 세계에서의 개인적인 차원에서는 늑대의 성향이 잠재되어 있
다가, 정치공동체로서의 폴리스(Polis) 이전의 자연적인 공간의 자유방
임(自由放任) 상태에서 낯선 익명의 民들을 만났을 때 물욕과 정욕을
다투는 늑대가 될 수 있다는 뜻이다. 그야말로 힘만이 통하는 약육강
식의 세계이다. 위 문장의 행간에 흐르고 있는 정치사상적 함의는 힘
없는 약자(民)도 보호받는 정치적 질서유지와 민생이 안정된 평화로
운 정치공동체의 건설에 있음을 암시하고 있다. 일차적으로 정치공동
체 건설의 핵심은 오이코스 영역에서 정치공동체의 공간으로 전환해
서 타자인 民들에 대해 늑대로 돌변하는 상황이 발생하지 않도록 하
기 위해 정치공동체의 통치를 통치자에게 전문적으로 의탁하도록 하
자는 것이다. 통치자는 백성들로부터 수취만 할 것이 아니라 백성들
이 물욕과 정욕에 정복당하지 않도록 정치공동체의 질서유지에 최선
을 다해야 한다. 그래서 정치공동체의 질서유지를 위해서 ‘법’은 필수
불가결한 요소임을 역설하고 있는 것이다. 아울러 정치공동체의 정치
질서는 오직 정치적 엘리트들에 의해서만 실현되고 유지될 수 있으

---

214) 순자와 홉스의 사상에서 공통적으로 흐르는 사유의 기본 축은 그들이 다 인간 세상을 이익심의 소용돌이
로 보고 그 이익심의 사회적 관리를 정치의 요체로 보았다는 데 있다. 김형효 외 공저, 『민본주의를 넘어
서』(수원: 청계, 2000). pp.61~71 참조. 순자와 홉스의 사유의 기본 축은 삼봉의 패도적인 정치적 사유의
축과 매우 유사한 측면이 있다고 생각된다.

므로 통치자는 통치자로서의 최소한의 능력과 도덕성은 갖추고 있어야 한다는 의미이기도 하다. 또한 정치는 神의 명령이나 권위 있는 경전(經典)에 의해서 탄생하는 것이 아니라 '민'의 본성에 의해서 정치 공동체의 정치가 발생한다는 논리이기도 하다. 때문에 이 '민'의 본성이 '정치'에 의해 보호되지 못하고, 정치적 통제장치 없이 욕망의 본능에 의해 지배되는 정치는 이미 그 생명력이 끝났다는 얘기다. 즉 동물적 본능이 만연하는 약육강식의 자연 상태에 놓여 있으면 性惡의 본능을 통제하고 性善의 본성을 조장하는 또 다른 정치의 탄생은 어김없는 사실로 다가온다는 설명이기도 하다. 법과 형벌의 정치에 대해 유가의 宗主 공자는 최악의 정치수단이라고 말한 바 있다. 최악의 정치 상황을 고려한 정도전의 정치사상 또한 순자적 요소와 법가적 요소를 적극적으로 끌어안고 있음을 암시하고 있다.

 "인간의 본성은 악하다"215)는 성악설을 주창한 순자는 혼란과 무질서의 원인을 인간의 욕망으로 진단하고 그 혼란을 수습하고 정치적 질서를 확립하기 위한 처방책으로 '예의'의 제정을 주장한다.

> 사람은 나면서부터 욕망이 있는데 바라면서도 얻지 못하면 곧 추구하지 않을 수 없고, 추구함에 일정한 기준과 한계가 없다면 곧 다투지 않을 수 없게 된다. 다투면 어지러워지고 어지러워지면 궁해진다. 옛 임금들께서는 그 어지러움을 싫어하셨기 때문에 '예의'를 제정해 이들의 분계를 정함으로써, 사람들의 욕망을 충족시켜주고 사람들이 원하는 것을 공급케 하였던 것이다. 그리하여 욕망은 반드시 물건에 궁해지지 않도록 하고, 물건은 반드시 욕망에 부족함이 없도록 해, 이 두 가지가 서로 균형 있게 발전하도록 하였는데, 이것이 예가 생겨난 이유이다.216)

---

215) 『荀子』 性惡. "人之性惡"

216) 『荀子』 禮論. "禮起於何也曰 人生而有欲 欲而不得 則不能無求 求而無度量 分界則不能不爭 爭則亂

한비자 또한 백성들 사이에 경제적인 재화의 부족으로 다툼이 발
생하는 정치적 혼란에 대해 법으로서 질서를 유지하고 사회를 안정
시키는 진단과 처방책이 삼봉과 매우 유사한 측면을 보이고 있다.

> 옛날에는 남자가 농사짓지 않아도 초목의 열매가 먹을거리로 넉넉
> 하였고 여자가 베를 짜지 않아도 새나 짐승들의 가죽이 옷 해 입기
> 에 넉넉했다. 힘들여 일하지 않아도 생활이 넉넉하며 사람 수가 적
> 고 물자가 남아 백성들은 다투지 않았다. 이런 까닭으로 후한 상을
> 내리지 않고 중벌을 쓰지 않아도 백성들이 저절로 다스려졌다. 지
> 금은 한 사람에게 다섯 자식이 있어도 많지 않은데 자식이 또 다섯
> 자식을 가져 조부가 아직 죽지 않으면 스물다섯 명의 손주가 된다.
> 이런 까닭으로 사람 수는 많아지고 재화는 적어지며 힘써 일해 지
> 치더라도 생활이 야박하므로 백성들이 다투게 되었다. 비록 상을
> 배로 하고 벌을 더하더라도 혼란에서 면하지 못하게 되었다.[217]

> 대저 법령을 세우는 것은 사(私)를 폐하기 위한 것이다. 법령이 행
> 해지면 사도가 폐한다. 사(私)라는 것은 법을 어지럽히는 근본이다.[218]

상앙의 『상군서』 역시 분쟁의 발생은 인간의 욕구 때문이며, 혼란
을 극복하고 질서를 수립하기 위해서는 금지령과 관리 그리고 이들
을 다스리는 군주를 세워야 한다고 주장한다.

> 하늘과 땅이 만들어지고 나서 인류가 생겨났다. …… 이때에 사람
> 들은 남을 이기는 데 힘썼고 힘을 다해 빼앗았다. 남을 이기는 데
> 힘쓰면 싸우게 되고 힘을 다해 빼앗으면 다투게 되는데, 다투는 데
> 올바른 표준이 없으면 사람들은 일상생활의 욕구를 만족시키지 못
> 한다. …… 명분이 정해져도 제도가 없으면 안 되기 때문에 금지령

亂則窮 先王惡其亂也 故制禮義以分之 以養人之欲 給人之求 使欲必不窮乎物 物必不屈於欲 兩者相特
而長 是禮之所起也"

217) 『韓非子』 五蠹.

218) 『韓非子』 詭使. "夫立法令者 以廢私也 法令行而私道廢矣 私者 所以亂法也"

을 세웠다. 금지령이 세워져도 이를 관장할 수 없으면 안 되기 때문에 관리를 세웠다. 관리가 세워져도 이들을 통일하여 다스릴 사람이 없으면 안 되기 때문에 군주를 세웠다.[219]

관중은 사람들이 짐승처럼 모여 살면서 힘으로 서로 공격하는 자연 상태를 가정하여 국가의 탄생을 설명한다. 지혜로운 사람이 어리석은 사람을 속이고 강한 자가 약한 자를 능멸하는 원시적인 자연 상태에 질서를 부여하기 위해서는 영도자를 세우고 군주를 군주답게 하는 상벌을 집행해야 한다고 주장한다.

옛날에는 군신 상하의 구별도 없었고, 남녀가 정해진 짝도 없이 짐승처럼 모여 살면서 서로 공격을 일삼았다. 이때는 지혜로운 자가 어리석은 자를 속이고, 강한 자가 약한 자를 능멸하여 의지할 데 없는 노인이나 어린 고아, 홀아비는 발붙일 곳이 없는 세상이었다. 그러므로 지혜로운 지도자는 여러 사람들의 단결된 힘을 빌려 포악한 행위를 못하게 하고, 백성이 자신을 해롭게 하는 것에서 벗어나 스스로 이익을 도모할 수 있게 해 주었다. 백성의 덕을 바르게 하자 지혜로운 이를 백성의 영도자라고 생각했다. 이로 인하여 도술과 덕행이 현인에게서 나왔다. 백성이 의리에 순종하려는 마음을 일으켜서 정도로 되돌아가게 했다. 그러나 백성의 명분과 실제가 옳고 그름을 분명히 하는 데까지는 미치지 못하여 어긋남이 있을 때는 곧바로 그 잘잘못을 가려 상벌로 처리했다. 상하의 예를 정하여 뚜렷하게 구분하고, 민생을 위한 물자를 갖추고 나라의 도읍을 정하여 세웠다. 이 때문에 국가가 국가의 자격을 갖추고, 백성에게 규범을 정해 주어 나라에 이바지하게 하고, 군주를 군주답게 만드는 상벌을 공정히 집행하게 되었다.[220]

---

219) 『商君書』 開塞. "天地設而民生之 …… 當此時也 民務勝而力征 務勝則爭 力征則訟 訟而無正 則莫得其性也 …… 分定而無制 不可 故立禁 禁立而莫之司 不可 故立官 設官而莫之一 不可 故立君"

220) 『管子』 君臣 下. "古者未有君臣上下之別 未有夫婦妃匹之合 獸處群居 以力相征 於是智者詐愚 强者凌弱 老幼孤獨 不得其所 故智者假衆力以禁强虐 而暴人止 爲民與利除害 正民之德 而民師之 是故道術德行 出於賢人 其從義理兆 形於民心 則民反道矣 名物處違是非之分 則賞罰行矣 上下設 民生體 而國都立矣 是故國之所以爲國者 民體以爲國 君之所以爲君者 賞罰以爲君"

삼봉과 순자, 한비자, 상앙, 관중은 인간의 본능적 욕망의 추구는 무한정이기 때문에 일정한 기준과 경계가 없으면 다투게 되고, '만인에 의한 만인의 투쟁 상태'로 치닫게 된다고 주장한다. 이런 무질서와 혼란을 극복하기 위해서 순자는 예(禮)를, 한비자는 법을, 상앙 역시 법을, 관중은 상벌을 제정하고 통치자를 세워야 한다는 처방책을 제시한다. 삼봉은 "서로 해치는 것을 금하지 않는다면 인류는 멸망하고 말 것"221)이므로 통치자가 '법'을 가지고 무질서와 혼란을 종식시켜 평화로운 질서유지와 민생의 안정을 도모해야 한다고 주장한다. 그러므로 "위에 있는 사람이 법령으로써 입법해야 할 것에는 가장 큰 것이 일곱 가지"222)의 항목이라고 설명한다. 첫째는 호역(戶役)인데, 민력의 출처가 명확하지 않으면 숨기거나 누락시킬 염려가 있다. 둘째는 전택(田宅, 토지와 가택)인데, 백성들 생업의 근본이 엄정되지 않으면 겸병하는 일이 생긴다. 셋째는 혼인(婚姻)인데, 인도(人道)의 중요한 것이 근엄하지 않으면 음란한 행동이 일어난다. 넷째는 창고(倉庫)인데, 백성들의 쌓아 두는 곳이 완비되지 않으면 낭비되는 폐단이 생긴다. 다섯째는 과정(課程, 세금의 부과), 여섯째는 전채(錢債, 錢穀의 대여), 일곱째는 시전(市廛, 상점)인데, 모두 백성들의 재산과 관계되는 것들이므로 살피지 않을 수 없다는 것이다.

맹자의 성선론은 왕도정치의 당위성을 역설한다고 할 수 있으나, 삼봉이 이해하는 '민'의 본성은 맹자의 왕도정치 이외에도 한비자나 상앙처럼 '만인에 의한 만인의 투쟁상태'의 종결로서 패도적 처방책도 요구하고 있다.

---

221) 『三峰集』 卷14, 朝鮮經國典 下, 憲典.

222) 『三峰集』 卷14, 朝鮮經國典 下, 憲典.

삼봉이 이해하는 민의 본성은 성선과 성악의 이중구조로 되어 있다. 성선은 왕도정치의 사상적 토대가 되고, 성악은 패도정치의 사상적 준거가 된다. 삼봉이 주장하는 민의 본성에는 왕도적 비전과 패도적 목표가 공존하고 있다. 성선과 성악의 이중적인 성격을 띠고 있는 민의 본성은 왕도와 패도의 융합을 추동시키는 핵심적 계기로 작동하고 있다.

3) 유교적 국가비전

삼봉은 성선의 자발성을 확충시킬 뿐만 아니라 약육강식의 야만상태에 질서를 부여하고자 유교국가를 기획한다. 삼봉은 『조선경국전(朝鮮經國典)』을 「정보위(正寶位)」, 「세계(世系)」, 「교서(敎書)」 등으로 나누어 국가경영의 기본 강령과 육전체제(六典體制)의 통치 틀을 구상했다. 조선헌법의 초안이라고 할 수 있는 「정보위(正寶位)」에 유교적 비전에 대해 제시하고 있다. 유교정치의 궁극적 지향점으로서의 인정(仁政)과 국가의 안위와 백성들의 번영을 기약하는 안부·존영에 대해서 이렇게 말한다.

> 성인의 큰 보배는 위(位)요, 천지의 큰 덕은 생(生)이니, 무엇으로 위(位)를 지킬 것인가? 바로 인(仁)이다.[223]

> 인군은 천지가 만물을 생육시키는 그 마음을 자기의 마음으로 삼아서 불인인지정(不忍人之政)을 행하여, 천하 사방 사람으로 하여금 모두 기뻐해서 인군을 마치 자기 부모처럼 우러러 볼 수 있게 한다면, 오래도록 안부(安富)·존영(尊榮)의 즐거움을 누릴 수 있게

---

223) 『三峰集』 卷13, 朝鮮經國典, 正寶位.

될 것이, 위망(危亡)·복추(覆墜)의 환(患)을 끝내 갖지 않게 될 것
이다. 인(仁)으로써 위(位)를 지킴이 어찌 마땅한 일이 아니겠는가?224)

군주가 그 위(位)를 지키는 데 맹자의 차마 어쩌지 못하는 마음
(不忍人之心)으로 불인인지정(不忍人之政),225) 즉 인정(仁政)으로 그 위
를 지켜서 뭇 백성들이 평안하고 부유하게 영화를 누리도록 해야 한
다는 정치적 선언이다.

삼봉이 말한 국가의 안부(安富)와 존영(尊榮)에 대한 내용은 순자의
실용적인 정치사상이다. 유가의 현실주의자인 순자의 정치사상은 그
의 「군도(君道)」 편에 잘 나타나 있다.

> 도(道)란 무엇인가? 군도(君道)를 말한다. 임금이란 무엇인가? 사회
> 생활을 관리하는 능력(能群)이다. 그러면 그 능력이란 무엇인가? 말
> 하기를 그것은 사람을 잘 생양(生養)하는 것이고, 사람들을 잘 반치
> (班治)하는 것이며, 사람들을 잘 현설(顯設)하는 것이고, 사람들을
> 잘 번식(藩飾)하는 것이다. 사람들을 잘 생양(生養)하면 사람들이
> 친애하게 되고, 사람들을 잘 반치(班治)하면 사람들이 안심하게 되
> 고, 사람들을 잘 현설(顯設)하면 사람들이 즐거워하게 되고, 사람들
> 을 잘 번식(藩飾)하면 사람들이 영화를 누리게 되니, 이 네 가지가
> 다 갖추어지면 천하가 돌아오게 된다. 이것을 일컬어 사회관리의
> 능력(能群)이라 한다.226)

순자의 현실주의적 패도론은 맹자의 민본주의·왕도정치사상과는
달리 인간사회생활의 외형적인 수단적 방편을 편리하게 하는 데 초

---

224) 『三峰集』 卷13, 朝鮮經國典, 正寶位.

225) 『孟子集註』 卷3, 公孫丑上, 參照. 또 同書 卷1, 梁惠王章句上 中의 齊宣王과의 대화에서도 나타나고 있다.

226) 『荀子』 君道. "道者何也 曰君道也 君者何也 曰能羣也 能羣也者何也 曰善生養人者也 善班治人者也
善顯設人者也 善藩飾人者也 善生養人者 人親之 善班治人者 人安之 善顯設人者 人樂之 善藩飾人者
人榮之 四統者俱 而天下歸之 夫是之謂能羣"

점이 맞춰져 있다. 순자는 군주가 해야 할 치도의 이념적 지표를 네 가지로 정리한다. 김형효는 다음과 같이 설명한다.227) '생양(生養)'이라는 개념은 '이익을 일으키고 해를 제거하며 백성들의 의식이 풍족한 것'을 지칭하고, '반치(班治)'라는 개념은 '사회적 기능을 구분 분화시켜 정치를 해나감'을 뜻하고, '현설(顯設)'은 '시설을 크게 확장하고 인력을 채용하는 것'을 말하고, '번식(藩飾)'은 '사회적 기능의 분화에 따라 문식을 통해 구분케 함'을 의미한다. 이런 관점으로 정리하면 다음과 같다.

① 善生養人者(풍족한 경제생활) → 人親之(사회생활의 여유)
② 善班治人者(분화된 정치생활) → 人安之(사회생활의 안정)
③ 善顯設人者(고용증대의 사회생활) → 人樂之(사회생활의 복지)
④ 善藩飾人者(예의바른 문화생활) → 人榮之(사회생활의 형식)

순자에게 있어서 정치의 궁극적 목적은 국가가 강하고 백성들이 안락하고 번영하기를 바라는 '강(强)'·'안(安)'·'영(榮)'의 세 가지 이념으로 수렴된다는 것이다. 삼봉은 순자의 정치적 비전을 유교국가의 국가비전으로 채택하고 있다. 맹자의 불인인지심(不忍人之心)에 의한 인정(仁政)과 더불어 일반 백성들이 안락(安樂)하고 경제적으로 부유(富裕)하며 존귀(尊貴)하고 번영(繁榮)하는 즐거움을 누리도록 정치를 해야 한다는 신념을 비전으로 설정하고 있다. 즉 삼봉의 유교적 국가비전 또한 인정(仁政)을 비전의 경(經)으로 하고, 안부(安富)와 존영(尊榮)을 비전의 권(權)으로 삼는 구조를 띠고 있다. 왕경패권(王經覇權)의 패러다임(Paradigm)은 왕도적 요소와 패도적 요소가 충돌하는 것을 방지

---

227) 김형효, 앞의 책, 『맹자와 순자의 철학사상』, pp.181~183.

하고 각 영역 간의 융화를 통해 왕도와 패도 간의 상생과 상보관계를 구축한다.

뿐만 아니라 '민본주의'에 대해서도 유교적 국가경영의 정치적 비전으로 제시하고 있다. 삼봉의 정치사상의 핵심은 민본주의이다. 민본주의는 정도전의 고유한 정치사상이 아니라 유교정치사상의 근간을 이루고 있는 정치담론의 핵이다. 민본주의 사상의 흔적은 맹자 이전에도 보이나[228] 사회과학적 시각에서 정립된 민본주의의 출현은 맹자를 그 기원으로 삼아야 할 것이다. 삼봉은 민본주의에 대해서 이렇게 말한다.

> 한번 백성의 마음을 얻지 못한다면, 참으로 염려할 일이 생겨나게 되는 것이다. 하민(下民)은 지극히 약하지만 힘으로 위협할 수 없고 지극히 어리석지만 지혜로서 속일 수 없다. 그들의 마음을 얻으면 복종하게 되고 그들의 마음을 얻지 못하면 배반하게 된다. 그들이 배반하고 따르는 그 간격은 털끝만큼의 차이도 허락되지 않는다.[229]

> 이른바 백성의 마음을 얻는다 하는 것이 사사로운 뜻을 품고서 구차스럽게 얻는 것이 아니요, 도를 어기어 명예를 구하는 방법으로 얻는 것도 아니다. 그 얻는 방법 역시 인(仁)일 뿐이다.[230]

맹자는 "백성이 가장 귀하고 사직은 그 다음이며 임금은 가볍다. 그러므로 백성들의 지지를 얻어야만 통치자(天子)가 될 수 있다"[231]고 하였다. 삼봉의 민본주의는 맹자의 민본주의 사상을 통해 이론적으로 무장한 것으로 보인다. 또한 34세부터 9년간의 유배시기에 백성들의

---

228) 劉明鐘, 『中國思想史 1』(大邱: 以文出版社, 1983). p.130.

229) 『三峰集』 卷13, 朝鮮經國典, 正寶位.

230) 『三峰集』 卷13, 朝鮮經國典, 正寶位.

231) 『孟子』 盡心章下. "民爲貴 社稷次之 君爲輕 是故得乎丘民而爲天子……"

삶의 현실을 보고 현실적인 '민'의 위치와 존귀함에 대해 체험적으로 온축한 듯하다. 농민들의 실상과 괴로움을 몸소 체험할 수 있었기 때문이다.232) 삼봉은 이 기간 동안 권신의 발호와 민생의 피폐, 왜구의 끊임없는 침탈, 사회의식이 예민한 기층민과 접촉하면서 국가와 백성을 위한 공의와 공분을 일깨워주는 자극을 받았다. 정도전의 민본과 위민사상은 완전히 새롭거나 자신만의 독특한 생각은 아니다. 그러나 정도전은 고구한 민본·위민사상을 철저하고 일관되게 밀고 나가 그것을 바탕으로 사상적으로는 당시 폐단의 주요한 원인인 불교를 공파하고 정치적으로는 새 왕조를 개창하는 토대를 구축했다.

> 대저 민은 나라의 근본이다. …… 옛날에는 사해를 다스리면서 천자가 官爵을 설치하고 녹봉을 지급한 것은 신하를 위해서가 아니라 모두 民을 위한 것이었다. 따라서 聖人의 동작과 시설, 명령 그리고 법제는 그 하나하나가 반드시 民에 근본을 둔 것이었다. 그래서 현명한 관리를 선택하여 民을 牧養하게 하고, 관리의 職任을 중하게 하여 民을 책임지게 하였다. 관리에게 職任을 빌려주어 民을 安固하게 하고 관리의 녹을 풍족하게 하여 民을 총애하고 이롭게 한 것이었다. 임금이 관리에게 책임을 지우는 것도 하나같이 民을 근본으로 한 것이었다. 이렇듯 民은 존중되었다.233)

삼봉은 고려 말의 정치행정에서 예속적이고 별다른 의미가 없었던 '民'을 새로운 정치적 인민으로 등장시킨다. 그러나 그 일은 농사를 지으면서 병행할 수 없는 것이므로 백성은 10분의 1을 세로 바쳐서 통

---

232) 유배기간 동안 정도전에게 정신적 전환이 있었는데 이를 "백성의 발견"이라고 하면서 그의 학문적 정치적 태도에 근본적인 전환을 가져왔다고 말한다. 김영수, 「고려 말과 건국기의 정치적 위기와 극복과정에 관한 연구」, 서울대학교 박사학위논문, 1997. p.299.

233) 『三峰集』 經濟文鑑 下, 縣令, 郡守民之本也. "夫民者 國之本也 …… 古者 方制四海而天子列爵頒祿 非爲臣下 皆以爲民也 故聖人一動作一施設一命令一法制必本於民 故擇其人以牧養之 重其任以付責之 假其權以安固之 厚其祿以寵利之 上之責吏一本於民 吏之報上 一本於民 則民重矣"

치자를 봉양하는 것이다.[234] 백성은 토지에서 나오는 수확물의 십분의 일을 稅로 바쳐서 통치자를 봉양하고, "통치자가 백성으로 수취하는 것이 큰 만큼, 자기를 봉양해 주는 백성에 대한 보답도 역시 중한 것이다.[235] 그 세금으로 국정을 운영하고 백성들에게 보답하는 마음으로 정치하라는 언명(言命)은 백성들이 세금을 내서 통치자를 봉양하는 행위 자체가 당연한 것이 아니라 통치자는 차마 어쩌지 못하는 마음(不忍人之心)으로 불인인지정(不忍人之政)[236]의 인정(仁政)을 베풀어야 한다는 의미이다. 만약 民을 근본으로 하지 않는 불인정치(不仁政治)는 백성을 불행하게 하고 백성이 불행하게 되면 군주는 민심을 잃게 되어 결국 백성이 군주를 버리는 방벌(放伐)과 역성혁명(易姓革命)과 같은 피할 수 없는 운명을 초래하게 된다는 설명이다. 정도전의 민본주의는 고려의 불교적인 정치적 사유를 유교적인 정치적 사유로 전환시키는 핵심적인 정치언어의 결정체였다. 또한 정도전은 백성은 나라의 근본이라 생각했다. 정도전은 민이란 나라의 근본이고 군주의 하늘이라고 말한다.

> 대개 임금은 나라에 의존하고 나라는 백성에 의존하는 것이니, 백성이란 나라의 근본이며 임금의 하늘인 것이다. 그러므로 '주례'에서는 인구수를 왕에게 바치면 왕은 절하면서 받았으니, 이것은 그 하늘을 존중하기 때문이었다. 인군이 된 사람이 이러한 뜻을 안다면 백성을 사랑함이 지극하지 아니할 수 없을 것이다.[237]

---

234) 『三峰集』卷13, 賦稅.

235) 『三峰集』卷13, 賦稅.

236) 『孟子』公孫丑上, 參照. 또 同書 卷1, 梁惠王章句上 中의 齊宣王과의 대화에서도 나타나고 있다.

237) 『三峰集』卷13, 賦典, 版籍. "蓋君依於國國依於民民者國之本而君之天故周禮獻民數於王王拜而受之所以重其天也爲人君者知此義則其所以愛民者不可不至矣"

그러나 민이 근본이며 하늘이라고 해서 민이 곧 통치의 담당자가 되는 것은 아니다. 정도전의 민본정치는 백성을 위한 정치, 즉 위민정치(爲民政治)를 말한다. 백성을 위한 정치라는 그의 생각은 관(官)과 민(民)의 관계에서도 잘 나타난다. 그는 "관리를 두는 것은 백성을 위함"이며 관리는 "백성의 근본" "백성의 부모"이다. 말하자면 관리는 백성에게 젖을 먹이고 기르는 유목(乳牧)이다.[238]

삼봉이 제시한 유교적 국가비전은 왕도적 비전과 패도적 목표로 구성되어 있다. 인정(仁政)의 왕도적 비전과 안부(安富)·존영(尊榮)의 패도적 목표가 그것이다. 인정은 맹자의 '유가적 이상주의'를 추구하는 것이고, 안부와 존영은 순자의 '유가적 현실주의'를 실용적 이념으로 수렴하는 장치이다. 이는 다시 성선의 질서회복을 희구하는 맹자의 '도덕적 민본주의'와 백성이 물욕과 정욕의 욕망을 충족시키도록 하려는 순자의 '사회경제적 민본주의'를 축으로 하는 위민정치(爲民政治)의 실현 장치이기도 하다.

태조 이성계 또한 즉위 이후 유교적 국가경영을 위해 유가적 왕도정치와 민본주의 노선에 따라 치도의 이념과 방향성을 제시하고 있다. 태조 역시 불인인지정(不忍人之政)의 인정(仁政)을 왕도적 비전으로 설정하고 있다.

사람은 하늘과 땅이 만물을 생장시키는 마음을 얻어서 나는 까닭으로, 마땅히 하늘과 땅이 만물을 생장시키는 마음에 따라서 사람에게 차마 할 수 없는 마음으로 사람에게 차마 할 수 없는 정사를 시행하는 것이 옳을 것이다.[239]

---

238) 『三峰集』 卷10, 經濟文鑑 下, 縣令.
239) 『太祖實錄』 元年 10월 11일(己未).

안으로는 도당(都堂)·대성(臺省)과 밖으로는 절제사·안렴사에서
주·현의 관원에 이르기까지 한결같이 자애(慈愛)로 백성들을 무육
(撫育)하기를 힘써야 할 것이니, 이것이 곧 인정(仁政)이다.[240]

환과고독(鰥寡孤獨)은 옛날 선대의 현철한 군주가 인정(仁政)을 먼
저 베푼 바이다.[241]

이에 「공부상정도감(貢賦詳定都監)」에서는 다음과 같은 내용으로
태조의 지시에 부응하고 있다. "나라를 보전하는 것은 반드시 백성을
먼저 사랑해야 하고, 백성을 사랑하려면 반드시 먼저 절약해야 합니
다. 검소함을 숭상하고 사치함을 멀리하는 것은 절약의 근본이고, 세
금과 부역을 가볍게 하고 나쁜 법을 바꾸는 것은 백성을 사랑하는 근
본입니다."[242]

삼봉은 「원유가(遠遊歌)」[243]에서 요순시대와 하은주 시대의 태평성
대를 생각하며 왕도정치가 사라졌음을 한탄한다.

술잔치 벌여 빈객이 가득한데	置酒賓滿堂
일어나 춤을 추며 원유를 노래하네	起舞歌遠遊
⋮	⋮
사방을 돌아보며 아스라이 눈을 들어	四顧騁遐矚
지난날 태평성대 되새기노라	想像雍熙秋
넓고 넓은 요순의 도읍터나	翼翼唐虞都
높고 높은 하은의 언덕일레라	崇崇夏殷丘
세월이 어느덧 얼마나 흘렀는지	歲月曾幾何

---

240) 『太祖實錄』 元年 10월 11일(己未).

241) 『太祖實錄』 元年 10월 11일(己未).

242) 『太祖實錄』 元年 10월 12일(庚申). "保國必先愛民 愛民必先節用 崇儉素去奢侈 節用之大者 輕賦歛更
弊法 愛民之大者"

243) 『三峰集』 卷1, 五言古詩. 공민왕이 노국공주를 위하여 영전을 짓는데 토목의 역사가 자주 일어나므로
주진의 잘잘못을 칭탁하여 풍자한 것.

아득해서 찾을 길 없네 　　　　　　　邈矣不可求
수레에 올라 또다시 길을 떠나 　　　　登車復行邁
나는 듯이 주나라로 머리 돌린다 　　　翩翩近宗周
천추에 우뚝하다 높은 저 영대[244) 　　峨峨靈臺高
⋮　　　　　　　　　　　　　　　　　　⋮

어찌타 뒷임금 계술이 없어 　　　　　　繼世何莫述
왕도정치 나날이 사라졌느냐 　　　　　王風日以渝
악독한 조룡 입을 벌리어 　　　　　　　祖龍呀其口
한꺼번에 여섯 나라 제후 삼켰네 　　　一擧呑諸侯
아방궁은 하늘과 가지런하여 　　　　　阿房與天齊
⋮　　　　　　　　　　　　　　　　　　⋮

어호의 사이에 화가 일어나 　　　　　　禍在魚狐間
하루아침 항우와 유방에게 바치었다오 　一朝輸項劉
백성의 힘을 빼긴 뉘나 같지만 　　　　孰非出民力
⋮　　　　　　　　　　　　　　　　　　⋮

두 가닥 눈물이 그대 위해 줄줄 흘러라 　雙涕爲君流

　뿐만 아니라 건국 이후 세자의 스승이 되어 세자에게 『맹자』의 왕도적 비전에 대해 강의하며[245) 유교적 국가경영에 대한 왕도적 비전의 실천의지를 드러내고 있다.

　태조는 왕도적 비전 설정과 함께 현실적으로는 "전대(前代)를 본받아 꼭 소강(小康)을 이루려고 생각한다"[246)고 밝히고 있다. 삼봉은 "옛날 철왕(哲王)들의 지극히 훌륭한 치세"[247)를 본받아 도덕과 재능

---

244) 주문왕(周文王)의 대(臺) 이름.

245) "세자 이사(世子 貳師) 정도전이 맹자를 강하였는데, '달아 본 뒤에야 가볍고 무거운 것을 안다'는 대목에 이르러 말하였다. "마음이 저울 같습니다. 저울눈[衡量]이 작으면 냥(兩)이 되고, 저울눈이 크면 근(斤)이 되는 것입니다. 크고 작은 것을 한꺼번에 달면 근량이 섞입니다. 그러므로 크고 작은 것을 각각 달아본 뒤에야 물건의 경중과 근량을 알 수 있습니다. 저울이라는 물건은 비워 두었다가 물건을 기다리는 것인데, 사람의 한 마음도 역시 이와 같습니다. 좋은 일을 보면 기뻐하고 못된 일을 보면 성을 내는 것인데, 기뻐하고 성을 내는 것이 사리에 맞아야 합니다. 만약에 좋아할 때에 성을 내고 성을 낼 때에 기뻐하는 것이 옳겠습니까? 그러므로 마음이라는 물건은 더욱 비워 두고 일을 기다려야 할 것이오니, 원하옵건대, 세자께서는 정밀하게 살피소서." 『太祖實錄』 4년 3월 13일(병오).

246) 『三峰集』 卷4, 策題.

247) 『三峰集』 卷13, 朝鮮經國典, 禮典, 擧遺逸.

있는 인재들을 등용한다면 "정치의 융성함이 한당을 능가하고 성주(成周)를 뒤쫓아 갈 것"248)이라고 말한다.

4) 유교적 국가경영과 왕패도

본고에서 사용하는 유교 개념은 "중국의 한대 이후 통치이념으로 등장한 유교는 외유내법(外儒內法)이었"249)고, "유가사상과 법가사상을 축으로 당대 사상의 일대 융합이 이루어졌던바 그것을 여기서 유교라고 칭한다."250) 때문에 "유교에는 통치의 효율성을 추구하는 법가의 법치적 요소가 충분히 수용되"251)어 있다. 그래서 유가적 예치와 법가적 법치가 유교 안에 통합되어 있으면서도, "유가적 인치와 법가적 법치의 예리한 긴장이 유교국가의 실제에서 항존"252)하고 있다. 따라서 "유교국가는 중국의 秦漢代에 세련된 국가주의적 유교와 함께 대두한 것으로서 중국사는 물론 동아시아의 정치발전 모델로 군림했고, 민본적 국가이성을 필두로 官僚制, 郡縣制, 律令制 등의 합리적이고 효율적인 정치구조와 공전제, 양천제, 구휼제 등 공공적 개방적 민본적 사회경제질서를 갖춘 것이었다."253) 이러한 유교국가적 맥락에서 볼 때 유교적 국가경영(Confucian Statecraft)254)이란 경세제민

---

248) 『三峰集』 卷13, 朝鮮經國典, 禮典, 貢擧.

249) 손문호, 「조선전기 문헌자료의 준거와 체계」, 『한국정치사상사 문헌자료 연구 Ⅰ』(서울: 집문당, 2005). p.34.

250) 손문호, 앞의 학위 논문, p.19.

251) 같은 논문, p.22.

252) 손문호, 앞의 글, p.34.

253) 손문호, 앞의 학위 논문, p.23.

254) 경국(經國) 또는 경세(經世)란 용어로 사용된 국가경영의 의미는 박현모, 「세종과 경국의 정치-세종은 외교적 난관을 어떻게 헤쳐 나갔는가?-」, 『유교문화연구 9』(서울: 동아시아학술원 유교문화연구소, 2005)

(經世濟民)을 의미하며, 경세제민은 국가를 경영하고 백성을 구제하는 것을 정치적 목표로 삼으며, 세상을 다스리는 지혜의 의미를 함축하고 있다. 삼봉에 의하면 경세제민을 하기 위해서 "참다운 선비를 얻어 지극한 정치를 이룩해 보고자"[255] 하는 유교적 국가이념을 비전으로 삼고 현실 문제에는 실천 지향적이며 실용적인 처방으로 생민(生民)의 안녕과 국가발전을 위해 국가경영의 치도관으로 전략적으로 다스려 "유자의 공효(功效)를 세상에 명백하게 드러내는 것"[256]을 말한다.

유교적 국가경영에 대한 경국적(經國的) 사유는 "조선조 초기의 정도전이라든가 권근의 단계에" "전통유교의 흐름을 탄 정치적 사유(제도개혁론)가 정치체제의 현실적인 과제에 즉응(卽應)하고"[257] 있었기 때문에, 퇴율(退栗) 이후의 이기론적(理氣論的) 사유와는 구별된다고 볼 수 있다.

고려에서 조선으로의 왕조교체는 권력이동에 의한 단순한 왕조교체가 아니라 새로운 통치이념을 갖춘 정치권력의 탄생이었다. 유학과 권력의 만남으로 국가경영의 치도로서의 왕도와 패도가 공식화되는 시기이기도 했다. 유교국가경영의 기획자인 삼봉은 국가경영의 치도관으로써 왕도와 패도를 국가경영의 두 축으로 상정하고 있다. 때문에 왕도는 국가비전으로 설정되고 패도는 실천적 실용정치와 현세효용의 정치적 수단이 된다. 그래서 패도가 배제된 왕도는 너무 나약하고, 왕도가 배제된 패도는 맹목적이다. 때문에 왕도와 패도를 유기적

---

pp.25~30 참조.

255) 『三峰集』 卷3, 送趙生赴擧序.

256) 『三峰集』 卷3, 送趙生赴擧序.

257) 박충석, 앞의 책, p.20.

으로 융합하고 전략적 국가경영을 통해 인정(仁政)의 국가를 건설하
고, 군사적으로 강하고(强), 정치적으로 안락하며(安), 경제적으로 번
영하는(榮) 강국(强國), 안국(安國), 부국(富國)을 건설하는데 왕도와 패
도의 실천적 함의가 있다 하겠다. "성인의 큰 보배는 위(位)요, 천지의
큰 덕은 생(生)이니, 무엇으로 위를 지킬 것인가? 바로 인(仁)이다."[258]
성인의 큰 보배를 '위'라 한 것은 인정을 베풀 수 있는 정치적 권력을
얻어야 비로소 통치할 수 있는 것임을 전제로 한 것이다. 그런데 이
위(位)는 무엇으로 확보되는가? 그것은 바로 인(仁)으로서만이 지킬
수 있다고 말한다. 이러한 구조하에서 태조 이성계가 성석린을 동북
면에 보내어 환조의 정릉비에 쓴 비문은 "전하께서 재상이 되어서는
구폐를 고쳐 없애고 치도(治道)를 다시 새롭게 하여, 사전을 폐지하여
토지제도를 바로잡고, 용관(冗官, 쓸데없는 관원)을 도태시켜 명기
(名器)를 소중히 하고, 준량을 등용시키고 완흉(頑兇)을 내쫓았으며, 무
위(武威)를 떨쳐서 변방의 외구(外寇)를 물리치고, 인정(仁政)을 베풀어
백성의 생업을 넉넉하게 하였"[259]다는 것이다. 토지를 바로잡아 백성
들의 생업을 넉넉하게 하고, 무위를 떨쳐 변방의 외적들을 물리치는
구조로서 치도를 설정하고 있다. 이것은 삼봉이 인(仁)으로써 위(位)를
지킨다는 구조와 매우 유사하다. 때문에 인정은 국가비전으로 설정되
고 패도는 국가비전을 실현하기 위한 실용적인 수단으로 활용하고
있다. 군주는 맹자가 『공손추상』에서 차마하지 못하는 정치, 즉 인정
을 실천하여 백성들은 안부와 존영을 누리고 위망(危亡)의 걱정에서
벗어나는 것이 국가경영의 치도의 목적이다. 왕도와 패도는 유교적

---

258) 『三峰集』 卷13, 朝鮮經國典, 正寶位.
259) 『太祖實錄』 2년 9월 18일(庚申).

국가경영의 사상적 논거가 된 셈이다. 매우 유기적이고 탄력적이며 전략적인 태도라고 여겨진다.

2. 왕경패권론(王經覇權論)

1) 유교적 왕패관의 사유방식: 經과 權

유학에서 경(經)과 권(權)에 대한 사유는 유학의 근본정신과 현실성의 문제로서, 상(常)과 변(變)의 관계로 나타난다. 순자(荀子)는 "도(道)는 상(常)을 지켜 실천하면서 모든 변화(變化)를 총괄하여 다하는 것"[260]이라고 말한다.

삼봉에게 경(經)과 권(權)은 왕도와 패도의 논의에 있어서 중요한 개념으로 등장한다. 삼봉은 "맹자를 계승한"[261] 유학자로서 "도학(道學)을 밝히고 이단을 물리치는 것으로써 자기의 임무로 삼았던"[262] 성리학자로서 경학(經學)과 경세제민(經世濟民)을 고민했던 유교적 왕패관의 기획자이다. 그래서 삼봉이 기획한 유교적 왕패관으로서 왕도와 패도를 전략적으로 설명하기 위해서는 '경(經)'과 '권(權)'이라는 사유의 틀을 차용하지 않을 수 없다. 경(經)과 권(權)의 정치적 사유의 틀은 왕도는 국가경영의 상도(常道)로 설정하고, 패도는 시중성(時中性)과 실용성을 고려하여 상황을 타개할 수 있는 권도(權道)로 작용한다.

태조 이성계는 삼봉에 대해 "경사(經史)의 글을 깊이 연구했고, 식

---

260) 『荀子』解蔽篇. "夫道者 體常而盡變"

261) 『三峯集』卷5, 佛氏雜辨, 闢異端之辨.

262) 『三峯集』卷6, 心氣理篇, 理諭心氣.

견이 고금의 변천을 관찰했으며, 올바른 의논은 모두 성현의 말을 근
본으로"263) 하는데 "변칙(變則)도 있고 상규(常規)도 있다"264)면서 상
(常)과 변(變)의 시각으로 평가한다. 뿐만 아니라 "대경대법(大經大法)
이 삼봉의 훌륭한 계획에 의해서 나오지 않은 것이 없고, 좋은 꾀와
좋은 계책"265)을 모색하고 있듯이 보편적 준칙으로서의 경(經)과 문
제의 특수성을 고려한 권도(權道)로서의 꾀(謀)와 계책의 틀은 삼봉을
설명하는 매우 적절한 인식 틀임에 틀림없어 보인다. 이러한 태조의
인식에서 알 수 있듯이 삼봉은 "성헌(成憲)을 준수하고,"266) "상헌
(常憲)을 들어 삼가지 않는 것을 징계"267)하며 "만약 제작이 법에 어
긋나고 일을 처리하는 방법에 어그러져서 법도를 잃어 상전(常典)을
어지럽히는 자가 있으면 대헌(臺憲, 간관)이 이를 규탄한다"268) 하여
성헌(成憲)과 상헌(常憲) 그리고 상전(常典)을 수호하는 정신을 견지한
다. 이러한 상헌(常憲)을 준수하는 태도를 유지하면서도 삼봉은 天答
에서 다음과 같이 말한다.

> 하늘이 이치를 사람에게 부여할 수는 있으나, 사람으로 하여금 반
> 드시 착한 일을 하도록 할 수는 없는 것이니 사람이 하는 바가 그
> 도를 잃은 일이 많이 있어 천지의 화기(和氣)를 손상시키는 것이다.
> 그러므로 재앙과 상서가 그 이치의 바른 것을 얻지 못하는 일이 있
> 으니 이것이 어찌 하늘의 상도(常道)이겠는가?269)

---

263) 『三峯集』 卷8, 附錄, 敎告文.

264) 『三峯集』 卷8, 附錄, 敎告文.

265) 『三峯集』 卷8, 附錄, 敎告文. "大經大法罔非惟爾之能　嘉謀嘉猷必曰我后之德"

266) 『三峯集』 卷14, 朝鮮經國典下, 憲典, 儀制.

267) 『三峯集』 卷14, 朝鮮經國典下, 憲典, 宮衛.

268) 『三峯集』 卷14, 朝鮮經國典下, 憲典, 儀制.

269) 『三峯集』 卷6, 天答.

삼봉은 하늘이 부여한 본래의 이치, 즉 천리(天理)이자 상도(常道)는 현실의 상황(時勢)에서 일정하게 왜곡되고 굴절될 수밖에 없음을 시사한다. 또한 "하는 것이 없는 자는 고요하므로 그 도가 더디고 항상(常)하나, 용사(用事)하는 자는 움직이므로 그 응(應)함이 빠르고 변(變)"270)한다고 설명한다. 항상성(恒常性)을 유지하는 경상(經常)의 원칙과 시대와 상황의 시중성(時中性)을 고려하는 권변(權變)을 적용하고 있다. 유교적 치도관이 직시하는 이념과 현실의 긴장을 해결하고자 권도론(權道論)도 선택할 수 있다는 논리이기도 하다.

삼봉의 유교적 왕패관의 사유방식은 경(經)과 권(權)을 두 축으로 한다. 삼봉에 있어서 경(經)과 권(權)은 상호 상보(相補)적인 관계이자, 병용(並用)적인 입장을 취하며, 회통(會通)의 관계성으로 설명할 수 있다.

상보(相補)의 논리

주자에 의하면 "경(經)은 도(道)의 상(常)이요, 권(權)은 도(道)의 변(變)이다. 도(道)는 통체(統體)로서 경(經)과 권(權)을 관통"271)하는 것이라고 말한다. 주자는 진량과 왕도와 패도에 대한 논쟁을 벌이는 과정에서 경(經)과 권(權)에 대해 진량과 다른 견해를 나타낸다. 주자는 유학의 근본정신으로서 경(經)의 중요성을 소홀히 하는 진량에게 경의 중요성을 간과했을 때 미치는 해악을 염려하고 있다.

> 귀하가 작년에 보내 주신 열 편 논문의 대의는 아마 "물에 빠진 형수의 손을 시동생이 손을 내밀어 구해 준다"는 권(權)의 의미가 너

---

270) 『三峯集』 卷6, 天答.

271) 『朱子語類』 卷37, 可與共學章. "經者 道之常也 權者 道之變也 道是箇統體 貫乎經與權"

무 강해서 "남녀가 직접 손으로 주고받지 못하게 하는" 경(經)의 중
요성을 소홀히 한 것 같습니다. 그런데 후학들이 삼강오상의 정도
를 알지 못한 채 문득 당신의 학설만을 듣게 된다면 그 해는 장차
결코 건져 낼 수 없게 될 것입니다. 원컨대 학식이 밝은 당신은 그
점을 반성해 보시기 바랍니다.[272]

주자는 권(權)의 의미를 지나치게 강조하여 경(經)의 왜곡을 초래할
수 있는 진량의 태도를 비판한다. 그러나 주자학의 정치적 사유는 역
사와 도덕을 원리의 차원에서 판단하려 한다. 그래서 경학(經學)의 세
계를 과도하게 낙관하는 측면도 부정할 수 없다.

양촌 권근은 경(經)과 권(權)에 대해서 "천하의 일에는 일은 같으나
형세가 다른 것이 있어서 태평무사한 때에는 경(經, 正道)을 지키고 위
급 변란(辯難)한 때에는 권도(權道)를 행해야 되며, 만약 태평한 때에
한갓 권도를 행하면 중도(中道)와 시의(時宜)를 잃고 도리어 화난(禍難)
을 일으키게 되는 것이라 이를 살피지 않아서는 안 된다"[273]고 주장
한다. 권근이 말하고자 하는 정치적 의도(political intention)는 국가경
영의 치도는 경(經)과 권도(權道)를 상보적(相補的)으로 적용하여 태평
무사한 치세나 난세의 변란에도 중도(中道)와 시의(時宜)를 결코 잃어
서는 안 된다는 점을 의미한다. 그렇다고 오직 중(中)만 고집하고 권
도를 모르는(執中無權) 자막(子莫)처럼 변화를 알지 못하고 융통성 없
이 한쪽만을 고집하는 고집불통을 의미하지는 않는다. 맹자는 현실을
형량하지 못하는 자막을 다음과 같이 비판한다.

---

272) 『朱文公文集』 卷36, 「答陳同甫」. "去年十論大意 亦恐授溺之意太多 無以存不親授之防耳 後生輩未知
三綱五常之正道 遽聞此說 其害將有不可勝救者 願明者之反之也"

273) 『陽村集』 卷32, 上書. "天下之事 有事同而勢而者 當治平無事之時則守其經 當危難變急之際 則行其權
苟當治平而徒其權 則失其時中之宜 而反致禍難之生矣 此不可以不察也"

자막은 이 중간을 잡았으니 중간을 잡는 것이 도에 가까우나 중간
을 잡고 저울질함이 없는 것은 한쪽을 잡는 것과 같다.[274]

순자는 「성상(成相)」편에서 예와 형, 덕과 형벌을 치(治)의 경(經)으
로서 상보적으로 적용할 것을 제시한다.

다스림의 경은	治之經
예의와 형벌일세	禮與刑
군자는 이로서 몸을 닦고	君子以脩
백성들을 편안하게 한다네	百姓寧
덕을 밝히고 형벌을 신중히 한다면	明德愼罰
국가도 다스려 지려니와	國家旣治
세상도 평화로워진다네	四海平

삼봉 역시 "옛날의 성왕들은 예(禮)를 만들어서 그들의 정욕을 절제
하였고, 형(刑)을 제정해서 그들의 음탕한 행동을 억제하였으니, 이것
이 지치(至治)"[275]를 일으키는 핵심 축이라고 말한다. 이런 맥락에서
삼봉의 유교적 왕패관을 살펴본다면, 왕도계열의 덕(德)과 패도계열의
법(法)은 경권(經權)의 상보적 관계와 대비를 이룬다. "덕이란 얻는 것
(得)"이고, "정(政)이란 바루는 것(正)"인데 "성현의 성법(成法)을 고찰하
지 않고, 일을 처리하여 당세의 통무를 알지 못하니 어떻게 덕이 닦아
지고 정령에 잘못이 없겠습니까"[276] 하여 덕을 닦고, 성현의 성법을
고찰하는 행위가 서로 보완적인 관계임을 밝히고 있다. 뿐만 아니라
"성인의 법은 사람에 의해서 한 뒤에 시행되기 때문에 반드시 공경하

---

274) 『孟子』盡心章句上. "子莫執中 執中爲近之 執中無權 猶執一也"

275) 『三峯集』卷14, 朝鮮經國典下, 憲典, 犯姦.

276) 『三峯集』卷3, 疏, 上恭讓王疏.

고 애휼하는 인(仁)과 밝고 신중한 마음을 다한 뒤에야 시행될 수 있는 것"277)이라고 하여 인(仁)과 법을 상보적 관계로 규정한다. 이처럼 덕과 법, 인(仁)과 법의 상보적인 관계는 "어질고 밝은 덕(德)으로써 형(刑)을 적용하는 근본"278)으로 발전하여, "형에만 의지하여 정치를 하려는 것이 아니라, 오직 형으로써 정치를 보좌"279)하려고 한다.

병용(並用)의 논리

정자는 "한나라 유자들은 경도를 뒤집어 도에 합하는 것을 권도라 하였다. 권변(權變) 권술(權術)의 말이 있었는데 이는 모두 옳지 못하다. 권도는 다만 경도일 뿐"280)이라고 상도(常道)인 경(經)과 변도(變道)인 권(權)이 서로 상반된 것이 아니라 하나임을 강조한다. 다시 말하면 정자의 정치적 사유 속에 권도는 경도이고, 상도는 변도이다. 상/변, 경/권은 일체의 양면으로서 이중화되어 있다. 그렇지만 정자의 말은 어디까지나 경(經)의 원칙 내에서 권(權)을 이해해야 한다는 의미이다. 그러나 주자는 "『맹자』에 형수가 물에 빠졌을 경우에는 손을 잡아서라도 구원해 준다는 뜻으로 미루어 본다면 권도와 경도는 마땅히 분별이 있어야 할 것"281)이라고 하여 정자의 말에 동의하면서도 경(經)과 권(權)은 분명히 구분이 있어야 한다고 주장한다. 『예기(禮記)』에 의하면 "권도(權道)는 시의(時宜) 적절하게 정치적 판단"282)을 내리

---

277) 『三峯集』 卷14, 朝鮮經國典下, 憲典總序.

278) 『三峯集』 卷14, 朝鮮經國典下, 憲典總序.

279) 『三峯集』 卷14, 朝鮮經國典下, 憲典總序.

280) 『論語集註』, 子罕.

281) 『論語集註』, 子罕.

282) 『禮記』 喪服四制. 權者 知也.

는 고도의 정치행위로 표현된다. 그래서 경권(經權)을 병용(竝用)하는 문제는 구체적 상황에서 현실적인 조치를 취하기 위해 정치적 판단을 단행하는 문제와 직결된다. 경도와 권도가 이분법적으로 분열하여 가장 극단적인 대립을 빚은 역사적 사례는 병자호란 때 척화를 주장하며 경도(經道)의 길을 고집한 김상헌과 권도(權道)로서 주화의 길을 모색한 최명길의 논의에서 찾을 수 있다.283)

정자가 경권(經權)을 이해하는 방식은 마치 삼봉이 문(文)과 무(武)를 상호 병용(竝用)하는 관계 속에서 파악하는 사상적 태도와 매우 흡사하다. 삼봉은 "문(文)은 태평한 정치를 이룩하는 것이요, 무(武)는 난리를 평정하는 것이므로 이 두 가지는 사람에게 양팔이 있는 것과 같아서 하나라도 없어서는 안 되는"284) 문무일체(文武一體)의 구조라고 말한다. 이러한 문무일체의 구조는 "문과 무의 숭상을 지극히 한데서 온 것"으로써 "문무를 병용(竝用)"285)하는 정치를 추구한다. 또한 군사적 요충지에 주둔하면서 군사가 농사지으면서 싸울 수 있게 둔전(屯田)을 설치할 때도 "오직 사람과 법이 병용(竝用)"286)하는데 그 성패가 달려 있음을 강조한다. 양성지 또한 "문무(文武)를 동일하게 대우해야 한다"287)고 주장한다.

---

283) 경(經)과 권(權)의 입장에서 김상헌과 최명길이 대립한 논의는 이한수, 「조선시대 가(家)와 국가(國家)에 관한 논쟁」, 한국학중앙연구원 한국학대학원 박사학위논문, 2005. pp.17～21에 자세하다.

284) 『三峯集』 卷4, 記, 隆文樓, 隆武樓.

285) 『三峯集』 卷4, 記, 隆文樓, 隆武樓.

286) 『三峯集』 卷14, 朝鮮經國典下, 政典, 屯田. "其惟在於人法竝用乎"

287) 『訥齋集』 卷1, 論君道. "待文武如"

회통(會通)의 논리

　육경(六經)의 근원은 육예(六禮)에서 비롯된다. 순자가 "학문의 방법은 송경(誦經)에서 비롯하여 독례(讀禮)로 끝나는 것"[288]이라고 언급하듯이, 삼봉의 유교적 왕패관은 "예(禮)적 질서"를 추구한다. 삼봉의 실천적 왕패관의 시각에서 예(禮)의 실현은 "의식이 넉넉해져야 염치를 알게 될 것이며 창고가 가득 차야 예의가 진흥"[289]하게 될 것이라고 말한다. 그래서 군주는 형벌(刑罰)을 숭상하지 않고 농상(農桑)의 업(業)을 통해 예의염치의 도리를 알게 해야 한다. 예의는 그 실현 주체에 대한 당위적인 요구와 의무만으로 실현되는 것이 아니라 경제적으로 의식(衣食)이 넉넉해야 예의도 진흥하게 된다는 것을 의미한다. 뿐만 아니라 예의를 진흥시키는 경제적 기반으로서의 부(富)는 "덕(德)이 있은 뒤에야 그 부(富)를 보존할 수 있다"[290]고 하며, "덕을 부전(賦典)의 근본으로 삼고"[291] 있다. 예적 질서의 실현을 위한 인적(人的) 물적(物的) 토대를 구축하기 위해서는 "부화자(浮華者)는 배척하고 진유(眞儒)를 배출"[292]해야 한다. 진유는 도덕과 재능, 경학(經學)과 사공(事功), 문한(文翰)과 군무(軍務) 등 각 방면의 학문에 두루 상통(相通)하는 통학(通學)을 추구하는 통유(通儒)이다. 따라서 통유(通儒)들에 의해 "모든 사물에 질서가 잡혀서 조화를 이루기 시작"하면 "예악(禮樂)이 일어날 시기"[293]라고 말한다. 이 통유(通儒)들을 통해 군주의 "공업

---

288) 『荀子』 勸學. "學惡乎始 惡乎終 曰其數則 始乎誦經 終乎讀禮 其義則 始乎爲士 終乎爲聖人"

289) 『三峯集』 卷13, 朝鮮經國典上, 賦典, 農桑.

290) 『三峯集』 卷13, 朝鮮經國典上, 治典, 總序.

291) 『三峯集』 卷13, 朝鮮經國典上, 賦典, 總序.

292) 『三峯集』 卷13, 朝鮮經國典上, 禮典, 貢擧.

293) 『三峯集』 卷13, 朝鮮經國典上, 禮典, 總序.

(功業)이 이루어지면 악(樂)이 지어지고 악(樂)을 보면 공덕(功德)을 알 수"294) 있게 된다. 그는 『문덕곡(文德曲)』에서 강자(强者)가 약자(弱者)를 겸병하는 왜곡된 현실을 바로 잡고, 백성들의 창고에 곡식이 가득 차게 하여 부유하게 한 후, 법칙을 제정하여 질서를 부여해야 비로소 예악(禮樂)이 일어날 수 있다고 말한다.

대궐이 우람하여 구중으로 깊으니	法宮有儼深九重
⋮	⋮
임금님은 민정을 통하는 거라	君王要得民情通
⋮	⋮
우리 임금 성덕이 순임금과 같으시네	我后之德與舜同
⋮	⋮
경계 무너져 오래도록 수리 못해	經界毀矣久未修
강자는 겸병하고 약자는 빼앗겼네	强幷弱削相氤然
우리 임금 바로잡아 주의 보전 기하시니	我后正之期甫周
곡식은 가득 차고 백성은 안식하네	倉廩充富民息休
⋮	⋮
정치하는 요령은 예악에 있다 마라	爲政之要在禮樂
안방에서 비롯하여 온 나라에 달하도다	近自閨門達邦國
우리 임금 법칙을 제정하여 남기시니	我后定之垂典則
질서가 바로 잡혀 평화롭고 즐겁구료	秩然以序和以懌
예악을 제정해라, 신의 소견으로는	定禮樂臣所見
공 이루고 다스려져 무극과 짝하리라	功成治定配無極295)

삼봉은 "율려(律呂)의 원리를 아는 사람"296)으로서 "예악을 일으켜서 공업(功業)을 찬양하는 것은 진실로 화기(和氣)가 만물에 휩싸고 혜택이 온갖 생물에 흡족"297)하게 미칠 수 있도록 하기 위해 부(富)와

---

294) 『三峯集』 卷13, 朝鮮經國典上, 禮典, 樂.

295) 『三峰集』 卷2, 樂章.

296) 『三峯集』 卷8, 附錄, 敎告文.

예악(禮樂)을 통섭(統攝)[298]하여 회통(會通)을 모색하고 있다. 삼봉은
예전(禮典)을 기획하면서 예(禮)는 조정(朝廷)의 질서와 제향(祭享)의 질
서를 비롯한 풍속을 다스리는 관혼상제(冠婚喪祭) 등의 "예(禮)적 질
서"를 추구하는 것이라고 말한다. 예(禮)는 각종 질서를 융합해서 통
섭(統攝)하는 실천적 기제라고 할 수 있다.

유학에서 경(經)과 권(權)의 정치적 사유는 유학의 근본정신이 되는
경(經)으로써 변화하는 현실과 시세(時勢)에 합리적으로 적응하는 문
제를 말한다. 이때 권도(權道)는 구체적인 현실 속에서 이념(經)과 현
실의 긴장관계를 한계조정하고 정치적 현안에 대해 현실적으로 직시
한다. 즉 권도(權道)는 항상 경(經)이라는 울타리를 전제로 한다는 의
미이기도 하다. 때문에 권(權)이란 경(經)의 발현을 의미하며 경(經)의
가치를 실현하는 실천적 방법이라 할 수 있다. 유교적 왕패관은 경
(經)의 중요성만을 강조하거나, 권(權)의 현실 대응능력만을 추구하기
보다는 경(經)과 권(權)이 서로 상보적이고, 상호 병용적인 관계 속에
서 경(經)과 권도(權道)가 팽팽한 긴장감을 유지하고 있는 그 지점에서
회통(會通)한다는 의미를 함축하고 있다.

2) 덕경법권(德經法權)

德과 法·刑의 相補

유(儒)·법(法) 양가의 '인(仁)'과 '법(法)'의 대립은 곧 '덕치(德治)'와
'법치(法治)'의 논쟁[299]이었고, 유가와 법가는 각각 인정과 법치에 편중

---

297) 『三峯集』 卷8, 附錄, 敎告文.
298) 『三峰集』 卷13, 朝鮮經國典, 賦典, 上供.

함으로써 상호 조화하거나 융합할 수 있는 가능성이 없는 것처럼 보이지만 삼봉은 유교적 왕도정치이념을 법과 법제의 형식을 통해서 구현하고자 하였다. 그는 『조선경국전(朝鮮經國典)』의 6典 가운데 「헌전(憲典)」을 다른 5典을 시행할 수 있는 근거로 이해하고 있다. 다시 말하면 「헌전」을 『조선경국전』「정보위(正寶位)」에 제시된 유교적 비전을 실질적으로 실천할 수 있는 법제적 기반으로 구상하고 있다는 점이다.

> 「헌전(憲典)」은 육전(六典) 가운데 하나지만, 나머지 오전(五典)은 모두 이 「헌전」에 힘입어 이룩되지 않은 것이 없다. 이를테면 이전(吏典)에서의 출척(黜陟)도 이 「헌전」이 아니고서는 그 선택을 공정하게 할 수 없고, 호전(戶典)에서의 징렴(徵斂)도 이 「헌전」이 아니고서는 그 법을 고르게 할 수 없으며, 예전(禮典)에서의 절도도 이 「헌전」이 아니고서는 그 의례를 엄숙하게 할 수 없고, 정전(政典)에서의 호령도 이 「헌전」이 아니고서는 그 군중들에게 위엄을 보일 수 없고, 공전(工典)에서의 토목공사도 이 「헌전」이 아니고서는 그 노력을 줄여 정도에 알맞게 할 수가 없다.[300]

삼봉은 「헌전」을 통해 구상한 법제(法制)적 기제를 실질적으로 유교국가를 경영하는 매우 중요한 치평(治平)의 수단으로 인식하고 있다. "선왕이 법을 만든 것은 천리이지만, 후세 사람이 부세에 폐단을 일으키는 것은 인욕 때문이다."[301] 때문에 천리를 보존하고 인욕을 억제하기 위해서는 "법을 제대로 만들어 집행하게 되면 천리가 정치적으로 실현된다는 것이다."[302] 이런 측면에서 삼봉의 정치사상을 본다면 "정도전의 정치이념은 어떤 측면에서는 법가적인 면모를 보여

---

299) 전락희, 『동양정치사상연구』(서울: 단국대학교출판부, 1995). p.146.

300) 『三峯集』卷14, 朝鮮經國典 下, 憲典.

301) 『三峯集』卷13, 朝鮮經國典 上.

302) 정호훈, 앞의 글, p.196.

준다 하겠다."303) 천리와 인욕이 긴장하고 치립(峙立)하고 있는 것이 아니라 법제를 통해 인욕을 억제하고 천리를 실현하는, 즉 "법제를 통한 천리 실현론이었다."304)

법제를 통해 천리(天理)를 실현하기 위해서는 패도적 요소와 왕도적 요소를 상호 충돌하지 않게 융합하는 전략이 필요하다. 왕도적 요소인 인(仁)과 덕(德)을 경(經)으로 하고 패도적 요소인 법(法)과 형(刑)을 권(權)으로 한다는 전략이다. 경과 권(經權)의 전략적 시각으로 볼 때 "성인은 만민에 대하여 인(仁)으로써 사랑하고 형(刑)으로써 위엄을 보이며",305) "성인의 법은 사람에 의해서 시행되기 때문에 반드시 공경하고 애휼하는 인(仁)과 밝고 신중한 마음을 다한 뒤에야 시행될 수 있는 것이다."306) 인(仁)과 형(刑)이 상호 보완관계를 구축하고, 법이 시행되기 전에 공경하고 애휼하는 인과 밝고 신중한 마음을 지닌 사람이 전제되어야 한다. "그런데 만약 적당한 사람을 얻지 못하면 말류의 폐단은 필시 잔인한 포악과 참담한 재화를 가져오게 될 것이니, 백성이 그 피해를 입게 될 뿐 아니라, 마침내는 반드시 원한이 하늘에 미쳐서 음양의 화기를 상하게 하고 수재와 한재 등을 초래할 것이므로, 국가까지 위태롭게 될 것"307)을 염려하고 있다. 삼봉은 상앙이나 한비자의 법가적인 법과 형을 제도적 틀 속에서 수용하고 있다. 하지만 반드시 공경하고 애휼하는 인(仁)과 밝고 신중한 마음을 가진 사람을 얻은 다음에 집행해야 한다는 것이다. 법 집행을 할 만한 적

---

303) 같은 글, p.196.

304) 같은 글, p.196.

305) 『三峰集』卷14, 朝鮮經國典 下, 憲典.

306) 『三峰集』卷14, 朝鮮經國典 下, 憲典.

307) 『三峯集』卷14, 朝鮮經國典 憲典, 憲典總序.

당한 인물을 얻지 못하면 법은 反도덕적, 反民的인 말류적 폐단을 초래하여 백성들은 참담한 재화와 피해를 입게 될 것이고, 결국 국가도 위태롭게 될 수 있다고 경계한다.

그래서 "소송을 처결하는 사람은 먼저 자신의 덕을 밝혀서 백성들로 하여금 외복(畏服)하게 하고, 악한 일을 막고 분내는 것을 징계하여 끝내는 소송 사건이 없어지게 한 다음에야 백성의 덕성이 후하게 될 것이다."308) 그러므로 "반드시 조심스럽게 구휼하는 인자스러움과 밝고 신중한 덕을 갖춘 다음에라야 그 좋은 법을 시행"309)할 수 있을 것이라는 입장이다. 이런 구도하에서 "어질고 밝은 덕으로써 형을 적용하는 근본을 삼으면서 헌전의 총서를 짓는다"310) 하여 어질고 밝은 덕은 경(經)이 되고 형(刑)은 권(權)이 되는 틀로서 「헌전」을 구상하고 있다.

> 고금을 막론하고 형률을 제정하는 사람은 살상을 가장 중하게 다루고, 투구(鬪驅)를 그 다음으로 다루지 아니함이 없다. 대개 형벌을 처해서 형벌이 없어지게 하는 것은 공존하고자 하는 것이니, 아, 인자한 일이구나!311)

삼봉의 법제적 사유의 기본 축은 "성인이 형(刑)을 만든 것은 형(刑)에만 의지하여 정치를 하려는 것이 아니라, 오직 형(刑)으로써 정치를 보좌할 뿐인 것이다. 즉 형벌을 씀으로써 형벌을 쓰지 않게 하고,312)

---

308) 『三峰集』 卷14, 朝鮮經國典 下, 憲典.

309) 『三峰集』 卷14, 朝鮮經國典 下, 憲典.

310) 『三峯集』 卷14, 朝鮮經國典 下, 憲典.

311) 『三峯集』 卷14, 朝鮮經國典 憲典, 人命, 鬪驅.

312) 『三峰集』 卷14, 朝鮮經國典, 憲典總序, 辟以止辟. 『書經』周書, 君陳. 『서경』에는 "그대의 정치에 불복하고 그대의 가르침에 교화되지 않는 자가 있으면 벌하여 후속을 끊으라(有弗若于汝政 弗化于汝訓 辟以止 辟乃辟)"는 구절이 나온다. 여기에서 '辟以止 辟乃辟'의 의미는 형을 집행하는 것이 그 후의 범죄를 방지하여 형을 폐지하는 결과가 된다면 그 형을 집행하라는 뜻으로 풀이된다.

형벌로 다스리되 형벌이 없어지기를 기하는 것이다.313) 만약 우리의 정치가 이미 이루어지게 된다면 형(刑)은 방치되어 쓰이지 않게 될 것이다."314) 성인이 살상과 다툼을 방지하기 위해 형을 집행하여 정치공동체의 공존을 도모하고 결국 형 집행의 통치행위 그 자체가 인자한 통치행위로 귀결된다는 의미이다. "정도전에게 법은 선치(善治)의 주요한 도구·수단"315)이자, "법이 있어야 제대로 된 정치가 가능하다는 생각을 강하게 가지고 있었다."316) 법을 활용하여 효율적으로 유교적 왕도이념을 실현한다는 발상이다.

법의 공개성과 공정성

상앙은 「상군서」에서 "성인은 법을 정할 때 반드시 명백하고 이해할 수 있도록 만들고, 정확한 용어를 사용하여 어리석은 사람이든 똑똑한 사람이든 두루 알아볼 수 있도록"317) 해야 한다고 주장한다. 삼봉 역시 "또 어리석은 백성이 법을 잘 모르고 금법을 어기는 일이 있을까 염려해서 주무관청에 명하여 대명률을 방언으로 번역케 해서 대중으로 하여금 쉽게 깨우치게 하였고 …… 백성들이 금법을 알아서 법을 범하지 않을 것이므로, 형은 방치되어 쓰이지 않게 될 날"318)을

---

313) 『三峯集』 卷14, 朝鮮經國典, 憲典總序, 刑期無刑. 『書經』 虞書, 大禹謨. "순임금은 말했다. 고요여, 신하와 백성들 간에는 그 누구도 감히 나의 올바른 정치를 문란케 하지 못함은, 그대가 사(士)가 되어 오형을 밝히고 오륜으로 보필하여 나의 다스림을 도와 책임을 완수했기 때문이오. 형벌로 다스리되 형벌이 없어지도록 애썼으며 백성을 도와 올바른 길로 이끈 것은 그대의 공이니 더욱 힘써 일해 주시오(帝曰 皐陶 惟玆臣庶 罔或于予正 汝作士 明于五刑 以弼五敎 期于予治 刑期于無刑 民協于中 時乃功 懋哉)."

314) 『三峯集』 卷14, 朝鮮經國典 憲典.

315) 정호훈, 앞의 글, p.210.

316) 같은 글, p.210.

317) 『商君書』 定分.

318) 『三峯集』 卷14, 朝鮮經國典 憲典.

기약하면서 백성들이 쉽게 깨우치도록 방언으로 번역하고 있다. 왕안석이 지은 『주관신의(周官新義)』에서도 법을 집행하는 관리와 백성들이 그 법이 어떠한 것인가를 알게 하기 위해서는 "다스릴 바를 나라의 도읍과 시골에 포고하고 이에 다스리는 법을 상위(象魏, 대궐)에 걸어 만민으로 하여금 다스리는 법을 보게"[319] 공개해야 한다고 주장한다. 법의 공개성이라는 표면적인 측면에서는 상앙의 정치적 사유와 매우 유사한 면도 보인다. 하지만 그 법의 공개 목적이 삼봉은 "백성의 생명을 존중하기 위한 것"[320]이기 때문에 법 집행의 효율성만을 추구하는 상앙의 법가적 현실주의의 의도와는 상당한 차이점을 드러낸다.

상앙은 법의 공개성 이외에도 '예는 서인에게까지 내려가지 아니하고(禮不下庶人)', '형벌은 대부에게 미치지 않는다(刑不上大夫)'는 유가의 주장에 동의하지 않고, 법은 신분의 귀천을 떠나 모두에게 적용되어야 한다는 입장이다.[321] 상앙은 「상군서」에서 "상을 내릴 때에도 관계가 먼 사람을 빠뜨리지 않으며 형벌을 내릴 때에도 관계가 가까운 사람을 회피하지"[322] 않는다는 것을 원칙으로 제시한다. 삼봉 역시 "전하께서는 사람을 등용하고 형벌을 내릴 때에, 그 친소나 귀천을 따지지 말고 하나같이 공죄의 유무로써 처리하여 각기 공평하고 서로 넘치는 일이 없게 하소서. 그리하면 임용이 공정하고 상벌이 바르며, 인사가 잘되고 천도가 순할 것"[323]이라 하여 친소나 귀천에 구

---

319) 『三峯集』 卷9, 經濟文鑑 上, 宰相. 『周官新義』 卷1, 天官1. "正月之吉始和布治于邦國都鄙乃縣治象之
　　　法于象魏使萬民觀治象挾日而斂之"

320) 『三峯集』 卷14, 朝鮮經國典 憲典.

321) 『商君書』 賞刑. "所謂壹刑者 刑無等級 自卿相 將軍以至大夫 庶人 有不從王令 犯國禁 亂上制者 罪死
　　　不赦"

322) 『商君書』 修權.

323) 『三峯集』 卷3, 上恭讓王疏.

애둚이 없이 공정한 법 적용을 원칙으로 하고 있다.324)

뿐만 아니라 삼봉은 "예부터 훌륭한 정치의 방법을 말하는 사람은 반드시 만들어진 법이 있어서 持守의 도구를 삼는다고 한다. …… 저 형으로 그 분별을 똑바르게 하고 행하는 것을 조리 있게 하되 위로 권세 있는 자도 회피하지 못하고, 아래로는 약한 사람이라도 업신여김을 받지 않도록 하여 형벌을 쓰지 않는 지경까지 도달하여 지극히 잘 다스려진 세상이 되어야 할 것"325)이라고 주장한다. 이것은 "법의 종국적인 목표는 바로 법은 있으되 사용하지 아니하고, 형벌은 정하여 있지만 행하지 아니하는 '무위로써 다스린다'고 본 한비자의 사상"326)과 일맥상통하고 있다.

상벌론

공자는 "만약 법으로 다스리고 형벌로써 질서를 잡으려 한다면, 백성은 도덕적 의무를 생각함이 없이 다만 형벌만을 피하려 할 것이다. 그러나 덕으로 지도하고 예로 질서를 잡으려 하면 백성은 도덕적인 의무를 느껴 자신을 바르게 할 것"327)이라고 하였다. 공자는 형벌에 의한 질서보다 덕과 예에 의한 질서를 중요시하고 있다. 맹자 역시 인간의 본성은 선하다는 성선(性善)을 기반으로 사단(四端)을 확충시켜 불인인지심(不忍人之心)의 인정(仁政)을 정치적 이상으로 설정하고 있다. 이것은 만약 도덕성을 결여한 정치를 추구한다면 곧 패도화

---

324) 공과에 따른 상벌은 친소와 관계없이 적용되어야 한다는 한비자의 사상과 매우 유사하다. 『韓非子』主道. "是故誠有功 則雖疏賤必賞 誠有過 則雖近愛必誅"

325) 『三峯集』 卷4, 策題, 會試策.

326) 전락희, 앞의 책, p.122.

327) 『論語』 爲政. "道之以政 民免而無恥 道之以德 齊之以禮 有恥且格"

(覇道化) 될 것이라는 의미를 함축하고 있다 하겠다.

반면에 한비자는 "이익을 좋아하고 해(害)를 싫어하는 것은 모든 사람들이 소유하고 있는"328) 관계로 "이익을 좋아하고 죄를 두려워하지 않는 사람은 없다"329)고 본다. 한비자가 경험적으로 관찰한 인간은 대단히 현실적이며 이기적이다. 그래서 한비자는 "백성들의 본성은 힘든 것을 싫어하고 편안한 것을 좋아하고",330) "편안하고 이익이 있는 쪽으로 나아가고 위험하고 손해 보는 쪽을 피하는 것이 사람의 성정"331)이라고 규정한다. 그래서 한비자는 "무릇 천하의 다스림은 반드시 인정에 근거하여야 한다. 인정이란 것은 좋아하고 싫어함이 있어서 상벌을 쓸 수 있다. 상벌을 쓸 수 있다면 금제와 명령이 확립되어 다스리는 방법이 구비된다"332) 하여 이기적인 인간본성을 제어할 수 있는 장치로서 상벌을 채택하고 있다.

상앙 또한 "사람은 태어나면서부터 좋아하고 싫어하는 것이 있다. 이를 잘 이용함으로써 백성들을 다스릴 수 있는 것이다. 고로 군주는 사람들의 좋아하는 것과 싫어하는 것을 잘 살피지 않을 수 없다. 좋아함과 싫어함이야말로 상과 벌의 정책을 실행할 수 있는 근본"333)이라고 주장한다. 즉 "수치, 굴욕, 수고로움, 고통은 사람들이 싫어하는 것이고 존귀, 영화, 안일, 쾌락은 사람들이 추구하는 것"334)이기 때문에 좋아하고 싫어하는 인간의 본능적인 경향을 상벌을 통해 통제를

---

328) 『韓非子』 難二. "好利惡害 夫人之所有也"

329) 『韓非子』 難二. "喜利畏罪 人莫不然"

330) 『韓非子』 心度. "夫民之性 惡勞而樂佚"

331) 『韓非子』 姦劫弒臣. "夫安利者就之 危害者去之 此人之情也"

332) 『韓非子』 八經. "凡治天下 必因人情 人情者 有好惡 故賞罰可用 賞罰可用 則禁令可立而治道具矣"

333) 『商君書』 錯法.

334) 『商君書』 算地. "羞辱勞苦者 民之所惡也 顯榮佚樂者 民之所務也"

모색하고 있다. 통제의 방법도 "형벌을 사용해서 형벌 그 자체를 없애면 나라가 잘 다스려진다. 형벌을 사용해서 더 많은 형벌에 이르게 하면 나라가 어지러워진다. 그러므로 말하거니와, 형벌을 집행할 때에 가벼운 죄를 중형에 처하면 형벌이 없어지고 사건도 잘 처리되어 나라가 강성해진다"[335]는 엄형주의(嚴刑主義)를 취하고 있다. 인간의 정치적 행위 중 마지막 수단인 전쟁과 사형까지도 "전쟁으로 전쟁을 없앨 수 있다면 전쟁이 일어나도 좋으며, 사형으로 사형을 없앨 수 있다면 사형시켜도 좋고, 형벌로 형벌을 없앨 수 있다면 무거운 형벌을 내려도 좋다"[336]는 극단적인 방법을 선택하고 있다. 그래서 종국에는 "상이 엄정하여 극치에 이르면 마침내 상을 줄 일이 없어지게 되고, 형벌이 엄정하여 극치에 이르면 마침내 형벌을 가할 일이 없어지게"[337] 된다고 믿는다. 엄형중벌(嚴刑重罰)의 목적이 무형(無刑)에 있기 때문이다.

이미 본장의 앞에서 민의 본성에 대해서 살펴보았듯이 삼봉이 파악하고 있는 인간의 본성은 성선이 기본이지만 상황 여하에 따라 물욕과 정욕에 흔들리고 도적이 될 수도 있는 경향성을 내포하고 있다. 삼봉이 볼 때 '인간은 선하다'는 성선론의 당위성만으로 유교적 질서의 실현을 보장할 수 없다. 인간은 인간의 내외부에서 발생하는 끊임없는 물욕과 정욕의 유혹으로 인해 정치공동체의 질서를 문란하게 하는 잠재적 불안정성과 불확실성을 내재하고 있다. 그렇기 때문에 왕도를 실현하기 위한 또 하나의 안전장치를 마련해야 하는 정치적

---

335) 『商君書』去强.
336) 『商君書』畫策.
337) 『商君書』賞刑.

과제에 직면하게 된다. 그래서 삼봉은 무질서와 혼란을 종식시키고 질서와 안정을 구축하는 방향으로 전환시킬 법제적 장치의 개입을 종용하고 있다. 그 법제적 장치는 "형벌로써 간사한 이를 꾸짖고 난폭한 짓을 막는"[338] 질서유지의 수단이자, 공동체를 위해 공적인 행동을 촉발시키는 계기의 제공과 그 대가를 담보할 수 있는 국가적 형벌행사의 정당성으로 작동시키고 있다.

> 대저 전쟁이란 위험한 일이다. 전진하면 사망할 염려가 있고, 후퇴하면 생존하는 이치가 있는 것이다. 그런데 인정이란 누구나 죽음을 두려워하고 삶을 좋아하지 않음이 없는 것이다. 그러므로 오직 상을 중하게 해야만 목숨을 잃을 수가 있고, 오직 벌을 중하게 해야만 죽는 데에도 나갈 수가 있는 것이다.
>
> 그러나 상과 벌이, 모든 사람들이 공인하는 공과 죄에 따르지 않고 한 개인의 기쁨과 노여움에서 결정된다면, 상을 주어도 권장되지 못하고 벌준다 해도 징계하지 못할 것이다. 그러므로 높은 작위와 후한 녹봉은 공이 있는 사람을 대우하는 것이고, 칼과 톱, 채찍과 종아리채는 죄 지은 자에게 가해지는 것이다.
> 그렇다면 군사를 관장하는 사람은 상과 벌이 없을 수 없으며, 상과 벌은 공적인 데서 나오지 않으면 안 되는 것이다. 그러므로 신은 「상벌」 편을 지음에 있어서 반드시 公을 가지고 설명하는 바이다.[339]

삼봉은 죽음을 싫어하고 삶을 좋아하는 인정을 이용해 중상중벌(重賞重罰)의 원칙으로 위험한 전쟁에 임하도록 해야 한다고 주장한다. 상벌 적용은 한 개인의 감정에 따라 결정하면 안 되고, 모든 사람이 공인하는 공적 기준에 의한 공과 죄에 따라 적용해야 목숨이 위험한 상황에서도 적극적인 행동을 이끌어 낼 수 있고, 효과적으로 질서

---

338) 『三峯集』 卷3, 撰進朝鮮經國典箋.
339) 『三峯集』 卷14, 朝鮮經國典, 政典.

유지를 할 수 있다는 입장이다. 그러면 "상으로서 공을 권장하고, 벌로써 죄를 징계"340)할 수 있으며, "상은 공 있는 이를 권장하는 것이며, 형이란 죄 있는 이를 징계"341)할 수 있다고 본다. 이 점은 상앙이 "형벌로 다스리고 상으로 전쟁하도록 한다"342)는 의미와 유사하고, "상은 공(功)에 근거해야 하고 벌은 죄에 따라야 한다"343)는 견해와 흡사하다. 뿐만 아니라 "형벌이란 간사함을 억제하기 위한 것이고 관직과 작위란 공을 세우도록 권면하기 위한 것"344)이며, "나라의 형벌이 무섭지 않고 작위와 봉록이 추구할만한 가치가 없으면 이는 나라가 망할 징조"345)라고 말한 상앙의 정치적 사유를 닮아 있다.

삼봉은 백성들이 물욕과 정욕의 욕망에 휩싸여 정치공동체에 혼란을 조장하려 할 때 "형법은 어지러움을 금"346)하게 하는 통치의 도구가 된다. 이러한 사유방식은 인간의 이기적 본성과 상황에 따라 발생할 수 있는 갈등과 투쟁의 상태를 형벌과 상벌로서 종식시키고 새로운 질서를 수립하고자 할 때 "형벌이란 간사한 짓을 금지하는 수단"347)이며, "형벌이란 간사함을 억제하기 위한"348) 방편이라고 했던 상앙의 법가적 사유와 매우 유사함을 추론할 수 있다.

상벌에 대한 법가적 사유는 제갈량의 정치적 사유에서도 찾아볼

---

340) 『三峯集』 卷14, 朝鮮經國典, 政典.

341) 『三峰集』 卷3, 疏, 上恭讓王疏.

342) 『商君書』 靳令, 以刑治, 以賞戰.

343) 『商君書』 弱使, 賞隨功, 罰隨罪.

344) 『商君書』 算地. "故刑戮者 所以止姦也 而官爵者 所以勤功也"

345) 『商君書』 算地. "故其國刑不可惡而官爵不足務也 此亡國之兆也"

346) 『三峰集』 卷3, 疏, 上恭讓王疏.

347) 『商君書』 算地. "夫刑者 所以禁邪也"

348) 『商君書』 算地. "故夫戮者 所以止姦也"

수 있다. 제갈량은 "간악한 범죄가 끊임없이 발생하면 국가는 머지않
아 멸망한다"[349]고 주장한다. 그래서 그는 "상은 공을 세우도록 장려
하고 벌은 간사함을 근절한다. 따라서 상은 공평해야 하고 벌은 균등
해야 한다. 어떤 때에 상을 내리는지 알면 용감한 자는 사력을 다할
바를 알고 어떤 때에 벌을 내리는지 알면 사악한 자는 두려워할 바를
안다"[350]고 말한다. 이것은 상과 벌을 통해 소기의 효과를 거두기 위
해서는 상벌은 공평하고 균등하게 적용해야 한다는 의미이다.

3) 인경무권(仁經武權): 인무병용(仁武竝用)

융문융무(隆文隆武)

삼봉의 왕경패권론(王經覇權論) 중에 두 번째 핵심요소는 문(文)과 무
(武)이다. 문과 무는 삼봉의 정치적 사유에서 균형을 이루고 있다. "문
(文)은 태평한 정치를 이룩하는 것이요, 무(武)는 난리를 평정하는 것이
므로 이 두 가지는 사람에게 양팔이 있는 것과 같아서 하나라도 없어
서는 안 되는 것"[351]임을 밝히고 있다. 또한 이러한 문무(文武)의 교육
은 학교에서 가르쳐야 하는데 학교는 인재양성을 위해 인륜교육뿐만
아니라 군사와 관련된 병률(兵律), 민생의 질고와 연관된 의약(醫藥) 등
실용적인 교육도 병행하는 것으로 구상하고 있다. 삼봉은『조선경국전』
「예전(禮典)」을 기획하면서 "학교는 교화의 근본이다. 여기에서 인륜을
밝히고, 여기에서 인재를 양성한다. 삼대 이전에는 학교 제도가 크게

---

349)『諸葛亮集』便宜十六策, 賞罰. "故衆姦不禁 則不可久"

350)『諸葛亮集』便宜十六策, 賞罰. "賞以興功 罰以禁姦 賞不可不平 罰不可不均 賞賜知其所施 則勇士知其
　　所死 刑罰知其所加 則邪惡知其所畏 故賞不可虛施 罰不可妄加 賞虛施則勞臣怨 罰妄加則直士恨"

351)『三峰集』卷4, 隆文樓, 隆武樓.『三峰集』卷10, 經濟文鑑 下, 衛兵.『太祖實錄』3년 2월 29일(기해).

갖추어졌었고 진한 이후로도 학교 제도가 비록 순수하지는 못하였으나 학교를 중히 여기지 않음이 없었으니 일대의 정치 득실이 학교의 흥패에 좌우되었다. …… 병률(兵律)·서산(書算)·의약(醫藥)·상역(象譯, 통역) 등도 역시 이상과 같이 교수를 두고 때에 맞추어 가르치고 있으니 그 교육이 또한 지극하다."[352] 문치적 기풍을 배양하는 인륜교육은 물론 법가적 율(律)과 병법을 구사하는 무인적 기상도 함께 길러주는 교육을 지향하고 있다. 이외에도 삼봉이 쓴 시를 통해서도 글공부(文)와 칼 쓰기(武)에 대한 균형적인 태도를 포착할 수 있다.

영주 강 중정 시에 차운하다(次寧州康中正韻)[353]
나이를 헤아리면 그대가 높지만	論齒君爲長
교분은 내가 가장 친하고말고	相交我最親
강산을 이별한 지 어느덧 십 년	江山十載別
글과 칼 쓰기 공부했지만 가난하다오	書劍一身貧
정사가 간편하니 백성은 안정되고	政簡民安業
시 맑으니 세상은 모두 보배로 삼네	詩淸世共珍
아마도 영각은 문이 닫히어	遙知鈴閣閉
긴긴 낮에 두건을 벗고 있으리	晝永岸烏巾

자영(自詠)[354]
글공부 칼 쓰기 하나도 못 이루고	書劍區區兩未成
농사터로 돌아가 몸소 밭을 갈았지요	問歸田舍事躬耕
한재 수해 연래에 너무도 혹심하니	不堪旱溢年來甚
문 앞에 찾아드는 땅세 독촉 어찌하리	爭奈門前責地征

---

352) 『三峰集』 卷13, 朝鮮經國典 上, 禮典, 學敎.

353) 『三峰集』 卷2, 五言律詩, 次寧州康中正韻.

354) 『三峰集』 卷2, 七言絕句, 自詠.

자영(自詠) – 又[355]

유술이란 알고 보면 자기 일에 졸한 거라	自知儒術拙身謀
병법에 뜻을 두어 손·오를 배웠었네	兵畧方師孫與吳
세월은 흘러가고 공은 끝내 못 세우니	歲月如流功未立
먼지 낀 책상에 병법 책 폐했다오	素塵牀上廢陰符

국초 군영의 진적에 씀(題國初羣英眞蹟)[356]

삼봉과 스승인 양 친구인 양 수십 년 동안	師友三峰數十年
⋮	⋮
치밀한 공부는 항상 마음에 간직하고	功夫縝密常持守
정밀한 의리는 벌써 환하게 통했구나	義理精微已貫穿
⋮	⋮
정승이 되었건만 선비의 뜻은 그대로	廟堂不變書生志
그 풍부한 경술에 병권까지 겸했구나	經術還兼節制權
⋮	⋮
천리 밖 싸움 이기는 깊은 꾀가 있고	深謀決勝於千里
⋮	⋮
영화는 곽자의의 만복과 똑 같구나	榮如郭氏始終全

붓과 칼을 양손에 쥐고 있는 모습이다. 경서를 궁구하며 글공부와 칼 쓰기를 병행하고 있다. 유술이라는 문치의 수단과 병법이라는 무사적 해법을 동시에 강구하고 있다. 유술(儒術)만으로는 허약하므로 손자와 오자의 병법을 연구하여 금방이라도 전장에 나가 적들과 일전을 불사를 수 있는 군사적 실력을 연마하고 있다.

동문교장(東門教場)[357]

북소리 두둥둥 땅을 흔들고	鐘鼓轟轟動地
깃발은 나풀나풀 공중에 이었네	旌旗旆旆連空
만 마리 말 한결같이 굽을 맞추니	萬馬周旋如一
몰아서 전장에 나갈 만하다	驅之可以卽戎

---

355) 『三峰集』 卷2, 七言絶句, 自詠-又.

356) 『三峰集』 卷8, 附錄, 諸賢敍述.

357) 『三峰集』 卷1, 六言絶句, 東門敎場.

이 시(詩) 역시 삼봉의 상무적 기질과 실무적이고 실천적인 기풍을 읽을 수 있다. 마치 '칼을 찬 유학자'인 남명[358]과 자연스럽게 연결되는 대목이다. 붓이 문치에 해당된다면 칼은 상벌에 엄격하고 무사적인 법가적 통치에 어울린다. "대개 예악과 문물이 빛나서 볼만한 것이나, 군사와 무기가 정연하게 다 갖추어진 것이며, 사람을 등용하는 데 있어서도 문장 도학의 선비와 과감하게 용력 있는 군사들이 중외에 포열하고 있는 것은 이 모두가 문과 무의 숭상을 지극히 한 데서 온 것"[359]으로 본다.

인의(仁義)와 용병(用兵)

삼봉이 작성한 태조 이성계의 즉위교서에는 "문무 두 과거는 한 가지만 취하고 한 가지는 버릴 수 없으니"[360] 문무(文武) 양직(兩職)은 유교적 국가경영에 가장 필수적인 제도로 인식되고 있다. 문관은 물론 무관 역시 "강무(講武)하는 법은 주장(主掌)한 훈련관에서 때때로 『무경칠서(武經七書)』[361]와 사어(射御)의 기술을 강습시켜"[362] 이론과 실무에 능통한 상무적 기질과 무인 양성을 기획하고 있다. 또한 태조

---

358) 한형조는 남명 조식을 '시퍼런 칼날의 유학'을 하는 '칼을 찬 유학자'라고 지칭한 바 있다. 박병련 외, 『칼을 찬 유학자 남명 조식』(수원: 청계, 2001). pp.11~81.

359) 『三峰集』 卷4, 隆文樓, 隆武樓.

360) 『太祖實錄』 원년 7월 28일(丁未).

361) 『太祖實錄』 원년 7월 28일(丁未). 일곱 가지의 병서(兵書), 곧 『손자(孫子)』, 『오자(吳子)』, 『사마법(司馬法)』, 『위료자(尉繚子)』, 『황석공삼략(黃石公三略)』, 『육도(六韜)』, 『이위공문대(李衛公問對)』를 말함. 오기 지음, 이영직 편역, 『오자병법』(서울: 스마트비지니스, 2007). pp.12~13. 송대에 이르러 중국의 가장 중요한 병서 7권을 꼽아 무경칠서(武經七書)라 부르기 시작했는데 『육도』를 비롯 손무의 『손자병법』, 오기의 『오자병법』, 사마양저(司馬穰苴)의 『司馬法』, 위료의 『위료자』, 이정(李靖)의 『이위공문대(李衛公問對)』, 황석공(黃石公)의 『삼략(三略)』이 그것이다. 무경칠서 중 가장 대표적인 두 권의 병법서가 『손자병법』과 『오자병법』이다.

362) 『太祖實錄』 원년 7월 28일(丁未).

3년에 판의홍삼군부사(判義興三軍府事)의 입장에서 "문무양직(文武兩職)은 사람의 두 팔과 같으므로"[363] 폐할 수 없다고 상서(上書)하고 있다. 이처럼 중요시되고 있는 "병(兵)은 성인이 부득이 마련한 것인데 반드시 정(正)으로써 근본을 삼았으니, 성인이 병을 중히 여긴 뜻을 볼 수가 있다."[364] 성인 역시 무력의 기반인 병(兵)을 부득이 하게 구상하면서 그 정당성은 정(正)을 토대로 하고 있다. 상무적이고 법가적인 병의 한계를 정(正)의 정당성으로 정당화하고자 한다. "육전이 모두 정(政)인데 유독 병전(兵典)에서만 정(政)이라고 말을 한 것은 사람의 부정을 바로잡는 것이기 때문이다."[365] 공자가 논어에서 "정치는 바르게 하는 것(政治正也)"이라고 했듯이, 병전의 정치적 의무는 사람의 부정을 바로 잡는 의로운 정(政)이자 무력이다. 정(正)을 경(經)으로 하고 무력을 권(權)으로 하는 사상적 구조를 취하고 있다. 이 구조는 무력행사의 정당성을 정(正)으로 확보하여 정의의 군사, 의로운 무력을 담보하고 있는 것이 특징이다.

삼봉의 군사사상의 특징은 병농일치의 국방체제와 왕족이나 귀족들의 사병(私兵)을 혁파하여 중앙군의 강화에 초점을 둔다는 점이다. 또한 삼봉은 병서를 짓고 진법(陣法)훈련에 직접 나서기도 했다. 그는 경제력 제고를 통해 군사력의 물질적 기초를 다져 민본부국(民本富國)의 국가비전의 연속선상에서 부국강병(富國强兵)을 실천하려고 한다. 『삼봉집』의 「진법(陣法)」은 27개의 소제목으로 구성되어 있다. 이 중에서 순수하게 진(陣)의 편성 및 운용에 관한 것은 「총술(總術)」,

---

363) 『太祖實錄』 3년 2월 29일(己亥). "自古爲國者 文以致治 武以(勘) [戡]亂 文武兩職 如人兩臂 不可偏廢"
364) 『三峰集』 卷 14, 朝鮮經國典 政典.
365) 『三峰集』 卷 14, 朝鮮經國典 政典.

「정진(正陣)」, 「결진십오지도(結陣什伍之圖)」, 「오행출진가(五行出陣歌)」, 「기마가(旗麾歌)」, 「각경가(角警歌)」, 「기정총찬(奇正總讚)」, 「금고기마총찬(金鼓旗麾總讚)」 8편뿐이고, 「논장수(論將帥)」 이하 19개의 소제목은 진에 관련된 것이라기보다는 용병원칙들을 모아놓은 것이다.[366] 삼봉은 진법에서 제갈량이나 『관자』, 『오자』 등의 병법서를 많이 인용하고 있다.

첫째, 제갈량의 군사사상과 『삼봉집』의 진법과 정전의 교습에 대한 내용이다. 특히 장수에 대한 사항을 언급하고 있어 주목된다.

제갈량은 장수에게 상벌제도를 엄정하게 시행하면서 예악을 좋아하고 인의를 지용보다 더 중요시할 것을 요구한다. 삼봉 또한 제갈량의 군사사상을 인용하면서 장수의 기본조건으로서 예악을 좋아하고 신의에 밝아야 한다고 주장한다.

〈표 Ⅲ-1〉 진법의 인용 전거 - 『제갈량집』

진법 및 정전의 내용	인용 전거
悅禮樂敦詩書 明信義有威惠 士卒樂附 賢能效力 (『三峰集』 陣法, 論將帥, 賢將)	故行之兵要 務攬英雄之心 嚴賞罰之料 總文武之道 操剛柔之術 悅禮樂而敦詩書 先仁義而後智勇 (『諸葛亮集』 將苑, 將誡)
孔子曰 不敎民戰 是謂棄之 (『朝鮮經國典』 政典, 敎習)	故仲尼曰 不敎而戰 是謂棄之 (『諸葛亮集』 將苑, 習練)

또한 제갈량은 유능한 장수인 선장(善將)이 지켜야할 네 가지 원칙을 제시하고 있다.[367]

---

366) 김광수, 「정도전의 진법에 관한 고찰」, 『육사논문집 제50집』(육군사관학교, 1996). p.7.
367) 『諸葛亮集』 將苑, 善將.

① 병사들에게 진격과 철수의 수칙을 알려줌으로써 그들로 하여금 금지 사항을 이해하도록 한다(古之善將紫有四 示之以進退 故人知禁).
② 병사들에게 인의를 가르쳐 그들로 하여금 예의를 알게 한다(誘之以仁義 故人知禮).
③ 병사들에게 시비를 분명히 가려 훈계함으로써 그들로 하여금 권장 지침을 알게 한다(重之以是非 故人知勸).
④ 병사들에게 신상필벌을 결행함으로써 그들로 하여금 신용을 알게 한다(決之以賞罰 故人知信).

장수는 싸우면 반드시 이기는 부대를 육성하기 위해 병사들에게 금(禁), 예(禮), 권(勸), 신(信)의 중요성을 교육시켜 그들로 하여금 예의를 알게 하여 규범과 신용을 지키게 하고 부대 규율을 준수하도록 해야 한다는 내용이다.

삼봉은 제갈량의 병법사상이나 전쟁철학을 가장 긍정적으로 평가하고 있다. "전국시대의 사마양저(司馬穰苴)와 당나라의 이정(李靖)에게는 모두 병법이 있었지만, 오직 제갈무후(諸葛武侯)의 용병(用兵)만이 인의(仁義)를 중심으로 하고 절제의 뜻을 가지고 있었고"[368] "삼대 때의 군사를 동원하는 도에 맞게"[369] 군사를 출동시키고 있다고 술회한다. 병법사상에 있어서도 무력만을 최우선으로 고려하지 않고 인의가 중심이 되어야 한다는 입장이다. "제갈량은 유선 형제를 위해 『신불해』, 『한비자』, 『관자』, 『육도』 등을 교재로"[370] 가르치며 "법치를 중시"[371]하는 법가적 성향을 드러내고 있지만, "만약 군대가 훈련을 하지 않는다면 백으로도 하나를 감당할 수 없고, 훈련에 치중하여 그것을 발휘한다면 하나로도 백을 감당할 수 있다. 그러므로 공자는

---

368) 『三峰集』 卷14, 朝鮮經國典 下, 政典, 敎習.

369) 『三峰集』 卷11, 經濟文鑑 別集 上.

370) 장국화 엮음, 임대희 외 옮김, 위의 책, pp.319~320.

371) 같은 책, p.315.

'가르치지 않은 백성으로 전쟁을 치르면 이것을 일러 백성을 내다 버리는 것이다'[372]고 하였고, 또 말하기를 "선인이라도 7년은 백성을 가르쳐야 또한 전쟁터에 나가게 할 수 있다"[373]고 했다. 따라서 제갈량은 전투에 참가하려는 병사들은 반드시 교육과 훈련을 받지 않을 수 없다"[374]고 하여 공자의 군사사상을 계승하고 있다. 이것은 전략 전술에 대한 군사적 지식이나 훈련 없이 백성들을 동원하여 전쟁터에 내몰면 결국 총알받이가 될 수밖에 없다는 것을 의미한다. 또한 백성들에게 전투력 향상을 위한 군사훈련뿐만 아니라 목숨을 걸고 왜 전쟁을 해야 하는지 전쟁의 의미를 이해할 수 있도록 정신교육을 실시한 후에 전투에 임하도록 해야 한다는 것이다. 이는 제갈량 군사 사상의 기본철학이자 용병술의 방향성이라고 할 수 있을 것이다. 이 것은 군사적인 무력과 관련된 용병을 인이라는 유가적 가치규범으로 규제함으로써 무력의 태생적 한계를 넘어서고자 했다. 이러한 제갈량의 군사사상을 답습하여 삼봉 또한 『삼봉집』, 『조선경국전』 「정전(政典)」의 「교습(敎習)」 편에서 제갈량이 논어의 「자로(子路)」 편에서 인용한 동 일한 내용을 그대로 인용하고 있다.[375] 뿐만 아니라 "신은 제갈무후 의 용병술을 조술하여 「오행진(五行陣)」과 「출기도(出奇圖)」를 지었고, 또 사마양저의 병법을 가감하여 「강무도(講武圖)」를 지어서 바치니, 전하는 이것을 보고 좋다고 칭찬하고 군사에게 명하여 익히게 하였 다"[376]고 술회하고 있다. 이는 삼봉이 유가의 인의를 경(經)으로 하고

---

372) 『論語』子路. "子曰 以不敎民戰 是謂棄之." 『諸葛亮集』將苑, 習練. "故仲尼曰 不敎而戰 是謂棄之." 『三峰集』朝鮮經國典 下, 政典, 敎習. "孔子曰 不敎民戰 是謂棄之." 제갈량과 삼봉은 논어 자로편에서 공자가 말한 동일한 구절을 인용하고 있다. 삼봉이 제갈량의 군사사상에 깊은 영향을 받았음이 나타나고 있는 대목이라고 할 수 있다.

373) 『論語』子路. "子曰 善人敎民七年, 亦可以卽戎矣"

374) 『諸葛亮集』將苑, 習練.

375) 『三峰集』朝鮮經國典 下, 政典, 敎習. "孔子曰 不敎民戰 是謂棄之".

법가적, 병가적인 무(武)를 권(權)으로 취하고 있으며, 그 구조는 인경
무권(仁經武權)의 사상적 구조라는 것을 알 수 있다.

둘째는 삼봉의 진법과 『관자』의 군사사상이다.

〈표 Ⅲ-2〉 진법의 인용 전거 - 『관자』

진법의 내용	인용 전거
1. 不明敵人之攻　不能加兵 2. 不明敵人之積　不能約誓 3. 不明敵人之將　不能先軍 4. 不明敵人之士　不能先陣 (『三峯集』陣法, 料敵制勝四計)	不明于敵人之政　不能加也 不明于敵人之情　不可約也 不明于敵人之將　不先軍也 不明于敵人之士　不先陣也 (『管子』七法)
1. 以衆擊寡 2. 以治擊亂 3. 以富擊貧 4. 以敎卒鍊士　擊毆衆白徒 (『三峯集』陣法, 四擊)	是故以衆擊寡　以治擊亂　以富擊貧　以能擊不能　以敎卒 練士　擊毆衆白徒　故十戰十勝　百戰百勝 (『管子』七法)
1. 料食攻食　食存不攻 2. 料備攻備　備存不攻 3. 料衆攻衆　衆存不攻 (『三峯集』陣法, 三料)	故善攻者　料衆以攻衆　料食以攻食　料備以攻備　以衆攻 衆　衆存不攻　以食攻食　食存不攻　以備攻備　備存不攻 (『管子』覇言)
1. 釋實攻虛 2. 釋堅攻耗 3. 釋難攻易 (『三峯集』陣法, 三釋)	釋實而攻虛　釋堅而攻耗　釋難而攻易 (『管子』覇言)

삼봉은 『관자』의 「칠법」 편에서 상대의 취약점을 파악하지 않은
상태에서는 공격이나 선전포고, 적과 대치하거나 진을 쳐서는 안 된
다는 전략을 수용하고 있다. 또 「패언」 편에서는 식량이나 장비 그리
고 병력 등 주로 군수품에 관련된 전략전술을 선택적으로 받아들이
고 있다. "관중은 그 나라를 3등분하여 21향(鄕)을 만들고 내정을 지
어서 거기에 군령을 붙였으니, 비록 주나라 제도의 그 장점에는 미치

---

376) 『三峯集』卷14, 朝鮮經國典 下, 政典, 敎習. 『三峯集』卷8, 附錄, 事實.

지 못하였으나 당시로서는 잘 통솔된 군사라고 불리었으며 드디어
천하의 패자가 되었던 것이다."[377)

삼봉은 적을 헤아려 보고 공격하여 승리를 거두는 네 가지 계책에 『관자』
「칠법」 편의 병법사상과 전략을 자신의 「진법」으로 활용하고 있다.[378)

삼봉은 병력, 기강, 군수품, 전투능력 등에 대해서 『관자』의 전략과
전술을 「진법」의 전략으로 수용하고 있다.[379)

또한 공격적인 군사전략을 지휘하기 전에 고려해야 할 사항을 정
리하고 있는 「진법」의 三料 부분은 『관자』의 「패언」 편에서 인용하고
있다.[380) 뿐만 아니라 견실한 곳은 피하고 취약한 곳을 공격하는 전
략과 전술에 관한 부분 역시 『관자』「패언」 편을 참조하고 있다.[381)

셋째는 삼봉의 「진법」과 『오자』의 군사사상이다.

〈표 Ⅲ-3〉 진법의 인용 전거 - 『오자』

진법의 내용	인용 전거
1. 法令不明 2. 賞罰不信 3. 聞鼓不進 4. 聞金不止 5. 在陣而囂 (『三峰集』 陣法, 五亂)	若法令不明 賞罰不信 金之不止 鼓之不進 雖有百萬何益於用 (『吳子』 治兵)
1. 居則有禮 動則有威 2. 進不可當 退不可追 3. 前却如節 左右應摩 4. 雖絶成陣 雖散成行 (『三峰集』 陣法, 四理)	所謂治者 居則有禮 動則有威 進不可當 退不可追 前却如節 左右應摩 雖絶成陣 雖散成行 (『吳子』 治兵)

<hr>

377) 『三峰集』 卷14, 朝鮮經國典 下, 政典.

378) 『三峰集』 卷7, 陣法. 『管子』, 七法.

379) 『三峰集』 卷7, 陣法. 『管子』, 七法.

380) 『三峰集』 卷7, 陣法. 『管子』, 覇言.

381) 『三峰集』 卷7, 陣法. 『管子』, 覇言.

1. 疾風大寒 早興夙遷 剖冰濟渡則戰 2. 盛夏炎熱 興役無間 風驅飢渴則戰 3. 務取於遠 師久無糧則戰 4. 士衆怨怒 妖祥疑惑上下不能止則戰 5. 軍須旣竭 時多霖霪欲掠無便則戰 6. 師衆不多 土地不利 人馬疾瘦則戰 7. 道遠日暮 士卒勞倦 飢未及食 解甲而食則戰 8. 將簿吏輕 士卒無固則戰 9. 三軍數驚 師徒無助則戰 10. 陣而未定 舍而未畢則戰 11. 行坂涉險 半出半隱則戰 (『三峰集』陣法, 十一必戰)	吳子曰 凡料敵 有不卜而與之戰者八 一曰疾風大寒 早興窘遷 剖冰濟水 不憚艱難, 二曰盛夏炎熱 晏興無間 行驅飢渴 務於取遠, 三曰師旣淹久 糧食無有 百姓怨怒 祅祥數起 上不能止, 四曰軍資旣竭 薪芻旣寡 天多陰雨 欲掠無所, 五曰徒衆不多 水地不利 人馬疾疫 四隣不至, 六曰道遠日暮 士衆勞懼 倦而未食 解甲而息, 七曰將簿吏輕 士卒無固 三軍數驚 師徒無助, 八曰陣而未定 舍而未畢 行阪涉險 半出半隱 諸如此者 擊之勿疑 (『吳子』料敵)
1. 土地廣大, 人衆富盛則避 2. 上愛其下, 惠施流布則避 3. 賞信刑察, 發止得定則避 4. 行陣車列, 任賢使能則避 5. 師徒習敎, 兵甲精銳則避 6. 四隣有助, 大國來援則避 (『三峰集』陣法, 六必避)	有不占而避之者六 一曰土地廣大 人民富衆, 二曰上愛其下 惠施 流布, 三曰賞信刑察 發必得時, 四曰陣功居列 任賢使能, 五曰師徒之衆 兵甲之精, 六曰四隣 之助 大國之援 凡此不如敵人 避之勿疑 所謂見可而進 知難而 退也 (『吳子』料敵)

삼봉은 병법에 뜻을 두어 손·오의 병법을 배웠다고 진술하고 있다.[382] 손(孫)은 『손자병법』의 손자이고, 오(吳)는 『오자병법』의 오기(吳起)를 말한다. "『손자병법』과 『오자병법』 사이에는 상당한 차이가 있다. 『손자병법』이 다분히 추상적인 도가의 영향을 받은 데 비해, 『오자병법』은 좀 더 현실적인 법가와 유가에 사상적 기반을 두고 있다. 『손자병법』이 원론적이고 관념적인 개념을 다루는 반면, 『오자병법』은 구체적인 상황을 다루고 있다. 손무가 전쟁의 '도'를 말했다면, 오기는 전쟁의 '기술'을 설명했다고 할 수 있다."[383] 삼봉은 『오자병법』에서 법령과 상벌 그리고 지휘체계, 군법, 예의, 위엄 등의 실전적인 측면의 전투실무지침을 참고하고 있다.[384]

---

382) 『三峰集』 卷1, 自詠.

383) 오기 지음, 이영직 편역, 앞의 책, p.23.

삼봉은 제갈량의 인의(仁義)를 토대로 용병전략을 구사하는 인경무권(仁經武權)의 군사사상을 기반으로『관자』의 병력, 식량, 군수품 등 군수와 관련된 전략사상으로 무장하고『오자』의 전투실무지침을 수용해서 군사사상을 체계화하고 있다.

4) 예경부권(禮經富權): 경제와 도덕의 회통(會通)

관중에 대해서 우호적이었던 정도전의 정치사상은 그가 "의식이 풍족해야 염치를 알고, 창고가 가득 차야 예의가 일어난다"[385]라든가 "의식이 풍족해야 예의를 알게 된다"[386]라고 한 주장은『관자』에서 "창고가 가득 차야 예절을 알고, 의식이 족해야 영욕을 안다"[387]는 사상을 그대로 계승하고 있다. 김용배가 실용의 각도에서 정치를 해석하여 "실학파의 연원"[388]을 관중에서 찾듯이 관중의 "공리적 실용주의"[389] 사상은 패도와 관계성이 깊다. "그러므로 패도와 실학의 이념은 서로 불가분의 관계를 정립하고 있다."[390] 결코 경제지상주의나 도덕제일주의의 어느 한편에 치우친 것이 아니라 "노학의 도덕주의와 제학의 경세주의"를 병합하고 "경제와 도덕의 병중(竝重)"[391]을 이룩하여 경제와 도덕을 적극적으로 회통시키려 하고 있다. 김충열이

---

384)『三峰集』卷7, 陣法.『吳子』, 治兵.

385)『三峰集』卷13, 朝鮮經國典 上, 賦典, 農桑.

386)『三峰集』卷10, 經濟文鑑 下, 監司.

387)『管子』牧民, 國頌.

388) 김용배,『東洋哲學思想史 大觀』(서울: 三鳩文化社, 1956). p.47.

389) 김충열,『중국철학사』(서울: 예문서원, 1994). p.215.

390) 김형효, 앞의 책,『물학 심학 실학』, p.344.

391) 김충열, 앞의 책, p.215.

지적하듯 관중은 "유(儒)·법(法)의 합작을 본받고 다시 도덕이상주의와 현실경제주의를 함께 고려하여 제(齊)·노학(魯學)의 재회통을 기"392)한 바 있다. 이미 정도전은 "경세성 없는 도덕성은 공허하고 도덕성 없는 경세성은 위험하다"는 것을 현실적으로 체득하고 있는 듯싶다. '경세성 없는 도덕성은 공허하다'는 외침은 일반 백성들의 삶의 현장을 목격한 소리이고,393) '도덕성 없는 경세성은 위험하다'는 의미는 고려 지배층의 도덕적 해이에 따른 토지겸병 등의 비도덕적 행위를 정면으로 비판한 것과 같다. 그래서 경제이익은 인의의 기초요, 인의는 경제이익의 파생물394)로 지켜진다는 것이다. 때문에 인의는 도덕을 원칙으로 하는 내용뿐만 아니라 물질적인 이익을 실현하는 것이라고 말하고 있다. 한걸음 더 나아간다면 패도적 물질문명과 왕도적 정신문명은 결코 분리되어야 할 것이 아니라 수레의 두 바퀴처럼 서로가 서로를 필요로 하는 상생의 배적(配的) 존재라는 것이다. 역사의 수레바퀴는 왕도적 정신문명과 패도적 물질문명이 함께 가는 것이 바람직하다는 얘기다. 삼봉은 조선문명 건설의 하부구조가 되는 물질문명과 상부구조가 되는 정신문명을 유기적으로 통합시키려 하고 있다.

백공(百工): 패도적 기술정치

삼봉은 불인인지정(不忍人之政)의 왕도적 인정과 강(强)·안(安)·영(榮)의 패도적 비전을 유교적 국가경영 비전의 두 축으로 설정한 바

---

392) 김충열, 위의 책, pp.208~209.

393) 『三峰集』卷3, 書, 登羅州東樓諭父老書. "다른 고을의 백성처럼 恒産이 없어서 恒心이 없는데" 하며 경세성이 없는 도덕성의 공허함을 토로하고 있다.

394) 劉澤華 主編, 『中國古代政治思想史』(天津: 南開大學出版社, 1992). p.224.

있다. 삼봉은 패도적 비전을 순자처럼 "그 목적을 부국강병과 사회생활의 안녕과 질서 그리고 복지에 두었다."[395] 또한 관중의 공리적 실용정치에서 패도적 기술정치를 구하고 있다. "순자가 체중을 실어서 말한 패도의 기술정치는 왕도의 인륜 정치에 비하여 그 도덕적 순수성이 떨어지나, 그래도 실용의 차원에서 유효한 정치제도를 의미한다고 볼 수 있다."[396] 이처럼 실용적인 측면에서 패도적 기술정치를 본다면 "백공의 기술은 비록 비천한 것이라 하더라도 국가의 이용 면에 있어서는 실로 긴요한 것이니 모두 폐지할 수 없는 것"[397]이 된다. 국가경영에 있어서 백공의 기술은 필수적인 기술이다. 국가에서 필요로 하는 주요 물품을 생산하고, 실생활의 민생에서 소요되는 생필품 등을 제작하는 국가의 기간 기술이기 때문이다. 삼봉은 구체적 실무와 실사(實事)를 중시하는 매우 현실적인 정치를 추구한다.

> 대개 옛날의 도를 논하고 국가를 경영하는 자가 일찍이 사물을 떠나서 청담(淸談)만을 한 적이 없었으니 문서나 법령 가운데도 도가 없는 곳이 없었다.[398]

> 이치란 어디에나 다 있는 것이다. 그러므로 말이란 미세하다고 해서 소홀히 취급할 수 없는 것이다.[399]

위에서 말하고 있는 옛날의 도란 곧 성인의 도를 말한다고 볼 수 있다. 그 성인의 도와 국가경영의 도는 사물을 떠나서 존재하는 것이

---

395) 김형효, 앞의 책, 『물학 심학 실학』, p.313.

396) 같은 책, p.313.

397) 『三峰集』 卷14, 朝鮮經國典 下, 工典. "百工之技 雖其卑且賤者 其於國家之用 實爲緊要 皆不可廢也"

398) 『三峰集』 卷9, 經濟文鑑 上, 宰相.

399) 『三峰集』 卷14, 朝鮮經國典 下, 工典.

아니라 백성들의 현실을 반영하는 구체적 사건과 사태를 기록하는 문서나 법령 가운데에 깃들어 있다는 의미이다. 매우 실용적이고 실질적인 문제의식이다. 이러한 문제의식은 삼봉이 조선의 구체적 현실 속에서 유교적 왕패관을 현실화시키려는 정치적 목적과 연결된다. 이때의 준거는 경전(經典)의 텍스트가 아니라 구체적인 조선의 현실이요, 백성들이다. 동시에 실천적이고 실무적인 기풍을 진작시키는 정치적 사유도 함축하고 있다. 마치 쇄소응대(灑掃應對)의 소학(小學)적인 공부처럼 쇠와 옥과 돌과 나무에서 도를 주조하고 가죽에서 실천적으로 이치를 구하고 있다. 뿐만 아니라 백성들의 생업을 위해 "구직(九職)으로써 만민에게 직분을 맡기는"[400] 역할도 수행한다. 구직(九職)은 ① 삼농(三農)이니 구곡(九穀)을 생산하게 한다. ② 원포(園圃)이니 초목을 기르게 한다. ③ 우형(虞衡)이니 산택(山澤)의 재목을 생산하게 한다. ④ 수목(藪牧)이니 새와 짐승을 기르게 한다. ⑤ 백공(百工)이니 팔재(八材)를 다듬어 만들게 한다. ⑥ 상고(商賈)이니 물화(貨賄)를 널리 통하게 한다. ⑦ 빈부(嬪婦)이니 실과 삼을 다듬게 한다. ⑧ 신첩(臣妾)이니 소재(疏材)를 거두게 한다. ⑨ 한민(閒民)이니 일정한 직분이 없는 자를 옮겨서 일을 잡게 한다.

특히 구직 중에서 백공(百工)이 팔재(八材)를 다듬어 만들게 한다는 항목에 대해서는 『삼봉집』에 자세하게 기술되어 있다. 금공(金工)은 병기 중에서 갑옷, 투구, 칼, 창 그리고 솥과 가마와 같은 물건을 만들고, 옥공(玉工)은 옥과 패와 같은 의복의 장식품을 조각하여 만든다. 석공(石工)은 돌을 가지고 섬돌과 초석을 놓고, 목공은 나무를 가지고

---

400) 『周官新義』 卷1, 天官1. 『三峰集』 卷9, 經濟文鑑 上, 宰相.

집을 짓고 배와 수레를 제작한다. 가죽 다루는 공장(工匠), 기와 굽는 공장, 실을 만드는 공장, 그림 그리는 공장 등도 백성들의 실생활의 측면에서는 모두 절실한 것이며 없어서는 안 될 것들이다. 당우(唐虞) 시대의 태평한 왕도정치도 도(道)의 추상성을 궁구하여 획득한 결과물이 아니라 "백료(百僚)가 서로 배우며 일하고, 백공(百工)이 때를 맞추어 사철을 따라 일하여 여러 일이" 조화롭게 이루어져서 "이것이 당(唐)·우(虞)의 정치가 융성하게 된 소이"[401]라고 판단하고 있다.

교량과 왕도

삼봉은 『맹자』의 이루하(離婁下)에 있는 "10월에 작은 다리가 이루어지고, 12월에 수레가 다닐 다리가 이루어지면 백성들은 물을 건너는 일에 근심하지 않을 것이다"[402]라는 구절을 인용하여 "국가를 가진 사람은 교량을 놓아서 왕래를 통하게 하는 것이 또한 왕도정치의 일단인 것"[403]이라고 주장한다. "하천을 뚫고 제방을 쌓는 일은 사람들에게 이익을 주는 것이 매우 크므로"[404] 정치 지도자는 백성들이 왕래하고 수레가 다닐 교량을 건설하여 백성들이 물을 건너는 일에 근심하지 않도록 해야 한다. 그것이 곧 왕도정치를 행사하는 선제조치에 해당하기 때문이다. 이는 교량을 건설하는 패도적 실용정치가 곧 왕도정치의 토대를 제공한다는 것을 함의하고 있다 하겠다.

---

401) 『三峰集』 卷14, 朝鮮經國典 下, 憲典, 職制.

402) 『三峰集』 卷14, 朝鮮經國典 下, 工典, 橋梁. 『孟子』 離婁下 원문에는 10월이 아니라 11월로 되어 있다. "歲十一月 徒杠成 十二月 輿梁成 民未病涉也"

403) 『三峰集』 卷14, 朝鮮經國典 下, 憲典, 橋梁.

404) 『三峰集』 卷14, 朝鮮經國典 下, 憲典, 河防. 조선시대 주요 정치현안이며 민생문제였던 청계천 준천(濬川)을 통해 민본사유를 고찰한 논문으로는 조광권, 「조선왕조 준천(濬川)과정에 나타난 위민(爲民)담론 분석」, 한국학중앙연구원 한국학대학원 박사학위논문, 2004 참조.

창고와 왕도

삼봉의 경제사상은 민본주의를 토대로 국력과 민력(民力)을 통일시키는 데 있다. 그는 "나라는 백성을 근본으로 삼고, 백성은 먹을 것을 하늘로 삼는"[405] 존재이므로 먼저 "백성들의 식생활을 풍족하게 해 주어야 한다"[406]는 입장이다. 이를 근거로 수구적 귀족세력의 대토지 소유를 혁파하는 토지개혁과 농업생산력의 증대, 나아가 그것을 토대로 자작농의 확대 창출에 치열한 관심을 기울이고 있다. 따라서 삼봉에 있어서 "농사는 만사의 근본"[407]이 된다. 농사는 토지를 이용하는 것인 만큼 삼봉이 토지제도에 관심을 기울인 것은 당연하다. 삼봉은 고려 말 피폐한 생활상이 토지제도 문란에서 유래한 것으로 파악한다.

> 토지제도가 무너지면서 호강자(豪强者)가 남의 토지를 겸병하여 부자는 밭두둑이 잇닿을 만큼 토지가 많아지고 가난한 사람은 송곳 꽂을 땅도 없게 되었다. 그래서 가난한 사람은 부자의 토지를 차경(借耕)하여 일 년 내내 부지런하고 고생하여도 식량은 오히려 부족하였고 부자는 편안히 앉아서 손수 농사를 짓지 않고 용전인(傭田人)을 부려서도 소출의 태반을 먹었다. 국가에서는 팔짱을 끼고 구경만 하고 그 이득을 차지하지 못하니 백성이 더욱 곤궁해지고 국가는 더욱 가난해졌다.[408]

즉 토지겸병과 차경제(借耕制)는 백성을 가난하게 만들고 국가 또한 가난하게 만든다는 것이다. 국가가 "백성을 편안하게 하는 방도를 갖지 못하자 더러는 굶주림과 추위에 죽기도 하고", "호부의 집에 꺾

---

405) 『三峰集』 卷13, 朝鮮經國典 上, 賦典, 蠲免.

406) 『三峰集』 卷13, 朝鮮經國典 上, 賦典, 蠲免.

407) 『三峰集』 卷13, 朝鮮經國典 上, 禮典, 耤田.

408) 『三峰集』 卷13, 朝鮮經國典 上, 賦典, 經理.

이어 들어가기도 하고 권세가에 의탁하기도 하였다. 그밖에 혹은 공업이나 상업을 하기도 하고, 혹은 도망하여 중이 되기도 해서 전인구의 10분의 5~6이 호적에서 빠져나가"[409] 토지제도의 근간이 흔들리고 있는 실정이다. 따라서 정도전이 주장하는 토지제도의 개혁은 사전(私田)의 혁파를 골간으로 한다. "옛날에는 토지를 관에서 소유하여 백성에게 주었기" 때문에 "백성은 빈부나 강약의 차이가 그다지 심하지 않았으며, 토지에서의 소출이 모두 국가에 들어갔으므로 나라도 역시 부유했다"[410]는 것이다. 삼봉의 말처럼 여기에는 인구조사가 전제가 됨은 물론이다. 그는 "나라의 빈부는 백성이 많고 적은 데 달려 있고 부역의 균등은 인구의 수효를 세밀하게 파악하는 데 달려 있다"[411]고 말한다.

요컨대 국가에서 인구수를 계산하여 토지를 나눠주고 지주의 수취를 막아 부역을 균등하게 하면 백성들은 부유해지고 국가 역시 부세가 증가하여 국가재정도 건실해질 수 있다는 주장이다. 이것은 곧 토지제도의 개혁과 부역의 균등, 민생의 안정과 부국(富國)은 일체의 양 측면[412]을 이루고 있기 때문이다. 그래서 삼봉은 "농사와 양잠은 의식의 근본이니 왕도정치의 우선이 되는 것"[413]이라고 하여 다음과 같이 『관자』를 빌려 설명한다.

---

409) 『三峰集』 卷13, 朝鮮經國典 上, 賦典, 版籍.

410) 『三峰集』 卷13, 朝鮮經國典 上, 賦典, 經理.

411) 『三峰集』 卷13, 朝鮮經國典 上, 賦典, 版籍.

412) "민본이 없는 부국강병은 '법가'적인 것으로 그 자체가 목적으로 되어 버리고, 부국강병 없는 민본이라는 것도 공허한 것이다"라면서 이것은 "유자+순리/도덕성+경세성/수기+치인/인간+제도라는 일련의 사상적 구조를 구축하는 것"이라고 말한다. "따라서 이 두 가지는 상호 순환적이고, 일체의 양 측면을 나타내는 것으로 구도 지워진다." 박병련, 앞의 글, pp.132~133.

413) 『三峰集』 卷13, 朝鮮經國典, 賦典, 農桑.

농사와 양잠의 장려를 으뜸으로 삼을 것을 강조하여 그 근본을 돈
독히 하고 그 실속을 취하게 하였으니, 장차에는 의식생활이 넉넉
해져서 염치를 알게 될 것이며 창고가 가득 채워져 예의가 진흥됨
을 볼 것이다. 태평의 성업이 여기에 바탕을 두는 것이다.414)

"관자는 창고가 가득 차 있어야 예절을 안다"415)고 했듯이, 태평의
성업은 농사와 양잠으로 창고를 실속 있게 가득 채우는 일부터 시작
된다. 그래서 "창름과 부고는 국가에 관계되는 바가 실로 중요한
것"416)이며, "창고가 가득 차 있느냐, 비어 있느냐 하는 것은 저장 관
리를 신중히 하느냐, 못하느냐와 수입을 헤아려서 지출을 하느냐 안
하느냐에 달려 있는 것이다."417) 창고관리의 중요성을 설파한 삼봉은
"나라에 3년간 쓸 저축이 없으면 그 나라는 나라가 아니다"418)고 단
언한다. 본래 정치란 백성들의 의식을 풍족하게 하는 데 있기 때문이다.

사방 물건 서강으로 폭주해 오니	四方輻湊西江
거센 파도를 끌어가네	拖以龍驤萬斛
여보게 썩어가는 창고의 곡식보소	淸看紅腐千倉
정치란 의식의 풍족에 있네	爲政在於足食419)

이처럼 창고를 가득 채워 백성들의 의식을 풍족하게 하고 예의염
치를 진흥시키는 태평한 정치를 하기 위해서는 "중앙에 사농관을, 지
방에 권농관을 두어 백성들의 부지런함과 게으름을 조사하여 부지런

---

414) 『三峰集』 卷13, 朝鮮經國典, 賦典, 農桑.

415) 『三峰集』 卷14, 工典, 倉庫.

416) 『三峰集』 卷14, 工典, 倉庫.

417) 『三峰集』 卷14, 工典, 倉庫.

418) 『三峰集』 卷14, 工典, 倉庫.

419) 『三峰集』 卷1, 六言絶句, 西江漕泊.

한 사람은 장려하고 게으른 사람은 징계하게 하였으며, 풍기를 맡은 관리로 하여금 그들의 직책 수행 여부를 조사하여 잘하는 사람은 승진시키고 잘못한 사람은 폐출시키게"420) 하였다. 또한 "선왕이 공상세를 제정한 것도 말작(末作, 工商業)을 억제하여 본실(本實, 농업)에 돌아가게 하기 위함이었다."421)

만약 기근이나 천재지변이 발생한다면 국가의 책임은 더욱 커진다. "기근이 일게 되면 백성을 다스리는 책임을 가진 사람은 그냥 앉아서 보기만 하고 이를 구제하지 않을 수"422) 없다. "만약 흉년이 들면 의창의 곡식을 모두 풀어서 빈민을 진휼하고, 풍년이 든 다음에 역시 원본만을 회수하여 장기간 이런 일을 계속할 수 있도록 비축해 둔다. 이렇게 하면 기근이 들어도 백성에게 피해가 가지 않고, 풍년이 들어도 농민을 해치지 않으며, 곡식은 곡식대로 항상 비축되어 있으면서 백성들은 굶어 죽는 일이 없게 된다. 이것이야 말로 가장 좋은 법"423)이라고 말한다.

3. 왕패관과 법전

1) 육전체제와 조선경국전

고려왕조에서는 통일된 종합법전이 존재하지 않았다. 고려 태조는 "예악을 갖출 겨를이 없어"424) 통일된 전장제도를 제정하지 못했다.

---

420) 『三峰集』 卷13, 朝鮮經國典, 賦典.

421) 『三峰集』 卷13, 朝鮮經國典, 賦典.

422) 『三峰集』 卷13, 賦典, 義倉.

423) 『三峰集』 卷13, 賦典, 義倉.

그래서 "왕씨의 세대에는 문장, 제도를 중화(中華)에서 본받았으나 토속(土俗)에는 아직 다 변하지 않은 게 있었다."[425] 여말선초(麗末鮮初) 사대부들은 통일된 전장제도가 부재한 고려체제에 대해 "주례의 육전방식"을 "일종의 이념적 표상과 원리성"[426]으로 하고, "정치와 관제 개혁의 원칙으로 육전체제(六典體制)"[427]를 참조모델로 하여 조선의 국가경영체제를 구상한다. '육전체제'라는 제도적 시각으로 국가경영체제의 취약성을 도출하고 대안을 모색한다. 이러한 문제의식과 질문체계에 의해 산출된 첫 결과물은 김지(金祉)의 『주관육익(周官六翼)』이었고, 삼봉의 『조선경국전』으로 집약되었다.

> 삼대시대에는 손익(損益)이 있어 아무리 법을 달리했지만 그것은 시기일 뿐, 도(道)에 있어서는 서로 같지 않은 것이 없었다. 주관(周官), 주례(周禮), 직방(職方)의 글에서 이를 상고할 수가 있다. 진관(秦官)이 오직 옛것을 버리고 자기만을 높이니 여기에서 주(周)나라 제도가 없어지고 말았다. …… 百司와 모든 府에 대하여 능히 그 관리를 두게 된 까닭을 탐지하여 힘써 행하는 자는 드물다. 金君 敬叔은 그렇게 된 것을 깊이 탄식하여 六房을 강(綱)으로 삼고 각각 그 일을 분류하여 조목을 만들어서 벼슬에 있는 자로 하여금 모두 그대로 지켜 나아가서 마땅히 해야 할 일을 다 할 것으로 생각했다.[428]

이색은 김지가 지은 『주관육익』의 서문에서 위와 같이 말하여 육방, 즉 육전체제를 벼리로 삼아 국가경영체제를 구상하는 일에 대해

---

424) 『三峰集』 卷12, 經濟文鑑 別集 下, 太祖.

425) 『三峰集』 卷14, 朝鮮經國典 下, 憲典, 儀制.

426) 김인호, 「여말선초 육전체제의 성립과 전개」, 『동방학지 118』(연세대학교 국학연구원, 2002). p.3.

427) 윤훈표 · 임용한 · 김인호, 『경제육전과 육전체제의 성립』(서울: 혜안, 2007). p.130.

428) 李穡, 『牧隱文藁』 卷9, 周官六翼序. "三代損益雖名異 軌時而已 道罔不同 周官 周禮職方之書 粲然可攷 秦官 惟古是去 惟已是尊 周制於是蕩然矣 …… 至於百司庶府 能探設官之故 而力行者盖寡 金君敬叔深慨其然 以六房爲綱 各以其事 疏之爲目 俾居官者咸有所遵守 思盡其所當爲"

책 이름을 "주관육익"이라 명하고 매우 긍정적인 취지 부여와 함께 공감을 표하고 있다. "이는 정치적으로 대립하는 정도전, 조준 등의 급진개혁파 사대부들과 비슷한 문제의식이라고 할 수 있다."[429] 특히 이색이 말하는 손익론(損益論)은 "삼봉이 조선의 일대지제(一代之制)를 구상할 때 의거했던" "손익론"과 그 맥을 같이 하고 있다."[430] 손익론은 현실적인 정치 환경을 고려하여 실정에 맞게 최적화(最適化, Optimization)하는 작업이다. 삼봉은 손익론에 의거하여 그 시대에 맞는 제도를 궁구하고 있다.

> 의제는 등위를 밝히고 상하를 구별하기 위한 것이니 예 중에서도 큰 것이다. 그러나 인혁(因革)과 손익(損益)에는 또한 반드시 시대에 따라서 변하게 된다. 그러므로 한 시대가 흥하면 반드시 그 시대에 맞는 제도가 만들어지게 된다.[431]

조준의 문제의식 또한 주례의 육전체제를 기반으로 하고 있다. "6부는 백관의 근본이며 정치사업의 원천"[432]이라고 주장하며 다음과 같이 시정에 대해 조목조목 진술하고 있다.

> 주례천관(周禮天官)에 의하면 총재(冢宰)는 1명의 경(卿)으로서 임명하여 나라의 六典을 장악하고 왕을 도와서 나라를 다스리며 사도(司徒) 이하는 각각 자기 직분을 가지고 총재에게 소속됩니다. 그리고 6경의 속관(屬官)이 또 360명이 있습니다. 그러므로 360명의 속관이 6경에 통솔되고 또 6경은 총재에 통솔됩니다. 관직의 증감과 명의의 유래는 각 왕조에 따라서 각이한 바가 있었으나 대체로

---

429) 윤훈표 · 임용한 · 김인호, 앞의 책, p.133.

430) 최상용 · 박홍규 지음, 앞의 책, p.144.

431) 『三峰集』 卷14, 朝鮮經國典 下, 憲典, 儀制.

432) 『高麗史』 118, 列傳31, 趙浚條.

이 6부의 범위를 벗어나지 않았습니다. …… 그러나 법이 오래 되니 폐단이 생기어 정무를 담당한 자는 인물을 선발할 줄 몰랐으므로 관리 등용에 무절제하였으며 군부(軍簿)를 장악한 자는 군대의 정원에 관한 규정을 준수하지 않았으므로 군비가 해이해졌습니다. 심지어 인구와 호수의 증감, 재물과 양곡의 재고량, 문란한 재판, 도적의 방임 등에 대하여 판도사(版圖司)와 전법사(典法司)에서는 어찌될 줄을 전연 모르고 있으며 예의사(禮儀司)는 예법에 대하여, 전공사(典工司)는 공장(工匠), 영조(營造)에 대하여 과연 그 직무상 성과를 올리고 있는지 알 수 없습니다.[433]

조준은 정치적 현실의 문제를 육전체제를 제도적 기반으로 하여 진단하고 도출하고 있다. 김운태는 "조준의 진시무(陳時務)는 장문으로 진술되었으나 고려조의 행정실태와 6부에 대한 가장 중요한 자료"[434]라고 언급한 바 있다. 정총이 지은 『조선경국전』 서문에도 육전체제에 대한 문제의식이 잘 나타나 있다.

육전이 지어진 지 오래다. 주례 천관(天官) 대재(大宰)를 상고하면 다음과 같다. 첫째는 치전이니, 방국을 다스리고 관부를 다스리며 만민을 다스린다. 둘째는 교전이니, 방국을 편안하게 하고 관부를 가르치며 만민을 교훈한다. 셋째는 예전이니, 방국을 화평하게 하고 백관을 통합하여 만민을 화합하게 한다. 넷째는 정전이니, 방국을 평정하고 백관을 바르게 하며 만민을 고르게 한다. 다섯째는 형전이니, 방국을 힐문하고 백관을 형벌하며 만민을 규찰한다. 여섯째는 사전이니, 방국을 부유하게 하고 백관을 부리며 만민을 기른다. 치는 이, 교는 호, 정은 병, 사는 공인 것이다. 예부터 그 후로 천하 국가의 치란과 흥망은 뚜렷하게 상고할 수 있다. 치흥(治興)하게 된 것은 육전에 밝았기 때문이고, 난망(亂亡)하게 된 것은 육전에 어두웠기 때문이다. 고려 말기에는 정치 교화가 무너지고 기강이 퇴폐하여 이른바 육전이란 것은 이름만 있고 실속은 없었다. 뜻

---

433) 『高麗史』 118, 列傳31, 趙浚條.

434) 김운태, 『高麗 政治制度와 官僚制』(서울: 박영사, 2005). p.53.

있는 인사들은 주먹을 불끈 쥐고 탄식한 지 이미 오래다. 난세가
극도에 달하면 치세가 돌아오는 것은 필연적인 이치다.[435]

　정총은 육전을 기준으로 치세와 난세를 판단하고 있다. 육전이라
는 이름과 실속이 일치해야 치세를 달성할 수 있다는 논리이다.
　삼봉은 또한 "신우는 주색에 빠지고 포악한 짓을 하였으며, 신창은
또한 혼매(昏昧)하고 유약"[436]했으며, 공양왕은 "정사가 패란하여 인
심이 저절로 이탈되고 천심이 저절로 가버렸다"[437]고 평가하고 있다.
삼봉은 고려체제로 인정(仁政)을 구현할 수 없음을 확인하고「정보위」
와 육전체제의 이원적 체제를 통해 정치적 비전을 실현시키고자
『조선경국전』을 구상하고, "주(周) 육관(六官)의 이름을 모방하여 조선
일대의 법전을 세웠다."[438]『조선경국전』은『주례』의 시스템을 따라 6
전 체제를 갖추었다. 삼봉뿐만 아니라 조준, 이색, 정총 등이 체제개
혁의 이념적 모델로서 차용하고 있는 "주관은 유교가 가장 성행했던
시대에 태어났지만 그 기본적 철학은 지극히 법가적이다."[439] "그런
의미에서 조선 최초의 법전은 1394년(태조3) 정도전이 편찬한『조선
경국전』"[440]이라 말할 수 있을 것이다. 그러나 "주관은 근원적으로
인민의 삶을 제도적 장치를 통해 철저히 통제하려 한다. 인민의 통제
의 효율적 방법이 막연한 도덕적 규범이 아니라 구체적 제도, 즉 관
의 질서를 통해서만 가능하다는 주관의 기본철학을 삼봉은 날카롭게

---

435) 『三峰集』卷14, 朝鮮經國典 下.
436) 『三峰集』卷12, 經濟文鑑 別集 下, 恭讓王.
437) 『三峰集』卷12, 經濟文鑑 別集 下, 恭讓王.
438) 『三峰集』卷3, 撰進朝鮮經國典箋.
439) 김용옥, 앞의 책, p.35.
440) 윤훈표 · 임용한 · 김인호, 앞의 책, p.163.

간파하고 수용했던 것이다."441) 삼봉이 정치적 비전으로 설정하고 있는 인정은 주관의 제도적 통제만으로 실현되는 것이 아니다. 그래서 "삼봉은 주관이 지나치게 제도를 통해서만 인간의 문제를 지배하려는 생각에 찬동하지 않는다. 보다 인간적인 인의 질서, 보이지 않는 사회의 도덕질서가 제도의 배면에 깔려 있지 않다면, 아무리 위대한 질서라도 그 효용을 발휘할 수 없다"442)고 주장한다. "『조선경국전』은 처음부터 법전편찬을 위한 육전체제의 항목과 분류를 위해 만들어진 책이라고 할 수 있"443)지만, 주관의 취약성을 참작하고 조선의 현실에 맞는 살아 있는 해석을 통해 "유가와 법가의 철학을 창조적으로 결합"444)한 측면이 강하다. 이는 유법(儒法)이 융합된 법전으로 인정(仁政)을 실현하려는 의도가 짙다고 생각된다.

국가경영 치도관의 시각으로 『조선경국전』의 체계를 살펴본다면, 『조선경국전』은 군주의 인정을 실현하기 위해서 군주와 관료의 직분(職分)으로 구분된 이원적인 체제로 구성되어 있다. 「정보위(正寶位)」는 군주에, 육전체제는 관료의 직분으로 분장(分掌)되어 있다. 때문에 삼봉의 국가경영 치도관에 의한 체제 기획의 시각에서 본다면 육전체제의 핵심은 재상으로 설정된다. 군주에 대해서는 『조선경국전』 「정보위」에서 "『주역』에 성인의 보배는 위(位)요, 천지의 큰 덕은 생(生)이니 무엇으로 위(位)를 지킬 것인가? 바로 인(仁)이다"445) 하면서 주역적 사유체계를 통해 군주의 위(位)를 설명한다. 김용옥이 지적한

---

441) 김용옥, 앞의 책, p.35.

442) 같은 책, p.35.

443) 윤훈표 · 임용한 · 김인호, 앞의 책, p.162.

444) 김용옥, 앞의 책, p.35.

445) 『三峰集』 卷7, 朝鮮經國典 上, 正寶位.

것처럼 삼봉은 주역 계사(繫辭)의 원문, 즉 '천지지대덕왈생(天地之大德曰生)'과 '성인지대보왈위(聖人之大寶曰位)'로 대비되는 병문(騈文)의 원문구조를 변형시켜 성인을 천지보다 앞세워 중국 고전을 창조적으로 재해석하고 있다. "삼봉이 말하는 천지는 죽은 천지가 아니요, 살아있는 천지다. 유기체적 우주(organic universe)인 것이다."[446]

> 대개 군주는 머리요, 재상은 군주를 위하여 가부를 결정하니 군주의 배와 마음이며, 대간과 감사는 군주를 위하여 규찰하니 군주의 귀와 눈이다. 부위를 호위하는 것과 수령이 군주의 교화를 널리 전파하는 것은 군주의 손톱과 어금니요 팔다리가 아니겠는가. 사람이 그 몸의 한 부분을 폐한다면 사람이 아니요, 나라가 그 한 관청을 폐한다면 나라가 아닐 것이다.[447]

이때의 성인은 인정을 실현시켜야 하는 정치적 위상을 가진 군주이다. 재상은 격군(格君)과 육전체제의 운영 등을 통해 군주를 보좌해야 한다. "유기체로서의 정치체제"[448]를 유지해야 하기 때문이다.

2) 대명률직해와 조선경국전의 헌전

삼봉이 윤색한 『대명률』은 당률(唐律)을 표본으로 하고 약간의 증손보정을 가한 것으로 당률과 대동소이한 것이다. 당률은 그 원천을 주례에 소급할 것이나 『당률의서』에 의하면 "당에서 시작해서 율이 있는 것이 아니라 위문후에서부터 이회를 스승으로 삼아 『법경육편

---

446) 김용옥, 앞의 책, p.41.

447) 『三峰集』 卷10, 經濟文鑑 下.

448) 최상용 · 박홍규 지음, 앞의 책, p.134.

(法經六篇)』을 짓고 한나라 소하에 이르러 세 편을 더해서 총칭해서 구장률이라 부르게 되었다"라고 기술하여 당률은 위문후(戰國時代) 시대의 『법경육편』을 그 근원으로 치고 진(秦), 한(韓), 북주(北周), 후제(後齊)를 거쳐 당(唐)에서 대성(大成)하였다[449]고 『대명률직해』 해제에서 설명하고 있다.

『대명률』은 당률을 다시 수정 보완한 것이니[450] 이회[451]는 각국의 법률을 수집, 종합하여 법경 6편을 편찬하였는데 이것은 중국에서 최초의 법전 편찬이었다.[452] 그런데 『진서』 형법지(刑法誌)에 보면 이회의 법경 6편은 진(秦)의 상앙에게 전수되어 육률(六律)로 개정되어 진나라 법치시행의 기반이 되었으며 한(漢)나라 승상 소하(蕭何)는 다시 상앙이 제정한 육률을 기반으로 구장률(九章律)을 만들고 이 구장률은 다시 위(魏), 진(晋) 왕조에 전수되었다는 기록이 있다.[453] 이러한 대명률에 대해 삼봉은 "어리석은 백성들이 잘 모르고 금법을 어기는 일이 있을까 염려해서 주무관청에 명하여 『대명률』을 방언으로 번역케 해서 대중으로 하여금 쉽게 깨우치게"[454] 하였으며 당성(唐誠)[455]과 함께 윤색에 참여하고 있다.[456] 『대명률』을 윤색하면서 "『대명률』의 총목을 참용하여 헌전의 여러 편을 지었다"[457]고 밝힌 바 있다. 조선 도덕

---

449) 법제처 편찬, 『大明律直解』(서울: 서울인쇄주식회사, 1964). 解題. p.14.

450) 같은 책, p.14.

451) 이회는 일명 이극(李克)이라고 하며 전국시대 활동한 인물로 이회와 이극이 각기 다른 인물로 인식되어 왔으며 동일인물 여부에 대한 논란이 있어 왔는데 전목의 고증에 의하여 이회와 이극이 같은 인물로 밝혀졌다. 자세한 내용은 이춘식, 『춘추전국시대의 법치사상과 세·술』(서울: 아카넷, 2002). p.75 참조.

452) 같은 책, p.85.

453) 같은 책, p.85.

454) 『三峰集』 卷14, 朝鮮經國典, 憲典, 總序.

455) 중국 강절 출신, 『太宗實錄』 13년 11월 3일(己卯). 당성의 졸기. 당성은 율령에 밝았다고 설명하고 있다.

456) 법제처 편찬, 앞의 책, p.558.

의 종주로 추앙된 정몽주 역시 "공양왕 4년에 『대명률』이 들어왔는데 시중 정몽주는 공양왕 4년 대명률(大明律)과 지정조격(至正條格),[458] 본조의 법령을 한데 모아 찬술한 '신률(新律)'을 제출"[459]했다는 기록이 있다. 또한 태조 이성계는 즉위교서에 무릇 공사의 범죄는 반드시 『대명률』에 의해 판결할 것을 지시하고 있다.[460]

『조선경국전』의 「헌전(憲典)」과 『대명률직해(大明律直解)』는 거의 같은 구조와 항목으로 구성되어 있다.

〈표 Ⅲ-4〉『조선경국전』「헌전」과 『대명률직해』 대비표

구분	『朝鮮經國典』「憲典」	『大明律直解』	비고
1	總序		『朝鮮徑國典』에만 있음
2	名例	名例律	
3	職制	吏律 職制	
4	公式	吏律 公式	
5	戶役	戶律 戶役	
6	戶役	田宅	호역에 배치
7	戶役	婚姻	『朝鮮經國典』「禮典」과 호역의 세 번째 항목으로 배치되어 있음
8	戶役	倉庫	『朝鮮經國典』「禮典」과 호역의 네 번째 항목으로 배치되어 있음
9	戶役	課程	課程의 鹽法이 賦典에도 있고, 호역의 다섯 번째 항목으로 배치
10	戶役	錢債	호역의 여섯 번째 항목에 배치
11	戶役	市廛	호역의 일곱 번째 항목에 배치

---

457) 『三峰集』 卷14, 朝鮮經國典, 憲典.

458) 한국학중앙연구원 편, 『至正條格(영인본·교주본)』(서울: 휴머니스트, 2007). 『지정조격』은 원나라에서 간행된 법률 서적으로 간행된 지 얼마 되지 않아 고려에 전래되어 각종 법령의 참고서가 되었다. 『지정조격』은 2002년 경주 월성손씨 종가에서 발견되었다. 한국중앙연구원, 『13~14세기 동아시아 법과 사회』(성남: 한국학중앙연구원, 2007) 참조.

459) 『增補文獻備考』 卷135, 刑考, 刑書補. 『高麗史』 列傳, 卷117, 鄭夢周傳. "四年 鄭夢周取大明律至正條格本朝法令參酌册定 撰新律以進"

460) 『太祖實錄』 元年 7월 28일(丁未).

12	祭祀	禮律 祭祀	
13	儀制	禮律 儀制	
14	宮衛	兵律 宮衛	
15	軍政	軍政	
16	關津	關津	
17	廐牧	廐牧	
18	郵驛	郵驛	
19	盜賊	刑律 盜賊	
20	人命鬪毆	人命	
21		鬪毆	
22	罵詈訴訟	罵詈	
23		訴訟	
24	受贓詐僞	受贓	
25		詐僞	
26	犯奸	犯奸	
27	雜犯	雜犯	
28	捕亡斷獄	捕亡	
29		斷獄	
30	營造	工律 營造	
31	河防	河防	
32	後序		『朝鮮徑國典』에만 있음

　법의 총칙을 말하는 명례(名例)[461]의 내용 중에 오형, 즉 태(笞), 장
(杖), 도(徒), 유(流), 사(死)에 대해서『삼봉집』,『조선경국전』「헌전」과
『대명률직해』의 내용도 동일하게 구성되어 있다.[462] 또한 "인도(人道)
의 큰 윤리"로서 "만약 이것을 범한 사람이 있으면 대악(大惡)이라고
불러서 왕법에 의해 반드시 주륙해야"[463] 하는 모반(謀反), 모대역(謀
大逆), 모반(謀叛), 대불경(大不敬), 악역(惡逆), 불효(不孝), 불목(不睦), 부

---

461) 법제처 편찬, 앞의 책, p.113. 법의 총칙을 말한다. 名은 五刑의 죄명, 例는 五刑을 적용하는 法例라는
　　뜻이다.

462) 『三峰集』朝鮮經國典 下, 憲典.『大明律直解』, 名例律.

463) 『三峰集』朝鮮經國典 下, 憲典, 名例.

도(不道), 불의(不義), 내란(內亂) 등의 십악(十惡)의 내용 구성 역시도 동일하다.464) 뿐만 아니라 "은혜를 가지고 죄를 논하는 경우도 있고 의리를 가지고 죄를 논하는 경우도 있는"465) 의친(議親), 의고(議故), 의공(議功), 의현(議賢), 의능(議能), 의근(議勤), 의귀(議貴), 의빈(議賓) 등의 팔의(八議)466)도 역시 동일하다.467)

『조선경국전』「헌전」과 『대명률직해』의 구조상 유사성으로 볼 때 삼봉이 『대명률』을 윤색하면서 법가적인 『대명률』의 사상적 요소를 수용하고 있음을 알 수 있다. 또한 명례(名例), 십악(十惡), 팔의(八議)처럼 세부적인 내용까지 받아들여 『조선경국전』의 중요 항목으로 구성하고 있다. 이러한 사실로 미루어 볼 때 삼봉의 왕패관 속에는 상앙, 오기, 소하 등의 사상적 영향과 법가적 사유가 침윤되어 있음을 알 수 있다. 삼봉은 법이 있어야 인정의 실상을 보게 할 수 있고, 정치비전으로서 인정과 왕도적 질서를 더 잘 실현시킬 수 있다는 입장이다. 특히 "「헌전」은 육전 가운데 하나지만 나머지 5전은 모두 이 「헌전」에 힘입어서 이룩되지 않는 것"468)이 없을 뿐 아니라 "「헌전」만은 그 어느 것에도 들어 있지 않은 데가 없으니 정치를 보좌하는 법이 「헌전」만큼 구비된 것이 없다"469)고 본다. 이런 측면에서 「헌전」은 6전 체제의 5전을 뒷받침하여 군주의 인정을 실현할 수 있는 정치적 보좌

---

464) 『三峰集』 朝鮮經國典 下, 憲典.『大明律直解』, 名例律.

465) 『三峰集』 朝鮮經國典 下, 憲典, 名例.

466) 법제처 편찬, 앞의 책, pp.122~123. 名例律註解에 따르면, 팔의(八議)는 犯罪한 때에 嚴封한 문서로서 왕에게 奏聞하여 왕의 뜻을 받아서 처리해야 하고 함부로 구인 심문하지 못하는 八種의 階級. 이 제도는 周禮의 八辟에 유래한다.

467) 『三峰集』 朝鮮經國典 下, 憲典.『大明律直解』, 名例律.

468) 『三峰集』 卷14, 朝鮮經國典 下, 憲典, 後序.

469) 『三峰集』 卷14, 朝鮮經國典 下, 憲典, 後序.

의 중심이 되는 전(典)이라고 할 수 있다. 그래서 『조선경국전』은 군주의 인정을 제시한 「정보위(正寶位)」와 이를 보좌하는 「헌전(憲典)」은 왕경패권(王經覇權)의 이중적인 구조를 띠고 있다 하겠다.

제IV장

삼봉의 왕패론적 재상정치

1. 군주와 재상

1) 군주의 위상과 역할

국가경영의 치도관의 시각에서 볼 때 "인군의 위(位)는 존엄하고도 존엄하며, 귀하고도 귀하다."[470] 이런 까닭으로 "조정은 존엄을 주로 하기 때문에 인군은 높고 신하는 낮은 것이며 인군은 명령하고 신하는 그를 시행"[471]한다. 군주는 "신하가 조정에 나아가 군주를 알현하고(朝覲) 회동(會同)을 하여 대위(大位)를 바루고 백관을 통솔하는 것이니, 이것이 곧 조정의 질서"[472]이다. 군주와 신하는 조정의 질서에 따라 군주는 명령하고 신하는 그 명령을 실천해야 하는 정치적 위상이

---

470) 『三峰集』 卷13, 朝鮮經國典 上, 正寶位.

471) 『三峰集』 卷13, 朝鮮經國典 上, 禮典總序.

472) 『三峰集』 卷13, 朝鮮經國典 上, 禮典總序.

확립되어 있다.

삼봉은『경제문감별집(經濟文鑑別集)』에서 정자(程子)가 지은『이천역전(伊川易傳)』을 인용하여 유교적 국가경영자인 군주의 위상과 역할을 설명하고 있다.[473] 군주는 "그 자리를 바르게 하고 덕을 닦아"[474] "만물 위에 뛰어나야"[475] "군도가 군주의 자리(天位)에 존대하게 임하매, 사해(四海)가 따르게 되는 것이니 임금된 분이 천도를 본받아 하면 만국이 모두 편안하게"[476] 된다. 군주가 천하의 평화로운 정치질서를 창출하고 유지하기 위해서는 어떻게 해야 하는가?

"대체로 억조의 대중들은 그들의 사특한 욕심을 부리려는 마음을 가지매, 인군이 힘으로 제지하려고 하여 비록 법을 세밀하게 하고 형벌을 엄중하게 하여도 이겨내지 못한다."[477]

"백성들이란 욕심이 있는 것이어서 이득될 것을 보면 동하게 되는데 만일 가르칠 줄은 알지 못하고 기한(飢寒)에 내몰면 비록 형벌로 죽이기를 날마다 하더라도 억조의 사리(私利)를 탐하는 마음을 이겨낼 수 있겠는가? 성인은 그치게 할 수 있는 도리를 알기 때문에 위엄과 형벌을 숭상하지 않고 정사(政事)와 교화를 닦아서 농상

---

473)『經濟文鑑』別集,「議論」편은 程子의『伊川易傳』에서 총 17개의 항목을 인용하고 있다. 논의의 첫 구절과『이천역전』을 비교해 보면 다음과 같다.
　·『三峰集』議論. "君德首出庶物 乾象曰 首出庶物萬國咸寧 天爲萬物之祖王爲萬邦之宗乾道首出庶物而萬彙亨君道尊臨天位而四海從王者體天之道則萬國咸寧也"
　·『伊川易傳』首出庶物萬國咸寧. "卦下之辭爲象夫子從而釋之通謂之象象者言一卦之義 故知者觀其象辭則思過半矣大哉 乾元贊乾元始萬物之道大也四德之元猶五常之仁偏言則一事專言則包四者萬物資始乃統天言元也乾元統言天之道也 天道始萬物物資始於天也 雲行雨施品物流形言亨也 天道運行生育萬物也大明天道之終始則見卦之六位各以時成卦之初終乃天道終始秉此六爻之時乃天運也 以御天謂以當天運乾道變化生育萬物洪纖高下各以其類各正性命也 天所賦爲命物所受爲性保合太和乃利貞保謂常存合謂常和保合太是以利且貞也 天地之道常久而不已者保合太和也天爲萬物之祖爲萬邦之宗乾道首出庶物而萬彙亨君道尊臨天位而四海從王者體天之道則萬國咸寧也"
474)『三峰集』卷12, 經濟文鑑 別集 下, 議論, "當正其位修其德"

475)『三峰集』卷12, 經濟文鑑 別集 下, 議論, "君德首出庶物"

476)『三峰集』卷12, 經濟文鑑 別集 下, 議論.

477)『三峰集』卷12, 經濟文鑑 別集 下, 議論. "止惡之道在知其本得其要而已"

(農桑)의 업(業)을 가지게 하고 염치의 도리를 알게 함으로써 비록 상을 준다고 해도 도둑질을 하지 않게 하였다."[478]

　평화적인 정치질서는 군주의 위엄과 법과 형벌을 엄중하게 집행하는 것만으로 구축되는 것은 아니다. 평화적인 정치질서를 구축하는 다른 한 축은 백성들의 경제적 삶의 구조 개선과 교육이다. 그것은 백성들이 배고픔과 추위에 내몰리지 않고 도둑질하지 않도록 물질적인 부(富)를 생산하고 축적할 수 있는 항산(恒産)의 생업을 마련하여 인간다운 삶을 영위할 수 있도록 경제적 처방을 해 주는 것이다. 또한 백성들이 인간으로서 지켜야 하는 염치의 도리를 교육시키는 일이다. 그렇다고 군주가 "겸손과 유순만을 숭상해서는 안 되고 반드시 위무(威武)를 같이 쓴 연후에야 천하를 회유하여 복종시킬 수 있다"[479]고 본다. 그렇기 때문에 인군의 도량과 타고난 자질은 뛰어나나 국가적 소요사태와 국가의 멸망을 구하지 못하는 정치적으로 무능한 군주는 결코 바람직한 군주가 아니다.

　한성제(漢成帝)는 조회에 임하여 일할 때에 침착하고 아늑하여 인군의 도량이 있었으나 한 나라가 망하는 데는 아무런 도움도 없었으며, 양무제는 사형수를 대하면 눈물을 흘리면서 음식을 먹지 않아 인자하다는 소문이 있었으나 강남의 난리를 구하지 못하였습니다. 이는 한갓 천질(天質)의 아름다움만 있고 덕정(德政)의 닦음이 없어서입니다. 바라옵건대, 전하께서는 품부의 아름다움을 자부하지 마시고 수양이 이르지 못한 점을 경계하소서. 그러면 덕이 닦여지고 정령이 시행될 것입니다.[480]

---

478) 『三峰集』 卷12, 經濟文鑑 別集 下, 議論. "止惡之道在知其本得其要而已"

479) 『三峰集』 卷12, 經濟文鑑 別集 下, 議論, "威德顯著"

480) 『三峰集』 卷3, 疏, 上恭讓王疏.

삼봉은 한성제와 양무제를 도덕적 품성과 정치적 능력이 반드시 일치하지 않는 대표적 사례로 설명하고 있다. 군주는 "위엄과 덕이 아울러 드러나도록 하며,"481) "성인은 만민에 대하여 인으로써 사랑하고 형으로써 위엄을 보여야"482) 한다. 군주는 정치공동체의 평화적인 질서를 유지하기 위해서는 덕을 닦고 정령을 시행해야 한다.

민본주의 정치이념에 투철한 삼봉은, 군주는 국가의 정치적 구심점이지만 절대권을 가진 전제자가 되어서는 안 된다고 생각했다. 그렇다고 군림하되 통치하지 않는 남면(南面)으로 상징되는 "무위지치(無爲之治)"483)를 이상적인 군주정치로 설정하지도 않은 듯하다.

『삼봉집』에는 태조 즉위 이후 전시책(殿試策)의 책문(策問)에 "소강(小康)"484)을 정치적 비전으로 제시하면서 다음과 같이 질문을 던지고 있다.

> 예부터 임금이 부지런히 힘써서 나라를 얻었고 편안히 놀다가 나라를 잃지 않는 이가 없다. 그러나 다만 부지런할 줄만 알고 부지런히 해야 하는 까닭을 알지 못하면 그 폐단이 까다롭게 따져 살피는 것(苛察)에 그치고 말아 다스림에 도움이 없다는 것이다. 그렇다면 임금이 임금으로서 해야 할 일은 무엇이란 말인가?485)

정치적 비전인 소강(小康)을 달성하기 위해 군주는 무엇을 해야 하는가 질문하고 있다. 어떻게 하면 정치적으로 안락하며(安國), 군사적으로 강하고(强國), 경제적으로 번영하는 국가(富國)를 건설할 수 있는

---

481) 『三峰集』 卷12, 經濟文鑑 別集 下, 議論.

482) 『三峰集』 卷14, 朝鮮經國典 下, 憲典.

483) 『論語』 衛靈公. "無爲而治者 其舜也與 夫何爲哉 恭己正南面而已矣"

484) 『三峰集』 卷4, 策題, 殿試策.

485) 『三峰集』 卷4, 策題, 殿試策.

가를 묻고 있는 것이다.

첫째, 주목할 점은 유교적 국가경영의 정치적 이상을 실현할 군주
는 '생각하는 군주'라는 점이다.

> 천하의 이치는 생각하면 얻고 생각하지 않으면 잃습니다."[486]

> 많은 사람 중에는 지혜롭고 어리석고 어질고 불초한 사람들이 있
> 으며 많은 일 가운데는 시비와 이해가 뒤섞여 있으니 진실로 깊게
> 생각하고 세밀하게 관찰하지 않는다면 어떻게 일의 옳고 그름을
> 변별하여 처리하겠으며, 어떻게 사람의 어질고 어리석음을 알아서
> 쓰고 쓰지 않겠습니까?"[487]

> 나쁜 사람을 가까이 하고 좋지 못한 계책을 세워 끝내 패망에 이르
> 게 되는 것은 생각을 하지 않았기 때문입니다."[488]

군주는 치밀한 정치적 사유를 통해 천하의 이치를 생각하고, 어떤
인물이 어진 사람인지 어리석은 사람인지를 판단하며(知人), 국가적
비전 달성을 위해 인재를 적재적소에 기용(用人)해야 한다. "생각하는
군주"는 국가의 당면과제에 대한 처방책을 도출해 내고 사안의 이해
관계와 옳고 그름도 변별하여 처리하도록 국정을 이끌어야 한다. 군
주가 "조칙을 내리고 지휘를 하게 되니 생각하지 않을 수 없는
곳"[489] 사정전(思政殿)은 그 상징이다.

둘째는 부지런한 군주이다. 삼대의 군주처럼 "인군은 하루도 부지
런하지 않을 수" 없는데, "다만 인군이 부지런해야 한다는 것만 알고

---

486) 『三峰集』 卷4, 記, 思政殿
487) 『三峰集』 卷4, 記, 思政殿
488) 『三峰集』 卷4, 記, 思政殿
489) 『三峰集』 卷4, 記, 思政殿

부지런히 하는 까닭을 알지 못한다면 그 부지런함이 번쇄하고 까다로운 데 흐르고 말므로 볼만한 것이 못될 것이다."490) 군주가 부지런하다는 것은491) 첫째, 아침에는 정사를 처리한다. 둘째, 낮에는 어진 이를 방문한다. 셋째, 저녁에는 조령(朝令)을 만들고, 밤에는 몸을 편히 쉰다. 넷째, 어진 이를 구하는 데 부지런하고 어진 이를 임명하는 데 빨라야 한다. 군주가 부지런히 국정을 수행한다는 것을 좀 더 쉽게 풀어보면 이렇다. 군주가 아침에 조정에 출근하여 각 분야의 국정과제와 현안문제를 점검하고 정책목표와 집행 현황을 확인하는 등 국정전반에 대한 각종 정사를 처리한다. 낮에는 현자나 각 분야의 전문가를 만나 국정에 대해 자문을 받고, 저녁에는 국정수행에 필요한 명령과 백성들이 지켜야 할 규범 등을 검토한다. 또한 초야에 묻혀 있는 어질고 능력 있는 사람을 발굴하여 적재적소에 등용하는데 힘쓰는 것을 의미한다.

이에 대해 삼봉은 삼대의 군주와 한당의 군주들을 구분하여 설명한다. 삼대의 군주인 순(舜)·우(禹)는 "천하의 일이 부지런하면 다스려지고, 게으르면 황폐하게 되는 것은 필연의 이치"492)이므로 부지런히 정사에 임했고, 특히 "아침부터 해가 기울도록 밥 먹을 겨를도 없이 일하여 만백성을 잘 살게 했다. 이것은 문왕의 부지런한 바이다."493) 그렇다고 군주가 만기친람(萬機親覽)하는 권력구조로 파악하고 있지는 않다. 군주는 군주를 중심으로 하는 군주시스템의 최고 정점에 위

---

490) 『三峰集』 卷4, 策題, 勤政殿, 勤政門.

491) 『三峰集』 卷4, 策題, 勤政殿, 勤政門.

492) 『三峰集』 卷4, 策題, 勤政殿, 勤政門.

493) 『三峰集』 卷4, 策題, 勤政殿, 勤政門.

치하는 최고지도자이지만, 각 분야의 일은 전문 관료에게 위임하는 구조이다. "우임금은 나라 일에 부지런하여" "8년 동안을 밖에서 지내며 세 차례 자기 집 문 앞을 지나면서도 들어가지 않고" "홍수와 토지를 다스려서 백성들로 하여금 살 곳을 얻게 하고, 직(稷)으로 하여금 백성들이 농사짓도록 가르치게 하여 백성들이 살아갈 수 있게 하고, 봉건(封建)과 정전(井田)의 경계를 세워 사람들이 다투지 않도록"494) 했다. "순임금은 신하를 다섯 사람 두었으나 천하가 잘 다스려졌다."495) "백성들이 기아로 고생하는 것을 민망히 여겨 기(棄)를 후직(后稷)으로 삼았으며, 오륜이 순조롭지 못한 것을 걱정하여 설(契)을 사도(司徒)로 삼았고," "산천초목을 순조롭게 하는 일은 익(益)을 우(虞)로 삼아"496) 국정과제를 추진하고 있다. 군주는 "자신의 지혜를 마음대로 부리지 말고, 오직 천하의 선(善)을 취하고 천하의 총명한 사람을 임용해야만 두루 되지 않는 바가 없게"497) 된다. "군주는 지성으로 어진 이를 임용하여 그 공(功)을 이루어야 한다."498) "예부터 성왕들이 천하의 곤란을 구제할 적에 성현의 신하가 협조하여 줌으로써 되지 않은 분이 있지 않았으니, 탕왕이나 무왕이 이윤과 여상을 얻은 것이 이것이다........ 비록 현명한 인군이라도 만약 그런 신하가 없으면 곤란에서 구제될 수 없는 것이다."499) 따라서 군주는 "사람들이 자신을 봉양하여 주는 것을 힘입어 천하를 구제하는 것이다.500)

---

494) 『三峰集』 卷11, 經濟文鑑 別集 上, 君道

495) 『論語』 泰伯, 舜有臣五人而天下治

496) 『三峰集』 卷11, 經濟文鑑 別集 上, 君道

497) 『三峰集』 卷12, 經濟文鑑 別集 下, 議論. "不自任其知"

498) 『三峰集』 卷12, 經濟文鑑 別集 下, 議論. "人君至聖任賢以成其功"

499) 『三峰集』 卷12, 經濟文鑑 別集 下, 議論. "濟天下之蹇未有不由聖賢之臣爲之佐"

500) 『三峰集』 卷12, 經濟文鑑 別集 下, 議論. "賴人養己 以濟天下"

그러나 한당(漢唐)의 군주들이 삼대만 못한 것은 "인군으로서 부지런하지 않을 수 없는 것이 이러한데도 편안히 봉양하기를 이미 오래한지라 교만과 안일이 쉽게 생기며, 또 아첨하는 사람들이 그에 따라서 하는 말이, '천하 국가의 일 때문에 나의 정력을 소모시켜 나의 수명을 단축하는 것은 불가하다.' 하고, 또 '이미 숭고한 자리에 있는데 어찌 자기를 낮추고 수고를 해야만 됩니까?' 한다. 거기에 이어서 혹은 여악(女樂)으로, 혹은 사냥으로, 혹은 완호(玩好)로, 혹은 토목(土木)으로써 아첨하여 무릇 황음한 일이라면 말하지 않은 것이 없다."501) 삼대의 군주와 달리 한당의 군주들은 군주 직책의 존엄성에 대한 의식이 희박하며, 국가적인 일의 중대성을 인식하지 못하고, 아첨하는 무리들에게 포위되어 술, 여자, 사냥 등 사적(私的)인 욕망을 충족시키는 황음한 일에 치중하고 있다. 국정을 수행하는 태도가 천하위공(天下爲公)의 자세가 아니라 교만하고 안일한 태도로 국가 대사에 임하고 있다.

셋째는 집중(執中)의 군주이다. 삼봉은 「君道」 편에서 요임금, 순임금, 우임금을 임금의 표상으로 설명하면서, 하늘의 질서인 천도(天道)와 자연의 질서인 지도(地道) 그리고 인간의 질서인 인도(人道)를 중심으로 임금으로서의 직분의 대강을 설명한다. 먼저 "하늘을 공손히 받들어 일·월·성·신을 역(曆)으로"502) 정하여 따른다. 하늘의 질서인 천도는 초인간적이며 초월적인 원초적 질서로서 인간은 주어진 질서에 순응하며 사는 것이 순리이기 때문이다. 둘째, 순임금은 "12주(州)를 비로소 마련하고, 12산을 봉(封)하고, 내를 준설한 것에 이르러서는

---

501) 『三峰集』 卷4, 策題, 勤政殿, 勤政門.

502) 『三峰集』 卷11, 經濟文鑑 別集 上, 君道

곧 지도(地道)"503)를 펼친다. 행정구역을 정비하고, 홍수로 인해 물이 범람하여 백성들이 재산피해나 인명피해 등을 입지 않도록 하천이나 강을 준설하는 등 인간에게 유익한 자연환경으로 개변시켜 나간다. 셋째, 인도(人道)를 실천하는 방법으로 "때에 맞게 일할 사람을 물어 등용"504)하여 정치공동체의 현안문제를 해결할 수 있도록 한다. "예부터 인군이 지성스럽게 낮추고 중정(中正)한 도리로써 천하의 어진 이를 구하여 만나지 못한 이가 있지 않으니"505) 군주는 "유순하고 중정(中正)한 덕으로써 강하고 밝은 인재를 임용"506)하는 것으로 인도를 실천한다. 군주는 마음가짐, 몸가짐을 바르게 하고(修身) 집안을 화목하게 하는(齊家) 등 일상의 질서에서부터 국가의 질서(治國)와 천하의 질서(平天下)에 이르기까지 인도를 확대 실시한다.

이처럼 군주 직책의 대강은 천·지의 시공간적 질서와 수신, 제가, 치국, 평천하의 인간의 질서가 그 중심을 이루고 있다. 역(曆)을 정하여 하늘의 질서에 따르고, 치산치수(治山治水) 등 인간을 둘러싸고 있는 자연환경을 개조하며, 시대정신의 구현과 당면한 민생문제를 해결할 수 있는 인재를 적재적소에 배치하여 일상의 질서에서부터 국가의 질서와 천하의 평화질서를 창출하고 관리하고 유지하며 인간에게 널리 이롭게 하는 일이다. 그것은 요임금이 순임금에게 통치철학의 핵심으로 '중을 잡으라'(執中)고 전했던 한 마디 말에 압축되어 있다. 순임금은 "중을 잡는다(執中)란 한 마디 말은, 위로 요에게서 받아 아

---

503) 『三峰集』 卷11, 經濟文鑑 別集 上, 君道

504) 『三峰集』 卷11, 經濟文鑑 別集 上, 君道

505) 『三峰集』 卷12, 經濟文鑑 別集 下, 議論. "人君至誠降屈 以中正之道求天下而賢未有不遇者也"

506) 『三峰集』 卷12, 經濟文鑑 別集 下, 議論. "人君至誠任賢以成其功"

래로 우에게 전한 것인데 '도심은 은미하고, 인심은 위태로우니, 정밀하고 전일하게 하라.'는 세 마디 말을 더하여 성학(聖學)의 연원을 열어 놓았다."[507] 삼봉은 "어찌 그의 도가 한 때에만 행했을 뿐이라고 하겠는가?"[508] 하며 조선을 개창한 "우리 임금 성덕이 순임금과 같"[509]은 것처럼 집중(執中)의 군주가 계속해서 나타나기를 기대하고 있다. 집중(執中)의 군도(君道)로 소강의 질서에 그치지 않고 "인(仁)을 베풀어 천하로 하여금 그 혜택을 입게 하는 것"이 "왕도(王道)의 위대함"[510]을 드러내는 군주의 역할이라 할 수 있다.

2) 군주의 유형

삼봉은 『경제문감별집』에서 '임금의 마음은 정사(政事)를 해가는 근원'[511]이므로 군주에게 정심(正心)을 요구하였다. 그런데 "인주의 자질에는 어리석은 자질도 있고 현명한 자질도 있으며 강력한 자질도 있고 유약한 자질도 있어서 한결같지 않으니"[512] 역대의 치란(治亂) 및 정사하는 본말을 거론하며 군주의 유형을 몇 가지로 나누어 설명하고 있다.

치세를 불러오는 통치방법은 왕도와 패도로 구분할 수 있다. 왕도

---

507) 『三峰集』 卷11, 經濟文鑑 別集 上, 君道

508) 『三峰集』 卷11, 經濟文鑑 別集 上, 君道

509) 『三峰集』 卷2, 樂章, 文德曲, 我后之德與舜同

510) 『三峰集』 卷12, 經濟文鑑 別集 下, 議論. "王者顯明其比道 天下自然來比"

511) 『三峰集』 卷11, 經濟文鑑 別集 上, 荀子 또한 君道에서 "군자는 다스림의 근원이다. …… 근원이 맑으면 말류도 맑게 되고, 근원이 흐리면 말류도 흐리게 된다(君子者 治之原也 …… 原淸則流淸 原濁則流濁)"라고 하여 정치의 근원은 군주에게 있으므로 군주가 몸과 마음을 바르게 하면 말단적인 것들은 자연히 따라오게 된다는 말이다.

512) 『三峰集』 卷13, 朝鮮經國典 上, 治典總序.

는 군주가 사람에게 차마 하지 못하는 불인인지정(不忍人之政)의 인정의 정치를 행하는 것이고, 패도는 군주가 인의의 도덕과 윤리에서는 다하지 못하는 바가 있으나 공업을 이룬 경우를 말한다. 왕도를 행한 군주는 ① 마음가짐이 공경스럽고 문채가 있으며, ② 부지런하고 검소했으며, ③ 성학의 연원을 열어 놓았고, ④ 관부에 형벌을 마련했으며, ⑤ 백성이 밝아지고 만방이 화목했으며, ⑥ 천하가 태평했다.

패도를 행한 군주는 ① 학문의 힘으로 연마하고 다스림이 없으며, ② 패업을 마음에 두고 있어 삼대의 성왕을 따르지 못하고, ③ 인도의 윤리에 문제가 있고, ④ 욕망과 사치한 마음이 가득 차 있다. 그러나 ⑤ 의식이 풍족하고, ⑥ 천하가 태평하며, ⑦ 일대의 공업(功業)을 이루었다.

난세를 초래하는 군주의 유형은 세 가지로 구분하여 설명하고 있다. 첫째, 강군(强君)이다. 강군은 ① 재능은 있으나 덕이 없으며, ② 위엄만 부리고 힘만 앞세우며, ③ 전쟁을 숭상하고, ④ 무도(無道)하고, ⑤ 백성을 괴롭히고 부세를 많이 받는다. ⑥ 형벌을 엄하게 하고 벌을 가혹하게 한다. 둘째, 정치를 잘하려는 뜻은 있으나 총명함이 없고 무능한 혼군(昏君)이다. 혼군은 ① 충직한 사람과 소원하고, ② 욕망과 사치한 마음으로 가득 차고, ③ 가혹한 정사로 백성들이 원망한다. 셋째는 무기(武氣)가 없고 나약하여 과단성이 없고 우유부단한 용군(庸君)이다.

이를 바탕으로 삼봉은 『경제문감별집』에서 중국의 당·우부터 송·원을 거쳐 고려까지 총 139명의 역대 군주들의 군도(君道)를 "인주의 귀감"513)이 될 만한 것과 "정사를 해가는 근원"514)으로서 경계해야 할 사항을 왕자와 패자 그리고 강군(强君)과 혼군(昏君) 및 용군(庸君)

으로 정리하여 설명하고 있다. 첫째는 요, 순, 우, 탕 등 성학(聖學)의 연원을 연 왕정의 군주, 둘째는 삼대의 성왕(聖王)들을 따르지는 못하지만 공업(功業)과 패업(霸業)을 달성한 패정의 군주, 셋째는 무도하게 폭정을 일삼고, 무능하고 유약하여 민심이 이반되고 천하가 원망하는 군주이다. 삼봉이 이상에서 제시한 통치방법과 군주유형을 다음과 같이 도표화할 수 있다.

<표 Ⅳ-1> 삼봉이 제시한 군주유형 및 통치형태

구분	치세			난세		
군주 유형	제자(帝者)	왕자(王者)	패자(霸者)	강군(强君)	혼군(昏君)	용군(庸君)
치도	왕도	왕도	패도	무도(無道)		
통치 결과	안민, 교화, 태평한 정치, 성학(聖學)의 연원	안민, 교화, 융숭한 치세, 성학(聖學)에 功이 있음	국가부강, 일대의 공업(功業)	혼란과 멸망(亂亡)		
역사적 통치 사례	요, 순, 송태조	우, 탕, 문, 무, 성왕, 강왕	한고조, 당태종, 당현종 전반기, 한문제, 한경제	걸, 주, 주 여왕, 수양제	당현종 후반기, 송신종, 당덕종 등	주난왕, 당희종, 당대종 등

위 도표의 내용과 같이 삼봉이 추구하고 있는 이상적인 통치형태는 왕자에 의한 치세라는 것을 알 수 있다. 또한 패도도 치평의 한 수단으로 적극적으로 수용하고 있음이 드러나고 있다. 삼봉이 분석한 139명의 군주 중 요, 순, 우, 탕, 문, 무 등 왕정의 군주를 제외한 대부분의 군주는 보통군주로 평가되고 있음을 알 수 있다. 특이할 만한

---

513) 『三峰集』 卷11, 經濟文鑑 別集 上.

514) 『三峰集』 卷11, 經濟文鑑 別集 上.

사항은 송태조를 요순에 버금가는 군주로 평가하고 있다는 점이다.
삼봉은 "그가 참란(僭亂)을 평정하고 유술(儒術)을 존중한 것이나 병법
을 제정하여 사졸을 돌본 것과 재부(財賦)를 정리하고 형옥을 보살피
고 사치를 억제하였던 것은 인군으로서 도리를 갖춘 것"515)이라 하여
국가경영에 있어서 통치이념으로서의 유술의 존중과 군사전략으로
서의 병법의 제정 그리고 재부 및 형옥을 통치수단으로 운영하는 측
면을 높이 평가하고 있다. 뿐만 아니라 "그의 정심(正心)·수신(修身)
하는 학문을 실로 다른 사람이 미치지 못할 바가 있었다"516) 하여 정
심이 곧 요순의 마음이자 통치의 핵심과 근원임을 강조한다. 또한
"언어와 문자로 학문을 하지 않고서도 그의 마음의 정대하고 광명함
이 바로 요·순(堯舜)의 마음과 합치된다"517)고 한 주희의 말에 대해
"정말 옳은 말이다"고 동의하고 "태조에게 나는 이의가 없다"518)고
말하고 있다. 이것은 주희의 영향이자 삼봉 자신이 왕도를 실천하겠
다는 강한 의지의 표명으로 읽을 수 있는 대목이다. 또한 다른 측면
에서 주목할 사항은 당태종의 정관의 치(貞觀之治), 당현종의 개원의
치(開元之治), 한문제와 한경제의 문경의 치(文景之治), 모두 패자의 시
대로 설정하고 있다는 점이다. 문경지치를 이룬 한문제에 대해서는
"덕화를 숭상하고 형옥을 돌보며" "언로를 트고 현량을 들어 써서"
"백성들을 그의 생업에 안락"하게 하여 "저축이 해마다 늘고 호구가
번식되며 법망을 늦추고 형벌이 크게 줄어들게 한" "어진 군주"519)였

---

515) 『三峰集』 卷12, 經濟文鑑 別集 下, 宋太祖.
516) 『三峰集』 卷12, 經濟文鑑 別集 下, 宋太祖.
517) 『三峰集』 卷12, 經濟文鑑 別集 下, 宋太祖.
518) 『三峰集』 卷12, 經濟文鑑 別集 下, 宋太祖.
519) 『三峰集』 卷11, 經濟文鑑 別集 上, 漢文帝.

다고 높이 평가한다. 그러나 "조착(鼂錯)의 술수설(術數說)[520]을 좋게 여겨" "오로지 형명(刑名)을 숭상하여 너무 준엄하고 각박하게 하다가" "경제를 마침내 각박하고 술수를 부리는 인군이 되게 하였으니 자손에게 계책을 남기는 도리가 부족했다"[521]고 아쉬워하고 있다. 뿐만 아니라 "부민(富民)은 금수(錦繡)로 담장과 집을 덮게 하고, 공경대부(公卿大夫) 이하가 다투어 사치를 법도 없이 하게 되어 호협(豪俠)한 무리가 여리(閭里)를 횡행하고, 군상(君上)의 은혜는 삼대(三代) 때보다 지나치고, 아래 백성들의 고통은 망한 진(秦)나라보다도 심각"[522]한 지경에 이르게 한 한문제에 대해 한탄하고 있다. 한무제에 대해서는 "젊은 나이에 영특하고 예민한 자질과 웅걸한 재주에 큰 도량을 천품으로 타고"나서 "즉위 초에 탁연히 백가(百家)를 물리치고 육경(六經)을 표장(表章)"하여 "공을 세웠음"[523]에도 "형을 엄하게 하고 벌(罰)을 가혹하게 하여, 무공(武功)을 세우려 군사를 남발(濫發)하다가 용도가 부족하게 되자, 취렴이 한이 없게 되어 민력(民力)이 탕진되고 재용(財用)이 고갈되었으며, 따라서 흉년이 들고 도적들이 사방에서 일어나 도로가 통하지 못"하는 지경에 이르렀으니 "모두 진시황이 실패한 길을 답습하였다"[524] 고 평가하여 패도 절대주의의 국가경영의 한계를 벗어나지 못하고 있음을 지적하고 있다.

---

520) 조착은 "신상형명학(申商刑名之學)을 배우고", "그는 문제에게 태자는 술교소(術敎疏)를 알아야 한다고 말하고", "인주는 만세후의 사람에게 공명을 드러내기 때문에 술수를 알아야 한다"고 했다. 劉澤華 主編, 앞의 책, pp.278~280.

521) 『三峰集』 卷11, 經濟文鑑 別集 上, 漢文帝.

522) 『三峰集』 卷11, 經濟文鑑 別集 上, 漢文帝.

523) 『三峰集』 卷11, 經濟文鑑 別集 上, 漢武帝.

524) 『삼봉집』 卷11, 經濟文鑑 別集 上, 漢武帝

3) 보통군주[庸君常主]

맹자의 민본주의 논리에 의하면 "인의를 해치거나"[525] 인민의 지지를 잃어 민심이 이반된[526] 군주는 군주로서 천명을 잃었으므로 혁명에 의해 방벌(放伐)되어야 한다. 다시 말해 군주가 지배의 정당성을 상실하였을 경우 통치권이 부정되어야 마땅하다. 새로운 성인적인 자질을 가진 유덕자(有德者)가 군주의 통치권을 인수하는 것이 정상적인 정치적 절차이다. 그러나 현실적으로 세습왕조에서는 내성외왕(內聖外王)의 성인군주를 기대할 수 없다는 점에 민본주의의 이론적 모순이 존재한다. 군주의 내성외왕의 문제는 "성인이라도 생각이 없으면 광인이 되고 광인이라도 생각이 있으면 성인이 된다"[527]든지 또는 "하루 동안에도 이 마음이 깨어있으면 이는 요순이요, 마음이 어지러워지는 때는 걸주"[528]가 될 수 있다고 하는 유자들의 군도(君道)의 논리는 군주의 지위를 약화시키는 이론적 기초로 작용하고 있다. 세습군주의 문제는 유교정치이론의 최대 난제 중의 하나였다. 때문에 민본주의 정치이념은 존군론(尊君論)과 일정한 긴장관계를 유지하고 있다.

그런데 왜 삼봉은 군주의 세습권은 인정하면서도 재상에게 실질적인 권력을 부여하는 제도를 고안한 것일까? 그것은 왕조국가에서 군주권이 세습된다는 점에 있으며 "인주의 자질에는 어리석은 자질도 있고 현명한 자질도 있으며 강력한 자질도 있고 유약한 자질도 있어

---

525) 『孟子』梁惠王下. 賊仁者謂之賊 賊義者謂之殘 殘賊之人謂之一夫

526) 『孟子』離婁上. 桀紂之失天下也 失其民也 失其民者 失其心也

527) 『書經』卷9, 多方.

528) 『靜庵集』卷5, 筵中記事.

서 한결같지 않다"[529]는 데 문제가 존재한다. 삼봉이 말하듯이 군주권을 세습하는 방법에는 "옛날의 선왕이 세자를 세우되 반드시 장자로서 한 것은 왕위다툼을 막기 위한" 정치적 안정성을 도모하는 장자양위론(讓位論)과 "반드시 어진 사람으로서 덕을 존중하기 위한"[530] 택현론(擇賢論)이 존재한다. 삼봉은 보위(寶位)가 세습(世襲)되는 것이 바람직하다고 생각했지만 그러다 보면 어질지도 않고 유능하지도 못한 왕이 나올 수 있다는 현실적인 문제를 고민하지 않을 수 없었다. 따라서 왕이 임명하는 재상만 훌륭하다면 정치시스템은 원활히 작동될 수 있는 제도적 대안을 모색했다. 즉 중간자질을 가진 사람(中者)이 군주가 되어도 국정실패를 초래하지 않는 정치체제를 고안했던 것이다. 그런데 사실 중자(中者)에 의한 지배를 염두에 두고 정치이론을 구축해 나간 정치사상가는 한비자였다. 그러나 한비자는 도덕적인 정치조직을 강구하기보다는 세(勢)를 얻어 법으로 통치하는 위압적인 정치구조를 만들 것을 주장했다는 점에서 삼봉의 왕패론적 재상주의와는 차이가 있다. 이 중간자질을 지닌 용렬한 군주(庸君)나 범상한 군주(常主)는 악(惡)을 발생시킬 수 있는 평범한 군주이다.

> 군주의 악이 이미 심해지고 나면 비록 성인이 구제한다 해도 어긋남을 면치 못할 것이요, 아랫사람의 악이 이미 심해지고 나면 비록 성인의 다스림으로도 형륙(刑戮)을 면치 못할 것이다.[531]

이처럼 삼봉이 인식하는 현실적인 유교국가의 제왕은 '인간화된 군

---

529) 『三峰集』 卷13, 朝鮮經國典 上, 治典總序. "且人主之材 有昏明强弱之不同"

530) 『三峰集』 卷13, 朝鮮經國典 上, 定國本. "儲副天下國家之本也 古之先王 立必以長者 所以絕其爭也 立必以賢者 所以尙其德也"

531) 『三峰集』 卷9, 經濟文鑑 上, 宰相, 止惡於初. 『西山讀書記』 卷12, 君臣, 隨九四傳.

주'이며 항상 잘못을 범할 가능성이 있는 존재로 생각하고 있다. "따라서 제왕을 잘못을 범할 가능성이 많은 인간화된 군주로 이해하는 한 유교국가에서 관료 직무의 본질은 군주의 의지를 맹목적으로 추종하는 하수인(下手人)이나 가신적(家臣的)인 것이 아니라 '협동하는 것,' '부족한 곳을 메우며 도와주는 것(輔, 弼, 相)'인 것이다."532) 때문에 대신은 이윤처럼533) 군주의 악이 심해지기 전에 "위로 군주의 사심을 그치게" 하여 악을 최소화하고, "아래로 천하의 악을 제거하는 일",534) 즉 '격군(格君)'을 그 임무로 삼는다. 따라서 "사람의 악을 시초에 제지하면 용이하고, 이미 완성된 후에 금지하려면 막혀서 이기기 어렵기"535) 때문에 악을 시초에 제지해야 한다고 주장한다. 군주의 권력 남용과 전횡에 의해 발생할 수 있는 국가경영의 실패를 재상의 보좌(輔)를 통해 사전에 예방해야 한다는 논리이다. 또한 "굳세고 강한 신하는 유약한 임금을 섬김에는 마땅히 마음속에 지극한 정성을 간직하고 밖으로는 거짓을 꾸미지 않아야"536) 이상적인 왕정이나 패정을 구현할 수 있는 것으로 본다. "군자가 윗사람을 섬기는데 그 마음을 얻지 못하면 지극한 정성으로 그 뜻을 느끼고 마음을 움직일(感發) 따름이다. 참으로 성의로써 움직일 수 있게 한다면 어둡고 몽매한 자라도 깨우쳐 열 수 있으며, 유약한 자도 보필할 수 있으니, 비록 바르지 못

---

532) 박병련, 「동양적 관료체제에 대한 비교연구: 조선조와 명조를 중심으로」, 『한국행정학보 제27권 제4호』 (한국행정학회, 1993). p.1253.

533) 『孟子集註』 萬章章句 上. "伊尹相湯以王於天下 湯崩太丁未立外丙二年仲壬四年太甲顚覆湯之典刑 伊尹放之於桐三年太甲悔過自怨自艾於桐 處仁遷義三年以聽伊尹之訓己也復歸于亳."『書經』, 商書, 伊訓. "탕왕은 널리 현철한 사람을 구하여 후세의 왕들을 보필하도록 하였다. …… 신하들이 바로잡지 않으면 그 신하는 마땅히 벌을 받아야 한다는 교훈을 신하들에게 내렸다."

534) 『三峰集』 卷9, 經濟文鑑 上, 宰相, 止惡於初.『西山讀書記』 卷12, 君臣, 隨九四傳.

535) 『三峰集』 卷9, 經濟文鑑 上, 宰相, 止惡於初.『西山讀書記』 卷12, 君臣, 隨九四傳.

536) 『三峰集』 卷9, 經濟文鑑 上, 宰相, 內存至誠.『西山讀書記』 卷12, 君臣, 頤上九傳.

한 것도 바룰 수 있다"537)는 강한 신념을 보인다. 때문에 군주는 한 사람의 재상에 대해 논정(論定)하는 것을 그 직분으로 삼는다.

> 군주는 재상을 논함으로써 직분을 삼고, 재상은 군주를 바르게 하는 것을 직분으로 삼으니, 이 두 사람이 각각 그 직분을 다해야만 체통이 바르게 되고 조정이 존엄하여져서, 천하의 다스림이 반드시 한 곳에서 나오게 되어 여러 갈래에서 나오는 폐단이 없어진다. 진실로 군주가 재상을 논함에 제 뜻에 맞추는 것만을 구하고 자기를 바루어 주는 것을 구하지 않으며, 그 사랑스러운 것만을 취하고 그 두려워할 만한 것은 취하지 않으면 군주는 그 직분을 잃은 것이다.538)

『순자(荀子)』 「군도(君道)」 편에는 군주의 가장 중요한 일로서 재상을 가려 뽑는 것에 대해 설명하고 있다.539) 군주는 강함(彊)과 안락함(安) 그리고 영화롭게(榮) 되기를 바란다. 또한 약함(弱)과 위태로움(危) 그리고 치욕(辱)은 싫어한다. 이상 세 가지 바라는 것을 얻고, 세 가지 싫어한 것을 피하는 가장 편리한 방법은 재상을 신중히 등용하는 것이라고 말한다.

통치의 근본은 군주에게 있으나 국가경영의 실질적인 책임은 재상이 행사하여 합리적인 해결책을 도모한다는 체제구상이다. 그렇다고 삼봉이 구상한 국가경영체제가 군주는 아무 실권이 없는 허군(虛君)이고 재상이 전권을 장악하는 체제로 기획하지는 않은 것으로 보인다.540) 삼봉이 재상의 모델로 삼는 이윤에 대해 조준은 태조에게 올

---

537) 『三峰集』 卷9, 經濟文鑑 上, 宰相, 誠意能動. 『西山讀書記』 卷12, 君臣, 萃六二傳.

538) 『三峰集』 卷9. 經濟文鑑 上.

539) 『荀子』 君道. "爲人主者 莫不欲彊而惡弱 欲安而惡危 欲榮而惡辱 是禹桀之所同也 要此三欲 辟此三惡 果何道而便 日 在愼取相 道莫徑是矣 故知而不仁 不可 仁而不知 不可 旣知且仁 是人主之寶也 而王霸之佐也"

540) 삼봉의 재상제도의 구상에 대해 허군실상(虛君實相)의 의미로 해석하고 있는 대표적 저술로는, 한영우,

리는 상서에서 이렇게 말하였다.

> 옛날에 은(殷)나라에서는 이윤을 재상으로 삼아 왕이 되었으며, 한(漢)나라에서는 장양(張良)을 사부로 삼아 황제가 되었는데도 이윤은 오히려 돌아가기를 고하고자 하였으며 장양은 적송자(赤松子)와 놀기를 원하였으니, 그들이 은나라와 한나라에 박대한 것이 아니라 대개 혹시 권세가 극성함에 이름을 좋아한다는 비방을 받아서 탕왕이나 고제(高帝)와 같은 지덕을 겸비한 임금에게 누(累)를 끼칠까 염려했던 것입니다.[541]

삼봉과 함께 유교적 국가경영의 기틀을 다진 조준의 상서에 의하면 이윤은 군주에게 누를 끼칠까봐 물러나기를 고하는 신하이다. 조준은 이윤이 전권을 휘두르는 재상이 아니라는 점을 말하고자 한다. "은총과 이록으로써 성공한 후에 그대로 있지 아니한 것이, 이윤이 자기 몸을 소중히 여기고 그 임금으로 하여금 요순의 임금으로 만든 이유이고, 권세가 극성한데 그냥 있으면서 그만두지 아니한 것이 소하가 자기 몸을 욕되게 하고 한나라 고조로 하여금 그 공신을 능히 보전하지 못하게 한 이유"[542]라고 설명하고 있다.

삼봉은 고려왕조의 건국자인 태조에서부터 마지막 공양왕까지 33명의 고려의 군주에 대해서 유교적 왕패관의 시각으로 분석했다. 태조 왕건은 "신상필벌(信賞必罰)을 하였으며", "깊은 인정(仁政)과 후한 혜택이 실로 이미 오백 년 동안의 명맥을 배양"[543]하도록 토대를 구

앞의 책, 『정도전사상의 연구』; 김용옥, 앞의 책; 최연식, 앞의 책; 도현철, 「정도전사상의 재검토」, 『한국중세 사회의 변화와 조선건국』(연세대학교 국학연구원 제336회 국학연구발표회 자료, 2003) 등이 있다.

541) 『太祖實錄』 1년 12월 16일(壬戌).

542) 『太祖實錄』 1년 12월 16일(壬戌).

543) 『三峰集』 卷12. 經濟文鑑 別集 下.

축한 군주로 자리매김하고 있다. 덕왕(德王) 때는 "백성들의 생업이 안정되었고",[544] 문왕(文王) 때는 "나라가 부유해지므로 태창의 곡식이 곳집에 묵어 쌓이고 집집마다 넉넉하고 사람마다 풍족하여 당시는 태평"[545]한 시대였다고 평가한다. 신왕은 "한갓 헛된 자리만 차지하고 신민(臣民)들의 위에 서 있게 되어, 마치 나무로 만든 인형이 사람의 수중에 있는 것"과 같은 무능하고 유약한 군주였다. 충렬왕(忠烈王) 때는 "안으로는 권신들이 정사를 마음대로 하여 독을 부리고, 밖으로는 강성한 적들이 군사를 거느리고 침범하여 온 나라 사람들이 학정(虐政)에 죽어 가지 않으면 반드시 적들의 칼날에 죽어가게 되어 재앙과 변란(禍變)이 극도에 달한"[546] 시대였다고 비판한다. 충혜왕(忠惠王)은 "악한 소인배들과 친압하며 방탕한 짓을 마음대로 한"[547] 군주였으며, "신우는 주색에 빠지고 포악한 짓"을 일삼았고, "신창은 또한 혼매하고 유약"[548]한 군주였다. 우왕과 창왕을 포악하고 혼매하며 유약한 군주로 파악하고 있다. 삼봉의 국가경영 치도관의 시각으로 고려체제를 바라볼 때, 태조와 문종은 치세를 이룬 군주로 평가되나 그 이외에 왕정이나 패정을 달성한 군주는 존재하지 않는다. 거의 대부분의 군주들이 보통군주 또는 학정과 폭정의 군주들일 뿐이다. 삼봉은 고려 군주들에 대한 이와 같은 정치적 평가를 근거로 고려체제에서는 현실적으로 왕정을 기대하기는 어렵다고 판단한 듯하다. 이러한 역사적인 통찰을 통해 군주의 불확실성을 제거하고 성공적인

---

544) 『三峰集』 卷12. 經濟文鑑 別集 下.

545) 『三峰集』 卷12. 經濟文鑑 別集 下.

546) 『三峰集』 卷12. 經濟文鑑 別集 下.

547) 『三峰集』 卷12. 經濟文鑑 別集 下.

548) 『三峰集』 卷12. 經濟文鑑 別集 下.

국정운영과 민생안정을 위해 전략적인 국가경영을 구상하게 된다.

삼봉은 왕정을 기대할 수 없는 보통군주들에게 군주의 도덕성을 제고시킬 수 있는 이론적 지침으로 『대학연의』에 관심을 가졌다. 군주는 도덕성의 상징적인 최상위자가 되어 군주의 위상을 확고하게 하는 군주 수신론이 필요했기 때문이다.

> 전하는 즉위하자 먼저 경연관을 설치하여 고문(顧問)을 갖추었고, 항상 말하기를 "『대학』은 인군의 만세의 법을 세우는 데 필요한 책이다. 진서산은 『대학』의 뜻을 확대하여 『대학연의』를 지었다. 제왕이 정치를 하는 순서와 학문을 하는 근본은 이보다 나은 것이 없다" 하였습니다.549)

이처럼 삼봉은 태조의 말을 빌려 『대학연의』가 지향하는 정치와 군주수신을 위해 제도적 장치로 경연(經筵)을 염두에 두고 있다.550) 조준은 한 평양 식읍과 도통사의 관직을 사양하면서 올린 전문에서 진덕수의 『대학연의』 이외에도 『정관정요』 역시 경연의 교재로 중시하고 있다.551) 삼봉이 당태종에 대해서 '貞觀의 治'라고 긍정적으로 평가하듯이 『정관정요』가 경연의 교재로서 배척되거나 부정되지 않고 있다. 삼봉의 당태종에 대한 입장은 『불씨잡변(佛氏雜辨)』에서도

---

549) 『三峰集』 卷13. 朝鮮經國典 上 禮典, 經筵.

550) 『太祖實錄』 1년 11월 14일(辛卯). 사간원에서 매일 경연을 열도록 청하자 이를 윤허하고 있다. "군주의 마음은 정치를 하는 근원입니다. 마음이 바르면 모든 일이 따라서 바르게 되고, 마음이 바르지 않으면 온갖 욕심이 이를 공격하게 되니, 그런 까닭으로 존양(存養) 성찰(省察)의 공부를 지극히 하지 않을 수 없습니다. …… 선유(先儒) 진덕수(眞德秀)가 『대학연의(大學衍義)』를 지어 경연(經筵)에 올렸는데 …… 더구나 창업한 군주는 자손들의 모범이 되니, 전하께서 만약 경연(經筵)을 급무(急務)로 여기지 않으신다면 뒷세상에서 이를 핑계하여 구실로 삼아, 그 유폐(流弊)는 반드시 학문을 하지 않는 데 이르게 될 것이니 어찌 작은 일이겠습니까? 삼가 원하옵건대, 전하께서는 날마다 경연(經筵)에 나와서 『대학(大學)』을 가져와 강론하게 하여, 격물치지(格物致知)·성의정심(誠意正心)의 학문을 연구하여 수신제가(修身齊家)·치국평천하(治國平天下)의 효과를 이루게 하소서."

551) 『太祖實錄』 1년 12월 16일(壬戌).

확인된다.

> 저 당나라가 오랜 연대를 지나온 것은 태종이 세상을 구제하고 백
> 성을 편안하게 한 공(功)임은 숨길 수 없는 것이요, 환난이 많았던
> 이유는 천하를 얻을 때 인의(仁義)와 강상(綱常)에 순수하지 못했고
> 예법으로 보아서 부끄러워할 만한 일이 있었으며, 세대를 이은 임
> 금들 중에는 사욕을 이겨내고 선을 힘쓴 자가 적은 반면, 정(情)대
> 로 방자하여 이치(理)에 어긋난(悖) 자가 많았기 때문이다.[552]

위 글은 진덕수의 『대학연의』에서 발췌한 글이다. 삼봉은 불교를 비판하기 위해 진덕수의 글을 그대로 인용하고 있다. 진덕수는 세상을 구제하고 백성을 편안하게 한 태종의 공업(功業)을 숨길 수 없는 사실로 받아들인다. 삼봉 역시 동의하고 있다. 진덕수는 『대학연의』의 「제왕지학위본(帝王之學爲本)」에서도 당태종을 패도군주로 폄하하지 않고 현명한 군주로서 정관(貞觀)의 치(治)를 이루었다고 평가하고 있다.

> 신이 살펴보니 후세의 인주로 학문을 좋아하는 경우는 당태종만한
> 이가 없었다. 전쟁이 아직 끝나지도 않았는데 경술(經術)에 정을 두
> 어 명유(名儒)를 불러 학사로 삼아 강학토록 하니 삼대 이래로 없
> 었던 바이다. 또한 즉위해서는 홍문관을 어전의 옆에 두고 내학사
> 를 불러 번갈아 숙직하고 쉬게 하면서 조정 일을 처리하는 사이에
> 고금의 성패를 토론하니 혹 날이 저물어 밤까지도 조금도 게으르
> 지 않았으니 이 또한 삼대 이래 없었던 일이다. …… 이런 까닭으로
> 정관지치에 이르게 되었다.[553]

---

552) 『三峰集』 卷5, 佛氏雜辨, 舍天道而談佛果. 『大學衍義』 卷13, 明道術. "夫唐之所以歷年者以太宗濟世安
民之功不可掩也 而所以多難者以其得天下也純乎 仁義綱常禮法所在慚德焉 繼世之君克己勵善者少恣情
悖理者多也"

553) 『大學衍義』 卷4, 帝王爲學之本. "臣按後世人主之好學者 莫如唐太宗 當戰攻未息之餘已留情於經術 召
名儒爲學士以講摩之此 三代以下所無也 旣卽位置弘文館於殿側 引內學士番宿更休 廳朝之暇 與討古今

진덕수의 당태종에 대한 평가는 당태종을 이욕의 군주로 비판했던 주희의 입장과는 다름을 알 수 있다. 즉 주희의 왕패관과 차이가 있음을 드러내고 있다. 진덕수는 전쟁 중에도 명유(名儒)를 불러 경술(經術)을 학습하는 당태종을 삼대 이래 가장 유교를 존숭한 군주로 평가하고 있다. 주희와 왕패관이 상이한 진서산의 『대학연의』를 삼봉은 여러 곳에서 인용하고 또한 활용하고 있다. 그는 공양왕 원년(1389년)에 지은 "고려국이 새로 지은 도평의사사청기(高麗國新作都評議使司廳記)"에서 "반드시 선유 진서산이 정승의 할 일을 논한 것처럼 해야 되는 것이다. 그의 말에 의하면 '임금의 마음을 바르게 해야 한다', '자신을 바르게 해야 한다', '사람을 알아야 한다', '일을 처리해야 한다'"554)는 말을 인용하고 있고, 『조선경국전』에도 그대로 투영되고 있다.555) 뿐만 아니라 "태종은 간쟁을 잘 들었으므로 정관의 다스림을 일으켰다"556)고 말한다. 이런 시각으로 본다면 삼봉은 성리학적인 사상적 체계에 따라 입안된 『대학연의』를 중시하면서도 당태종의 정치적 실천의 지침서인 『정관정요』557)도 부정하지 않고 있음을 추론할 수 있다. 세조대의 양성지 역시 군주는 『정관정요』와 『대학연의』를 바탕으로 성학(聖學)을 부지런히 해야 한다558)고 요청하고 있다.

論成敗 或曰昃艾 未嘗少怠 此又三代以下之所無也 …… 此所以致貞觀之治也"

554) 『三峰集』 卷4, 高麗國新作都評議使司廳記. "必若先儒眞西山之論相業曰格君 曰正己 曰知人 曰處事 然後可也"

555) 『三峰集』 卷13, 朝鮮經國典, 治典總序. 삼봉은 『불씨잡변』에서도 진서산의 『대학연의』의 영향을 받고 있다. 삼봉은 『불씨잡변』의 총 19개 편 중에 4개 편은 『대학연의』의 내용을 그대로 인용하고 있다. 그 내용의 일부는 「불법입중국(佛法入中國)」, 「사불득화(事佛得禍)」, 「사천도이담불과(舍天道而談佛果)」, 「사불심근년대우촉(事佛甚謹年代尤促)」 편이다. 『大學衍義』 卷13, 明道術.

556) 『三峰集』 卷9, 經濟文鑑 上, 宰相.

557) 이첨 또한 "전하가 일찍 貞觀의 다스림에 뜻을 두어 政要를 읽고" 있다고 상소문에서 언급하고 있다. 『高麗史』 卷117, 제30, 이첨.

558) 『訥齋集』 卷4, 便宜十六事.

4) 재상의 보좌[相業]

　유교의 이상적인 정치형태에서는 도덕적으로 성인(聖人)의 경지에
다다른 정치지도자가 통치하는 체제이므로 군주권력에 대한 제약이
나 구속을 가할 필요는 없다. 그러나 현실적으로 성인군주보다는 보
통군주들이 집권하는 경우가 거의 대부분이기 때문에, 보다 포괄적이
면서도 유교정치사상의 중층성을 더 잘 담아낼 수 있는 이론적 틀이
필요한 것이다.[559] 그렇다면 유교정치의 담론 속에서 과거 전통의 권위
를 매개하여 군주권력을 제어하는 기능을 수행했던 개념은 무엇인가?

　우선 첫 번째로 선왕지도(先王之道) 혹은 선왕지법(先王之法)이라는
개념을 생각해 볼 수 있겠다. 선왕지도라는 것은 선대의 왕이 세워
놓은 도리라는 뜻인데, 여기서 선왕이라 함은 단순히 현재 왕의 선임
자를 뜻하는 것이 아니라 요(堯), 순(舜), 우(禹), 탕(湯), 문(文), 무(武),
주공(周公) 등 소위 유가에서 성군으로 숭앙하는 이들을 일컫는다.[560]
이들은 모두 후대의 군주들이 정치의 모범으로 삼아야 할 전범으로
여겨졌다. 군주는 선왕들의 치세를 복원하는 것을 정치의 궁극적인
이상으로 삼아야 했다. 그러나 문제는 선왕지법 이외에도 규범으로서
받들어야 할 전통으로, 왕조의 시조께서 세우신 법을 뜻하는 조종지
성헌(祖宗之成憲)과 조종지법(祖宗之法)이 존재한다는 사실이다. 군주
들은 조종지성헌을 받드는 것이 유교적 입헌주의의 한 원칙으로 자
리 잡고 있었다는 사실 자체가 중요한 것이다.[561] 그래서 선왕지도와

---

559) 함재학, 「유교전통 안에서의 입헌주의 담론」, 『법철학연구 9』(서울: 세창출판사, 2006). p.179.

560) 같은 글, p.190.

561) 같은 글, p.193.

조종지도(祖宗之道)가 같아야 하고 새 왕조를 창업한 후 세운 조종지법도 선왕의 법과 같아야 할 것이다. 그러나 현실은 다를 수밖에 없다. 성인이었던 선왕과는 달리 보통군주들이기 때문이다. 군주가 선왕들처럼 성인이 아닌 보통군주이기 때문에 군주권력에 대한 견제와 제약을 구상하게 되는 것이다. "총재는 인주의 아름다운 점은 순종하고 나쁜 점은 바로 잡으며, 옳은 일은 받들고 옳지 않은 것은 막아서 인주로 하여금 대중(大中)의 경지에 들게 해야 한다. 그러므로 상(相)이라 하니, 즉 보상(輔相)한다는 뜻이다."562) 그 예로서 "당현종(唐玄宗, 712~756)이 송경(宋璟)과 장구령(張九齡)을 재상으로 등용하였을 때는 개원(開元, 당현종 초기의 연호)의 태평한 정치를 이룩하였으나, 이임보(李林甫)와 양국충(楊國忠)을 재상으로 등용하였을 때는 천보(天寶)의 화란(禍亂)을 초래"563)한 역사적 사실을 들어 설명하고 있다. 군주의 자질이 중간 정도이면 재상이 누구냐에 따라 치세도 달성할 수 있고 난세도 초래할 수 있다고 확신한다. 또 "용렬한 군주나 범상한 군주를 섬기는 데 그 도리를 능히 행하여 자기의 정성스런 뜻이 위에 통달하면 군주가 그 믿음의 돈독함을 보게 된다. 관중이 환공을 보상한 것과, 공명이 후주(後主, 촉한의 劉禪)를 보필한 것이 바로 이것이다."564) 그러므로 "예부터 성왕(聖王)들이 천하의 곤란을 구제할 적에, 성현의 신하가 협조해 줌으로써 되지 않은 분이 있지 않았으니, 탕왕(湯王)이나 무왕(武王)이 이윤(伊尹)과 여상(呂尙)을 얻은 것이 이것이다. 중간쯤 범상한 임금으로 강명(剛明)한 신하를 얻어 큰 곤란을 구제한 분도

---

562) 『三峰集』 卷13, 朝鮮經國典上, 治典, 總序.

563) 『三峰集』 卷13, 朝鮮經國典上, 治典, 宰相年表. 천보는 당현종의 연호. 천보의 화란은 천보 14년(755)에 일어난 안녹산의 난을 가리킨다.

564) 『三峰集』 卷9, 經濟文鑑 上, 宰相, 誠意能動. 『西山讀書記』 卷12, 君臣, 萃六二傳.

있으니 유선(劉禪)이 제갈공명(諸葛孔明)을, 당숙종(唐肅宗)이 곽자의
(郭子儀)565)를, 덕종(德宗)이 이성(李晟)을 얻은 것이 이것이다. 비록 현
명한 인군이라도 만약 그런 신하가 없으면 곤란에서 구제될 수 없는
것"566)이라고 말한다. 마치 고종(高宗)이 부열(傅說)에게 "다리와 팔이
있어야 사람이라고 할 수 있듯이 어진 신하가 있어야 성군이 될 수
있다"567)고 말한 것처럼 아무리 탁월한 성군(聖君)이라도 성현(聖賢)의
신하가 보상(輔相)해야 성군의 위상을 확보할 수 있다는 점을 강조한
다. 군주가 독단하거나 재상이 자임해서는 안 된다는 의미이기도 하
다. 그러나 그 보상(輔相)의 정도는 "대체로 신하가 인군보다도 어질
면 인군을 보필하되 그 인군이 능하지 못한 바로써 하는 것이니, 신
하가 임금에게 미치지 못하면 협조할 뿐이다. 그러므로 큰 공을 세우
지 못하는 것이다."568) 그래서 "군주의 직분은 오로지 재상들을 논정
하는 데 있으며 재상들의 직책은 오로지 군자를 추천하고 소인을 물
리쳐서 백관들을 바로 잡는 데 있습니다. 훌륭한 재상을 만나면 천하
도 다스려졌는데 하물며 한 나라의 정치야 말할 것 있겠습니까. 주공
(周公), 소공(召公), 태공(太公)은 문왕(文王), 무왕(武王), 성왕(成王), 강왕(康王)
의 재상들이며, 소하(蕭何), 조참(曹參), 방현령(房玄齡), 두여회(杜如晦) 등
은 한나라 고조(高祖)와 당나라 태종(太宗)의 재상들입니다."569) 이러한

---

565) 양촌 권근은 "국초 군영의 진적에 씀(題國初羣英眞蹟)"이라는 시에서 당숙종 때 안녹산(安祿山)과 사사
　　명(史思明)의 난을 평정한 무신(武臣) 곽자의와 삼봉은 매우 유사하다고 비교한다(『三峰集』 卷8, 부록,
　　제현의 서술). 삼봉 자신도 곽자의에 대해 "곽자의 같은 명장(名將)"(『三峰集』, 卷11, 經濟文鑑 別集 上)
　　이라고 높이 평가한다.

566) 『三峰集』 卷12, 經濟文鑑 別集 下, 議論.

567) 『書經』 說命.

568) 『三峰集』 卷12, 經濟文鑑 別集 下, 議論.

569) 『高麗史』 118, 列傳31, 趙浚條.

시각은 『순자』의 「왕패(王覇)」 편에서도 나타나고 있다. 국가를 다스리는 방법으로 왕도, 패도와 망도(亡道)로 구분해서 "군주 자신이 능력 있고 재상도 능력이 있다면 이러한 사람은 왕자가 된다. 자신이 능력이 없지만 두려워할 줄 알아 능력 있는 사람을 구한다면 이러한 사람은 강자가 된다. 자신이 능력이 없으면서도 두려워하며 능력 있는 사람을 구하지 않고, 오직 가까이서 아양 떨며 자기에게 친근하게 구는 사람을 등용한다면, 이와 같은 사람은 나라를 위태롭게 할 뿐만 아니라 땅도 빼앗기게 하고 결국에는 망하게 할 것이다"[570]고 설명한 내용과 매우 유사한 측면이 있다. 『경제육전』 등 국가경영체제를 기획하고 구축했던 조준 역시 새로운 국가경영에 필요한 인재 선택의 기준을 제시하고 있다.

앞으로는 도를 밝히며 국가를 경영하고 음양을 조화시키는 인재로서 자기 몸을 바르게 가짐으로써 백관을 바로 잡아 주는 자가 아니면, 청백하고 충직하며 악한 자를 미워하고 어진 자를 좋아하며 국가를 위하여 자신을 돌보지 않는 자가 아니면, 그리고 전쟁에서 승리하여 성지를 탈취하고 그 용맹이 삼군에서 으뜸가며 그 위력이 먼 지방에까지 미친 자가 아니면 양부에 등용하지 말기 바랍니다. 긴요하지 않는 벼슬들과 남아돌아가는 각종 이속들을 모두 다 도태함으로써 조상이 하늘을 대신하여 벼슬을 두면서 확립하여 놓은 헌장을 회복하여 거룩한 전하시대의 찬란한 새 정치를 보여줄 것입니다.[571]

군주의 자질만큼이나 재상들의 자질에도 편차가 심하므로 "군주가 진실로 지성으로 어진 이를 임용하여 그 공을 이룰 수 있다면 그 자

---

570) 『荀子』 王覇. "身能 相能 如是者王 身不能 知恐懼而求能者 如是者彊 身不能 不知恐懼而求能者 安唯便僻 左右親比己者之用 如是者危削 綦之而亡"

571) 『高麗史』 118, 列傳31, 趙浚條.

신이 직접 한 것"572)과 다름없다고 주장한다. 그래서 "인군은 천공(天工)을 대신하여 천민을 다스리니, 혼자의 힘으로는 할 수 없는 일이다. 그래서 관(官)을 설치하고 직(職)을 나누어서 서울과 지방에 펼쳐 놓고, 널리 현능한 선비를 구하여 이를 담당하게 하는 것이다. 관제를 만든 이유가 여기에 있다."573) 이때 재상은 관료제의 총괄책임자로서 유교국가체제의 정치적 구심체인 군주의 위상을 높이고 인정(仁政)이 현실화될 수 있게 백관을 통솔하여 국가를 위하고 민생을 살리는 실질적인 일을 도모해야 하는 책임과 역할을 수행해야 한다. 그런 측면에서 "총재라는 것은 위로는 군부를 받들고 밑으로는 백관을 통솔하며 만민을 다스리는 것이니, 그 직책이 매우 큰 것이다."574) 특히 군주에 대해서는 "팔병(八柄)으로써 임금을 가르쳐 보필하고 군신(群臣)을 관리한다."575) 군주를 가르치고 보필하면서 군신을 다스리는 내용은 존귀함, 부(富), 행(幸), 행실, 복, 가난함, 죄, 허물 등이다. ① 작(爵)이니 존귀함을 관리한다. ② 녹(祿)이니 부(富)를 관리한다. ③ 여(予)이니 '임금이 친히 사랑하는 것(幸)'을 관리한다. ④ 치(置)이니 행실을 관리한다. ⑤ 생(生)이니 복을 관리한다. ⑥ 탈(奪)이니 가난함을 관리한다. ⑦ 폐(廢)이니 죄를 관리한다. ⑧ 주(誅)이니 허물을 관리한다.

그뿐만 아니라 친족과 어진 이 그리고 능력 있는 자와 공훈 있는 자 등을 다루는 "팔통(八統)으로써 임금을 가르치고 백성을 관리한다."576) ① 친족을 친애하는 것이다. ② 오랜 친구(故舊)를 공경하는

---

572) 『三峰集』 卷12. 經濟文鑑 別集 下, 議論. "人君至誠任賢以成其功"

573) 『三峰集』 卷7. 『朝鮮經國典』 上, 治典, 官制. "人君 代天工治天民 不可以獨力爲之也 於是 設官分職 布于中外 博求賢能之士以共之 官制之所由作也"

574) 『三峰集』 卷13, 朝鮮經國典 上, 治典, 總序.

575) 『周官新義』 卷1, 天官1. 『三峰集』 卷9, 經濟文鑑 上, 宰相.

것이다. ③ 어진 이를 나오게 하는 것이다. ④ 능한 자를 부리는 것이다. ⑤ 공훈(功勳) 있는 자를 보살피는 것이다. ⑥ 귀한 이를 존중하는 것이다. ⑦ 유능한 관리를 천거해 올리는 것이다. ⑧ 빈객을 예로 대우하는 것이다.

2. 삼봉의 왕패론적 재상정치 모델

1) 재상정치의 참조모델(Reference Model)

재상연표(宰相年表)에서 살펴보았듯이 삼봉의 왕도와 패도에 대한 정치적 사유는 이중적이다. 삼봉의 국가경영의 치도관은 왕도와 패도로 이중화되어 있다. 요순시대와 탕무시대는 왕도의 시대로, 제환공, 진문공, 진목공, 송양왕, 초장왕, 소위 춘추 오패(五覇)의 시대는 패자(覇者)의 시대로 구분한다. 맹자는 왕도와 패도를 다음과 같이 분류한다.

요와 순은 본성 그 자체였고, 탕과 무는 그 본성을 회복하였다.577)

요와 순은 본성대로 한 것이고, 탕과 무는 실천한 것이며, 오패는 그것을 빌린 것이다.578)

맹자는 요와 순처럼 탁월한 정치적 지도자의 본성에 따라 왕도와 패도를 구분하고 있지만, 재상연표의 관점에서 본다면 삼봉은 군주

---

576) 『周官新義』 卷1, 天官1. 『三峰集』 卷9, 經濟文鑑 上, 宰相.

577) 『孟子』 盡心下. "堯舜性者也　湯武反之也"

578) 『孟子』 盡心下. "堯舜性之　湯武身之　五覇假之"

이외에도 재상이 누구냐에 따라 왕도의 시대일수도 패도의 시대일수도 있다는 입장이 투영되어 있다. 군주의 자질이 혼명강약(昏明强弱)으로 불확실하므로 재상에 따라 치세의 향방이 달라질 수 있다는 시각이다. 이 시각은 反패도주의자 맹자의 입장과는 달리 패도도 치세의 중요한 방편으로 삼는다. 특히 보통군주일 경우에 국가비전의 달성은 재상의 정치적 책임 수행 여부에 따라 크게 좌우된다. 물론 재상의 책임정치 역시 왕도시대의 도래를 정치적 목표로 설정한다. 그 구체적인 국가비전은 「정보위(正寶位)」에 인정(仁政)과 안부(安富)와 존영(尊榮)으로 제시되어 있다. 재상은 국가비전을 실현시켜야 하는 권한과 책임을 위임받은 총괄책임자이다.

삼봉이 추구하는 왕도정치의 재상 참조모델(Reference Model)은 『맹자』에서부터 그 단서를 찾을 수 있다. 삼봉은 정몽주가 보내준 『맹자』를 부모님의 여묘살이를 하면서 하루에 한 장 또는 반장을 읽으면서[579] 맹자의 왕도정치사상을 내면화한다. 맹자는 경제력, 군사력 등 부국강병의 물리적 힘에 의존하여 대국주의를 추구하는 패도정치를 경멸한다. 덕으로써 정치공동체에 감동을 줄 수 있는 소국주의의 왕도정치를 이상으로 한다.

> 힘으로써 인을 가장한 것은 패도이다. 패도는 반드시 대국이 되어야 한다. 덕으로써 인을 행하는 것은 왕도이다. 왕도는 대국을 필요로 하지 않는다. 탕은 70리로서, 문왕은 100리로서 왕 노릇을 하였다.[580]

---

579) 『三峰集』 卷3, 圃隱奉使藁序.

580) 『孟子』 公孫丑上, "以力假仁者霸 霸必有大國 以德行仁者王 王不待大 湯以七十里 文王以百里"

이렇게 본다면 왕도정치의 본질은 땅의 크기와 상관없이 도덕적 감화력에 있다는 것을 알 수 있다. 맹자는 왕도정치에 이르는 세 가지 유형을 다음과 같이 말한다. "맹자가 말하기를 백이는 성인으로서 맑았던 사람이고, 이윤은 성인으로서 사명을 자임했던 사람이고, 유하혜는 성인으로서 온화한 기질을 가졌던 사람이다."581) 맹자가 이 세 사람들에 대해 서술한 내용은 다음과 같다.

> 맹자가 말하기를 백이는 눈으로 나쁜 것을 보지 아니하고, 귀로서 나쁜 소리를 듣지 아니하였다. 자기 임금이 아니면 섬기지를 않았고, 자기 백성이 아니면 부리지도 않았다. 정치가 잘 다스려지면 나아가고, 혼란에 빠지면 물러섰다. 횡포한 정치가 나오고, 무지막지한 백성이 있는 곳에 차마 머물지 않고 향인과 같은 곳에 있다고 생각하면 관복을 입고 도탄에 앉아 있는 것으로 여겼다. 은나라 紂 시대에 북해의 바닷가에 살면서 천하가 맑아지기를 기다렸다. 그러므로 백이의 풍문을 들은 자는 탐욕한 자라도 염치를 깨닫게 되고, 약한 자라도 뜻을 세우게 되었다.
>
> 그런데 이윤은 말하기를 섬기지 아니할 임금이 누구며, 부리지 아니할 백성은 누구인가? 정치가 잘 다스려져도 나가고, 혼란스러워도 나아간다. 말하건대 하늘이 이 백성을 낳으셨으면 선지가 후지를 깨닫게 하고 선각이 후각을 깨닫게 하는 것이라, 나는 천민의 선각자다. 나는 장차 이 도로써 이 백성을 깨우치게 하리라. 천하의 백성을 생각하고 그들이 요순의 혜택을 입지 못하였다고 느낀다면, 그것은 마치 자기가 그들을 구덩이 속으로 밀어 넣은 것처럼 생각하고, 천하의 중책을 스스로 책임지고 있다고 여겼다.
>
> 유하혜는 더러운 임금도 부끄러워하지 않고, 작은 관직도 사양하지 않고, 나아가도 그 현명함을 감추지 않고, 반드시 그 도리를 다하고, 쫓겨나도 원망하지 않으며 불우한 경우에 처해도 괴로워하지 않았다. 향인과 같이 있어도 유유하게 있으면서 그 자리를 박차고

---

581) 『孟子』 萬章下. "孟子曰伯夷聖之淸者也 伊尹聖之任者也 柳下惠聖之和者也 孔子聖之時者也"

나가지도 않았다. 너는 너고 나는 나인데 네가 내 곁에서 옷을 벗고 있어도 네가 어찌 나를 더럽힐 수 있겠느냐고 생각하였다. 그러므로 유하혜의 소문을 들은 자는 인색한 이도 너그러워지고 경박한 이도 돈후해졌다.[582]

이러한 맹자의 서술에 대해 김형효는 백이는 도덕적 순수성, 이윤은 정치적 책임성, 유하혜는 화해의 정신으로 요약한다.[583] 이를 왕도정치를 행하는 재상의 모델로 환언하면, 첫 번째는 도덕적 순수성을 상징하는 성지청자(聖之淸者)의 백이형(伯夷型)이고, 둘째는 정치적 책임감으로 무장한 성지임자(聖之任者)의 이윤형(伊尹型), 셋째는 화해를 추구하는 성지화자(聖之和者)의 유하혜형(柳下惠型)으로 나눌 수 있다. 이 세 사람 중 삼봉이 모델로 삼았던 사람은 정치적 책임감으로 무장한 이윤이다. 맹자의 관점에 의하면 백이는 나쁜 것, 나쁜 소리, 혼란, 횡포한 정치, 도탄을 피해 천하가 맑아지기만을 기다리는 도덕적 순수성을 상징하고, 이윤은 백성과 현실 정치에 대해서 선각자로서 천하의 중책을 책임지는 정치적 책임성을 뜻하며, 유하혜는 어떠한 처지, 어느 자리, 어느 누구도 거부하거나 인색하지 않는 화해를 추구한다. 그런데 이들에 대해 "맹자가 말하기를 백이는 편협하고 유하혜는 불공해서 편협함과 불공함을 군자는 따르지 않는다"[584] 하여 백이와 유하혜에 대한 취약점도 놓치지 않고 지적한다. 맹자는 여기에 그치지 않

---

582) 『孟子』 萬章下. "孟子曰 伯夷目不視惡色 耳不聽惡聲 非其君不事 非其民不使 治則進 亂則退 橫政之所出 橫民之所止 不忍居 思與鄕人處 如以朝衣朝冠 坐於塗炭 當紂之時 居北海之濱 以待天下之淸也 故聞伯夷之風者 頑夫廉 懦夫有立志 伊尹曰 何事非君 何事非民? 治亦進 亂亦進 曰天地生斯民也 使先知覺後知 使先覺覺後覺 予天民之先覺者也 予將以此道 覺此民也 使天下之民 匹夫匹婦有不與被堯舜之澤者 若己推而內之溝中 其自任以天下之重也 柳下惠不羞汚君 不辭小官 道不隱賢 必以其道 遺佚而不怨 阨窮而不憫 與鄕人處 由由然不忍去也 爾爲爾 我爲我 雖袒裼裸裎於我側 爾焉能浼我哉? 故聞柳下惠之風者 鄙夫寬 薄夫敦"

583) 김형효, 앞의 책, 『물학 심학 실학』, p.291.

584) 『孟子』 公孫丑上. "孟子曰 伯夷隘 柳下惠不恭 隘與不恭 君子不由"

고 이 세 사람의 장점도 부각시킨다. "맹자가 말하기를 아래에 거하여서 현으로써 불초함을 섬기지 않는 이가 백이이고, 다섯 번 탕에게 나아가고 다섯 번 걸에게 나아간 것은 이윤이다. 더러운 임금을 미워하지 않고 작은 관직도 사양하지 않은 것은 유하혜다. 이 삼자의 방법은 같지 않지만 하나의 공통점이 있다. 그 하나의 공통점이 무엇입니까? 대답하기를 인(仁)"585)이라고 언명한다. 왕도정치는 인의를 핵심으로 인정(仁政)의 실현을 정치적 목표로 한다. 이윤은 왕도적 재상정치의 상징이다. 특히 이윤은 성군인 탕(湯)과 폭군인 걸(桀)에게도 나아가 정치적 책임을 다하려 하는 '책임의식'이 투철하다.

제2장에서 유교적 치도관의 사상적 배경으로 살펴보았던 염철론에서도 재상에 대한 대부 측과 문학 측의 입장이 드러난다. 왕패논쟁 과정에서 역사상 거론되는 재상에는 이윤과 주공 그리고 관중과 상앙 및 이사 등을 들 수 있다. 우선 문학 측은 재상에 대한 개념을 다음과 같이 정의한다. "위로는 명주(明主)를 보좌할 책임이 있고 아래로는 성왕의 교화를 이룰 사무가 있으며, 음양을 조화시키고 사계절의 운행을 고르게 하여 백성을 안정시키고 만물을 생육하고, 백성들로 하여금 서로 화목하게 하여 원한이 없도록 하여야 하는데 이것이 공경의 직무이고 현자가 힘써야 할 일이다. 바로 이윤, 주공, 소공 같은 사람들이 삼공에 적합한 능력을 가진 사람들이다"586) 하여 유가를 사상적 배경으로 하는 문학 측답게 이윤과 주공을 바람직한 재상 모델로 설정한다. 문학 측이 이윤을 재상의 대표로 설정하는 이유는

---

585) 『孟子』 告子下.

586) 『鹽鐵論』 卷20, 相刺. "上有輔明主之事 下有遂聖化之事 和陰陽 調四時 安衆庶 育羣生 使百姓輯睦 無
怨思之色 四夷順德 無叛逆之憂 此公卿之職 而賢者之所務也 若伊尹周召三公之才"

"이윤은 요와 순이 국가를 다스리던 방법으로 은의 기초를 세워"[587]
요순시대의 재도래를 도모했기 때문이다.

뿐만 아니라 문학 측은 패도의 상징인 관중에 대해서도 언급한다.
문학 측의 관중에 대한 평가는 공자의 일포일폄(一褒一貶)처럼 이중
적이다.

> 위로는 천자가 없고 아래로는 방백이 없어 천하가 어지러운 것이
> 현자와 성인의 걱정입니다. 이 때문에 요는 홍수를 걱정했고, 이윤
> 은 백성을 걱정했으며, 관중은 묶이는 신세가 되었고, 공자는 천하
> 를 떠돌아 다녔으니, 이들은 모두 백성이 입을 화를 걱정하고 그
> 위태로움을 안정시키고자 했던 것입니다.[588]

> 제환공은 관중을 얻어 제후의 패자가 되었다.[589]

이처럼 긍정적으로 평가한 반면, 다른 한편으로 문학은 "이윤과 강
태공은 사방 백 리의 영토를 가지고 그 군주를 흥하게 하였지만, 관
중은 환공의 전적인 신임을 얻고 천승의 제후국인 제나라를 가지고
도 왕업을 이루지는 못했으니 그것은 그 힘쓰는 바가 옳지 못했기 때
문입니다. 그러므로 결국 그 공적과 명성은 무너지고, 그 정치도 이루
지 못했습니다"[590]고 하여 왕업을 이루지 못하고 패도만 추구한 관중
을 비판한다.

이에 반해 대부 측의 재상관은 "진은 상군을 등용하여 나라가 그로

---

587) 『鹽鐵論』 卷7, 非鞅. "伊尹以堯舜之道爲殷國基"

588) 『鹽鐵論』 卷11, 論儒. "上無天子 下無方伯 天下煩亂 聖賢之憂也 是以堯憂洪水 伊尹憂民 管仲束縛 孔
子周流 憂百姓之禍而欲安其危也"

589) 『鹽鐵論』 卷51, 論勇. "齊桓公得管仲以覇諸侯"

590) 王貞珉 注譯, 王利器 審訂, 『鹽鐵論譯注』(長春: 吉林文史出版社, 1996). p.124.

써 부강해졌고, 그 후 마침내 육국(六國)을 병합하여 제업(帝業)을 이루었다"591)고 하여 상앙의 부국강병정책과 업적을 크게 평가한다. 또한 진시황을 도와 중국 통일의 업적을 세운 이사에 대해 "이사는 진(秦)나라로 가서 마침내 삼공(三公)의 지위를 얻고 만승지국(萬乘之國)의 권세를 이용하여 해내(海內)를 제압하였으니 그 공은 이윤과 태공망(太公望)의 업적과 맞먹는다"592)고 평가한다. 유가적 재상정치의 상징인 이윤을 법가적인 反民的, 害民的 패도의 전형으로 불리는 이사와 동일시한다. 이렇게 보면 유가의 문학 측과 법가의 대부 측은 재상의 상징으로 이윤을 공통분모로 한다. 관중에 대해 상홍양 또한 "관중이 환공을 보좌함에 선군의 사업을 이어받고 경중(輕重)의 변화를 이용하는 정책을 행하여, 남으로 강국 초나라를 복속시켜 환공은 제후들의 패자가 되었다"593)고 평가한다.

왕도에 이르는 세 가지 길을 제시하는 맹자의 서술을 통해서 이윤은 정치적 책임성으로 무장한 재상으로 상징된다. 염철론에서 유가를 사상적 배경으로 한 문학 측과 법가를 사상적 배경으로 하는 대부 측의 입장에서도 이윤은 재상을 표상하는 지위에 위치한다.

이러한 논의를 기반으로 본고에서는 국가경영의 치도관의 재상 모델로서 왕도적 재상으로는 이윤이 적합하고, 패도적 재상으로는 관중을 상정할 수 있다고 본다.

---

591) 『鹽鐵論』 卷7, 非鞅. "秦任商君 國以富强 其後卒并六國而成帝業"

592) 『鹽鐵論』 卷18, 毁學. "李斯入秦 遂取三公 據萬乘以制海內 功侔伊望"

593) 王貞珉 注譯, 王利器 審訂, 앞의 책, p.123.

2) 왕도적 재상정치: 이윤

　삼봉에 의하면 탕왕(湯王)과 이윤(伊尹)은 군주와 신하가 모두 현인으로 왕자(王者)의 융숭한 치세를 이룬 성군현상(聖君賢相)이다. 삼봉은 국가비전으로서 인정(仁政)을 실현시키는 데 가장 적합한 재상의 정치적 모델로 이윤을 설정한다. 이색에 의하면 "삼봉은 이윤의 뜻을 품고 뜻은 천하를 다스리는 일"[594]을 정치적 목표로 삼았다고 한다. 박초는 "우리나라의 진유는 이 한 사람뿐입니다. 이것은 하늘이 전하께 고요(皐陶)와 이윤(伊尹)과 부열(傅說) 같은 신하를 주어서, 요순과 같은 삼대의 융성한 정치를 오늘날에 이룩하게 하려는 것"[595]이라고 삼봉과 이윤을 동일시한다. 삼봉 또한 맹자가 성지임자(聖之任者)라고 했던 것처럼 "이윤은 임성(任聖)이었다. 신(莘) 땅에서 밭 갈던 처음에는 '천하가 나에게 무슨 관계인가'라고 하였으나, 마음을 돌이켜 탕(湯)을 좇은 다음에는 자신이 책임을 맡아 방심을 용납하지 않았다. 불행히도 탕왕이 붕(崩)하고 임금이 어리고 밝지 못하여 거의 상(商)의 국조(國祚)가 엎어지게 되자 자신이 책임을 맡아서 더욱 긴장의 고삐를 늦추지 않았다"[596]고 인지하고 있다. 이윤에 대해서는 정치적 책임의식이 강한 임성(任聖)의 관점으로 맹자와 의견을 같이한다. 그뿐만 아니라 삼봉은 "벼슬에 나가면 반드시 해야 할 일은 꼭 하고, 어떤 일을 당해도 그는 회피할 줄을 몰랐다."[597] 마치 "이윤이 열조들의

---

594) 『三峰集』 卷8, 鄭三峰金陵紀行詩文跋.

595) 『三峰集』 卷8, 附錄・事實.

596) 『三峰集』 卷9, 經濟文鑑 上.

597) 『三峰集』 卷8, 鄭宗之詩文錄跋.

성취한 덕을 밝혀 왕을 훈계하였는데도, 태갑이 현명하지 못하여 욕심으로 법도를 무너뜨리고 방종으로 예를 무너뜨리므로 이윤이 동(桐, 탕의 능이 있는 곳)에 궁을 지어 선왕에게 가까이 있도록 하며 왕을 훈계"[598]했던 것처럼 삼봉의 책임감은 이윤의 책임의식을 닮아 있고, 업무처리에서도 해야 할 일은 반드시 처리하며, 일의 성격이 어떠하든 피하거나 물러서지 않고 해결하는 모습이 바로 이윤을 정치적 모델로 삼고 있음이 확인된다.

이윤을 재상의 모델로 설정한 삼봉은 "삼대 이래로 재상의 업을 능히 다할 수 있었던 사람으로는 오로지 이윤, 부열, 주공만이 그렇게 할 수 있었다"[599]고 강조한다. 삼봉은 역할모델의 설정에만 그치는 것이 아니라 "성조를 만나 더욱 교화를 경륜하여 일대의 다스림을 일으켰으니 배운 바의 도를 비록 행하지는 못하였으나 역시 어느 정도 행했다 하겠는데 선생의 마음으로는 오히려 모자란 듯하여 반드시 그 임금을 요순같이, 그 백성을 요순 때의 백성과 같이 하고자"[600] 정치적 실천을 모색하며 의지를 다지고 있다.

삼봉은 이윤에 대한 내면적 심화 과정을 거쳐 재상 참조모델로 삼대의 재상으로서의 이윤뿐만 아니라 삼대 이후의 재상들에 대해서도 다각도로 역할 모델을 거듭 추적한다. 그 중 "제갈공명은 남양 땅에서 용처럼 누웠다가 선주(先主)의 삼고(三顧)를 기다린 후에 일어났으니, 이는 곧 이윤이 밭이랑에서 갑자기 깨달은 것과 같다. …… 그러므로 나아가고 처하는 큰 절개와 충성 대의가 삼대(三代) 이후로 유일한

---

598) 『三峰集』 卷11, 經濟文鑑 別集 上.

599) 『三峰集』 卷9, 經濟文鑑 上.

600) 『三峰集』 卷5, 佛氏雜辨 闢異端之辨.

사람이었다"[601]고 평가한다. 제갈공명에 대한 평가 기준 역시 이윤이다. 삼대의 재상은 이윤, 삼대 이후의 재상은 제갈공명[602]이 유일하다. 삼봉은 여기에 그치지 않고 삼대이후의 패도적 재상의 역할모델도 탐색하여 그 변별적 가치를 드러내려 한다.

3) 패도적 재상정치: 관중

삼봉은 재상연표에서 요순시대와 함께 패도정치로 공업(功業)을 이루었던 오패(五覇)도 치세의 하나로 설명한 바 있다. 그는 배원친명(背元親明)의 정치적 노선을 견지하고 있었다. 친원파인 이인임 등이 북원(北元)의 사신을 맞이하려 하자 김구용, 이숭인, 정도전, 권근 등이 상서하여 영접을 강력하게 반대하다 결국 유배 길에 오른 사실도 있는 강경파였다. 이외에도 삼봉은 원나라에 대해 "하루아침에 이류(異類, 원을 가리킴)가 중국에 들어와 백여 년 동안을 웅거하였다는 말인가? 이 역시 우주간의 세도(世道)에 크나큰 변괴"를 일으킨 이류(異類)의 왕조였으나 "천심을 기다려 진주(眞主, 명태조를 가리킴)가 일어나 하늘의 명령을 받들고 죄인을 쳐서 위(位)를 바루고 체제를 세워 천하의 이목을 새롭게 하였다"[603]고 말한다. 그러나 삼봉은 세도에 변괴를 일으킨 원나라에 대해서도 역사적인 정통성에서 벗어난 시각으로 바라보지 않고 있으며, 군주에 대해서도 치세를 이루고 일대지제(一代之制)를 이룬 군주로 평가하고 있다. 결코 성리학적 세계

---

601) 『三峰集』 卷9, 經濟文鑑 上.

602) 제갈량은 "법치를 중시했으며" "상벌을 명백히" 하고, 유선(劉禪) 형제를 위해 『신불해』, 『한비자』, 『관자』, 『육도』 등을 교재로 법가의 학설을 교육했다. 장국화 엮음, 임대희 외 옮김, 앞의 책, pp.314~328 참조.

603) 『三峰集』 卷3, 序, 贈任鎭撫詩序.

관이나 존왕천패(尊王賤霸)의 이념으로 군주를 평가하는 데 얽매이지 않고 있다. 삼봉이 군주를 평가하는 기준은 국가경영의 치도관이다. 국가경영의 치도관 시각으로 원태종(元太宗)에게 접근해 보면 원태종은 도량이 크고 인자한 도덕적 품성을 지닌 군주이자 백성들의 생업을 안정시키고 태평한 치세를 이룬 군주로 평가할 수 있다.

> 제는 너그럽고 큰 도량과 인자하고 두남두는 마음을 가져, 때를 짐작하고 힘을 헤아려 하므로 잘못되는 일이 없었다. 화하가 부요해지고 백성들의 생업이 안정되었으며 행려들이 양식을 가지고 다닐 것이 없게 되어 당시에 태평한 세상이라고 일컬었다.[604]

원세조(元世祖) 또한 인자하고 효성이 지극하며 도량이 큰 군주이자 백성들을 아끼며 일대의 제도를 만든 군주로 평가하여 일체의 다른 가치판단의 개입을 불허하고 있다.

> 인자하고 밝으며 영특하고 지혜로웠는데, 태후를 지극한 효성으로 섬기고 더욱 아랫사람을 돌보기를 잘하였다. 도량이 크고 넓어 사람을 알아보고 신임하여 부리기를 잘하되, 유술의 선비를 믿고 쓰며 백성들의 힘을 아끼고 길러 매양 재상을 만나게 되면 조세를 면해 주고 굶주린 사람을 구제하되 오직 제대로 미치지 못할까 염려했다. 이렇게 함으로써 능히 중화의 문화로써 오랑캐 풍속을 개혁하여 천하를 혼일하고 강령을 세워 조목을 마련하였으니, 일대의 제도를 만든 것이 규모가 크고 원대했던 것이다.[605]

이처럼 삼봉은 국가경영의 결과를 기준으로 국가경영의 치도관의 시각에서 군주의 장단점을 간파하고 자리매김하고 있다. 오패(五霸)의

---

604) 『三峰集』 卷12, 經濟文鑑 別集 下, 元太宗.
605) 『三峰集』 卷12, 經濟文鑑 別集 下, 元世祖.

패도를 치세의 수단으로 인식했듯이 원태종과 세조에 대해서도 일대
지제(一代之制)를 달성한 치세의 시대로 평가한다.

이러한 국가경영의 치도관의 시좌(視座)를 패도의 대명사 관중으로
연장시켜 살펴보면 관중은 제환공으로 하여금 패업의 치세를 달성하
게 한 패도적 재상이다. 삼봉은 패업을 이룬 제환공과 관중의 관계를
태조 이성계와 자신으로 대비시켜 설명한다.

> 제환공이 포숙에게 묻기를 '나라는 어떻게 다스려야 하는가?' 하니
> 포숙이 대답하기를, '원컨대 공은 거(莒) 땅에 계시던 때를 잊지 마
> 시고, 중보(仲父)는 함거에 있던 때를 잊지 말라' 했으니, 신은 원컨
> 대 전하께서는 말에서 떨어지던 때를 잊지 마시고, 신은 목에 칼을
> 썼을 때를 잊지 말면, 자손만대까지 내려가게 될 것입니다.606)

성공한 패도의 상징으로서 중원의 질서유지와 제(齊)나라에 사회적
안녕과 경제적 풍요를 가져다주었던 제환공과 관중을 태조 이성계와
삼봉으로 대비시키고 있는 장면이다. 이 장면은 국가경영 치도관의
시좌에서는 패도의 재상도 재상의 역할 모델의 한 축을 형성하고 있
음을 의미한다. 삼봉이 현실적인 재상의 모델로 패도의 상징인 관중
을 고려하고 있음을 드러낸 대목이다.

> 신하로서 나 이오는 군명을 이어서 사직을 받들고 종묘를 지키는
> 데 있거늘, 어찌 한 사람인 규를 위해서 죽겠는가? 내가 죽을 상황
> 은 사직이 무너지고, 종묘가 사라지고, 제사가 끊어지는 때니, 그때
> 가 오면 나 이오는 죽을 것이네. 이 세 가지가 아니라면 나 이오는
> 살아야겠네.607)

---

606) 『三峰集』 卷8, 附錄, 事實.

607) 『管子』 大匡.

관중은 백성을 살리고 종묘사직을 보존하고 부민부국(富民富國)의 국가경영을 달성하기 전에는 죽지 않는다는 정치적 책임의식을 지니고 있다. 이러한 정치적 책임감을 바탕으로 각종 잡다한 사상을 전략적으로 선택, 집행하며, 초지일관 정치적 목표를 지향하고 있다. 관중의 정치적 목표는 무엇보다도 백성들의 경제적 안정을 도모하는 데 초점이 모아진다.

> 무릇 영지가 있어 백성을 다스리는 사람은 그 임무는 사계절을 살펴서 농사가 잘되게 하는 데 있고, 그 직분은 곡식을 저장하는 창고가 가득 차도록 하는 데 있다. 국가에 물자가 풍부하면 멀리 있는 사람도 모여들기 마련이고, 토지가 모두 개간되면 백성이 머물러 산다. 창고가 가득 차면 예절을 알고, 입을 옷과 양식이 풍족하면 영광과 치욕을 안다.[608]

관중은 패도적 정치의 목표를 먼저 경제적 부(富)의 축적으로 설정한다. 맹자가 주장하는 왕도와 인의의 정치와는 방향성이 다르다. 맹자가 '힘의 정치'라고 관중을 비판하듯 패도는 부국강병의 힘을 추구한다. 제환공에게 "만약 패왕이 되시고자 하면 제가 여기 있습니다"[609]라고 설득시킬 만큼 패업을 정치적 비전으로 설정한다. 관중은 이러한 목표지향형의 정치적 책임의식으로 투철하게 무장하고 있다. 삼봉은 투철한 책임의식으로 무장한 관중에 대해 "관중은 그 나라를 3등분하여 21향(鄕)을 만들고, 내정(內政)을 지어서 거기에 군령(軍令)을 붙였으니, 비록 주나라 제도의 장점에는 미치지 못하였으나 당시로서는

---

608) 『管子』 牧民. "凡有地牧民者 務在四時 守在倉廩 國多財 則遠者來 地辟擧 則民留處 倉廩實 則知禮節 衣食足 則知榮辱"

609) 『管子』 小匡.

잘 통솔된 군사라고 불리었으며 드디어 천하의 패자(覇者)가 되었다"610)고 긍정하는 입장이다. "옛사람이 용렬한 임금이나 범상한 임금을 섬기는 데 그 도리를 능히 행하여 자기의 정성스런 뜻이 위에 통달하면 임금이 그 믿음의 돈독함을 보게 된다. 관중이 환공(桓公)을 보상(輔相)한 것과, 공명(孔明)이 후주를 보필한 것이 바로 이것이다."611) 군주의 자질상 보통군주인 제환공을 패자로 만든 관중의 공업은 재상이 뛰어나면 일대의 치세와 공업(功業)을 이룰 수 있다는 것을 보여준다. 삼봉 역시 강(强, 강함)·안(安, 안락)·영(榮, 번영)의 국가비전을 실현시키기 위해서 관중의 실용적인 패도를 지지한다. 보통군주인 제환공을 보필해 일대의 치세를 이루게 한 관중의 정치적 능력을 삼봉의 입장에서는 현실적 재상의 모델로 착안하지 않을 수 없다. 그렇지만 순자적 패도가 이사의 반민적(反民的)·해민적(害民的)인 패도정치로 치달아 결국 "진시황의 실패한 길"612)을 안내했던 극단적 패도주의는 철저히 경계한다.

뿐만 아니라 패도적 기술정치를 추구하는 "책임윤리의 인간은 너무도 현실적이고 실리적이어서 신뢰가 없는 조삼모사(朝三暮四)의 속물근성으로 전락할 위험성을 품고 있다."613) 관중 역시 패도적인 업적에도 불구하고 공자에 의하여 '예'를 모르는 사람이라고 비난받은 바 있다.614) 이렇게 본다면 관중은 공자에게서 예의를 분별할 줄 모르는 자로 비판받고, 맹자로부터는 '인의의 정치'와 거리가 먼 '힘의

---

610) 『三峰集』 卷14, 朝鮮經國典下.

611) 『三峰集』 卷9, 經濟文鑑 上.

612) 『三峰集』 卷11, 經濟文鑑 別集 上, 漢武帝.

613) 김형효, 앞의 책, 『물학 심학 실학』, p.338.

614) 『論語』 八佾篇. "然則管仲知禮乎 曰 邦君樹塞門 邦君爲兩君之好 有反坫 管氏而知禮 孰不知禮"

정치'를 추구하는 패도주의자로 각인된다.

이처럼 삼봉이 재상의 모델로 삼고 있는 이윤과 관중은 요순시대의 회복이라는 당위적 비전과 현실적인 패도적 실용성의 효과를 통합하려는 과제로 압축된다. 또한 이윤의 정치적 책임감과 관중의 경세적 능력의 장점을 고려하고 서로 충돌하지 않도록 보완하여 새로운 왕패론적 재상정치의 실천적 요청에 부응하고 있다.

3. 삼봉의 왕패론적 재상정치

1) 왕패정치의 주체: 眞儒

삼봉은 유교적 왕패관의 사상적 구도에 따라 경세적 능력이 결여된 기존의 유자(儒者)들에 대해 진단을 실시한다. "정도전은 고려체제의 와해를 가져온 핵심적인 요인을 잘못된 인재양성 방법과 잘못 설정된 엘리트 검색기준에 의해서 진출된 엘리트에 의한 통치, 즉 非儒者(浮華無實者)에 의한 통치에 그 근본원인이 있는 것으로 보았다."[615]

> 저 儒者라고 호칭하는 자들은 헌 갓과 낡은 옷으로 조심조심 고개를 내밀었다 움츠렸다 하며 그저 관망하며 겨우 자기 한 몸이나 보호할 뿐이며, 비록 문서나 다루는 말단의 자리에 앉을지라도 오히려 의견을 내지 못하는데 …… 이익이 있으면 가로채고 또 평상시에는 고담준론을 하며 능하지 못한 것이 없는 듯하다가도 만약 일을 맡기면 아득하여 할 바를 알지 못하는 자가 대부분인 것이다.[616]

---

615) 박병련, 앞의 글, 「정도전의 정치사상과 유교적 관료체계의 재설계」, p.127.

616) 『三峰集』 卷3, 送趙生赴擧序.

삼봉의 '유자'에 대한 담론을 살펴보면 삼봉은 '유자'에게 도덕성과 경세성, 즉 윤리성과 전문성을 끊임없이 요구하고 있다. 그래서 '유자'라고 부르는 자들이 구체적인 문제해결을 위한 '경세적인 능력'은 결여하고 '말의 정치'만을 일삼는 세태를 심하게 비판하고 있다.

> 일찍이 유자(儒)와 관리(吏)를 논한 학설에 이르기를, '도덕(道德)이 몸과 마음에 온축(蘊蓄)한 것을 유자(儒者)라 이르고, 교화를 정사(政事)에 베푸는 것을 관리라 이른다'고 했다. 그러나 그 온축(蘊蓄)한 것이 바로 시용의 근본이 되는 것이며, 그 시용도 온축(蘊蓄)에서부터 미루어 나가는 것이고 보면, 유자와 관리는 한 사람이며 도덕 교화는 두 가지 이치가 아닌 것이다. 그런데 세도가 낮아짐으로부터 도덕은 사장(詞章)으로 변하고 교화는 법률로 바뀌어서, 유자와 관리가 갈라지게 되었다. 그래서 유자는 관리를 속되다 배척하고, 관리는 유자를 썩었다고 나무라므로 세상에서 말하는 도덕과 교화는 모두 쓸모없는 물건이 되고 만 것이다. 그리고 그 사이에 간혹 유술(儒術)로써 이치(吏治)를 가식하는 자도 있으나 역시 자기 사욕만을 채우려는 데 불과할 뿐이다.[617]

고려적 병폐를 치유하고 강국(强國), 안국(安國), 부국(富國)을 달성하기 위해서는 새로운 유형의 유자(儒者)가 필요하다고 본다. 유자와 관리를 한 사람으로 통합하고 정도전 자신의 정치적 비전을 담을 수 있는 새로운 '경세적 유자상(儒者像)'으로 재정의를 시도하고 있다. 왕패론적 재상정치를 위해 "국가가 과거를 보여 선비를 뽑는 것은, 참다운 선비(眞儒)를 얻어서 지극한 정치를 이룩해 보자는 것"[618]이기 때문에 '지극한 정치'를 펼 수 있는 진유(眞儒)의 등장을 요구하고 있다. 과거제도의 본래의 취지는 진유(眞儒)의 충원이 목적이라고 설명한다. 그는

---

617) 『三峰集』 卷3, 送楊廣按廉庾正郎詩序.

618) 『三峰集』 卷3, 送趙生赴擧序.

당시에 통용되던 유자라는 개념을 새롭게 개념화하여 실천적이고 '경세적 유자'로서의 실무관료로 정립하여 시대적 요구에 부응하려 한다. 그러므로 국가가 바라고 구하는 진유(眞儒)에 대해 그는 "이따금 묘당(廟堂)의 위에서 경세제민(經世濟民)을 하고 천리 밖에서 적의 예봉(銳鋒)을 꺾어 사직(社稷)과 민생(民生)의 의지가 되는 자"[619]이기 때문에 "조생은 능히 국가의 뜻을 체득하여 전자(필자: 儒와 吏가 분리된 儒者)의 잘못을 답습하지 말고 유자(필자: 眞儒)의 공효(功效)를 세상에 명백하게 드러내게 하라"[620]고 과거보러 떠나는 조생에게 신신당부하고 있다. 이러한 진유의 역사적 모델로는 조선조 도학자들이 학습의 대상으로 삼았던 주자 등이 아니라 "우(虞)·하(夏)·상(商)·주(周) 시대의 치세를 이룬 기(夔)·고요(皐陶)·직(稷)·설(契)·이윤(伊尹)·부열(傅說)·주공(周公)·소공(召公)과 같은 인물들과 한(漢)·당(唐) 시대의 일대의 세도를 유지한 소하(蕭何)·조참(曹參)·방현령(房玄齡)·두여회(杜如晦) 같은 인물들"[621]이 그 설정 대상이다. 이들은 모두 고대 중국의 재상들과 한·당시대의 재상들이다. 이처럼 정치행정의 주체로서 치세와 세도를 보존한 진유로서의 유자는 다음과 같다고 보았다.

그 학문의 범위가 천지를 포괄해서 음양(陰陽)의 변화와 오행(五行)의 분포와 일월성신(日月星辰)의 조림(照臨)으로부터 산악(山嶽) 하해(河海)의 흐르고 솟음과 초목의 크고 시듦이며, 귀신의 정(情)과 유명(幽明)의 이치까지 통달하며, 그 윤리를 밝힘에 있어서는 군신간의 의(義)가 있는 것, 부자간에 은(恩)이 있는 것, 부부간에 분별이 있는 것, 장유(長幼)는 차례가 있고 친구 간에는 믿음이 있어야

---

619) 『三峰集』 卷3, 送趙生赴擧序.

620) 『三峰集』 卷3, 送趙生赴擧序.

621) 『三峰集』 卷3, 贈任鎭撫詩序.

함을 알아서, 그를 공경하고 친애하고 분별하고 차례를 지키고 믿음을 갖게 합니다. 또 고금을 통달함에 있어서는 지금까지 이르도록 세도(世道)의 승강과 풍속의 미악과 그리고 밝은 임금과 어두운 임금, 간신과 충신들의 언어 행사의 잘잘못이며 예악형정의 연혁과 득실이며, 현인군자의 출처와 거취 등이 관통하지 않는 것이 없으며, 그 추향(趨向)의 바른 것에 있어서는 성(性)이 천명(天命)에서 근본하며 사단(四端)과 오전(五典) 그리고 만사(萬事) 만물의 이치가 그 성(性) 가운데에 통합되어 있지 않음이 없음을 알고 있으니, 이것은 불가(佛家)에서 이른 공(空)도 아니며, 또 도(道)가 인생 일상 생활의 떳떳한 것에 갖추어 있고 천지의 모든 형체를 포괄하고 있는 것을 알고 있으니 도가에서 일컫는 무(無)도 아닙니다.

그래서 불노의 사특한 해를 분변하여 백 대의 무지한 의혹을 열어 주었으며, 시속의 공리설(功利說)을 꺾어 도의(道誼)의 올바른 데로 돌아가게 했으니, 임금이 그를 쓰면 편안하고 아래가 안온하며, 자제가 그를 따르면 덕이 높아지고 업이 진취될 것이요, 궁하여 때를 만나지 못하면 글로 써서 후세에 전할 것이며 또 그 자신을 독실하게 하는 데 있어서는 차라리 세속에서 비방을 당할지언정 성인의 가르친 뜻은 저버리지 못하며 차라리 그 몸이 주려서 아주 곤경에 빠질지언정 불의를 범하여 이 마음을 부끄럽게 하지 않는 것이 이 유자의 업(業)입니다.[622]

삼봉은 국가경영을 수행할 진유(眞儒)에 대한 학문적인 측면, 윤리, 세도의 승강과 예악형정 등 고금에 관한 문제 등 성리학의 학습과 행동규범까지 종합적으로 제시하고 있다. 하공이 글을 읽어서 통유(通儒, 박식하고 실천력이 있는 학자)가 되고[623] 유자를 유(儒)[624] 또는 통유(通儒)[625]로 지칭하며 궁극적으로 진유(眞儒)를 지향하는 의미가 여기에 있다.

---

622) 『三峰集』 卷4, 說, 錦南野人.

623) 『三峰集』 卷3, 賀河公生子詩序.

624) 『三峰集』 卷3, 贈典敎金副令詩序. “吾友金君義卿 讀書爲儒 待時而動 當世在癸巳”

625) 『三峰集』 卷3, 賀河公生子詩序. “公讀書爲通儒 赴擧業巍然魁多士 自筮仕以至于爲將相 出入中外 夷險一節 不失令門”

전하는 즉위 초에 유사에게 거듭 밝히기를 "경학(經學)에 밝고 행
실이 닦여지고 도덕이 겸비하여 가히 사범이 될 만한 사람, 식견이
시무(時務)에 능통하고 재주가 경국제세(經國濟世)에 알맞아서 사
공(事功)을 세울만한 사람, 문사(文辭)에 익숙하고 필찰(筆札)에 솜
씨가 있어서 문한(文翰)의 임무를 맡을 만한 사람, 율산(律算)에 정
통하고 이치(吏治)에 달통하여 백성을 다루는 일을 감당할 만한 사
람, 지모나 도략(韜略)이 깊고 용기가 삼군(三軍)에 으뜸이어서 장
수가 될 만한 사람, 활쏘기와 말타기에 익숙하고 돌멩이를 던지는
일에 솜씨가 있어서 군무를 담당할 만한 사람, 그리고 천문(天文),
지리(地理), 복서(卜筮), 의약(醫藥) 중에서 한 가지 특기를 가진 사
람들을 세밀히 찾아내서 조정에 보내라."626)

국가에서 국가경영을 위해 필요로 하는 인재는 경학(經學)에 밝고
도덕을 겸비하며, 시무(時務)에 능통하고 사공(事功)에 뛰어나며 문사
(文辭)에 익숙함은 물론 율산, 활쏘기, 말타기, 의약 등의 문무(文武)에
도 출중하여 경국제세(經國濟世)를 이룰만한 다양한 경세적 능력의 소
유자를 말한다.

삼봉이 재정의하고자 하는 유자상(儒者像)은 동아시아 정치사회의
역사성이라는 장구한 콘텍스트 상에서 이해되어야 한다. 즉 그는 선
진시대의 유가(공자, 맹자, 순자), 법가 등의 정치사상과 한당시대의
학자관료, 고려시대의 유학자의 개념범주를 시대적 요청에 따라 재규
정하여 새로운 '유자상'을 수립하고자 한다. 그렇기 때문에 그가 기획
하고 있는 유자 개념은 조선 중기 이후의 주자학적 시각과 초점이 불
일치할 수밖에 없다. 정도전의 '유자'에는 어느 하나의 사상에만 국한
시킬 수 없는 다양한 사상적 편린들이 깃들어 있기 때문이다. 그러나
분명한 점은 이러한 사상적 복합성에도 불구하고 정도전의 사상은

---

626) 『三峰集』 卷7, 朝鮮經國典 上, 禮典, 擧遺逸.

일관되게 유교적 패러다임의 전통 속에 살아 있다는 것이다. 유교적 왕패관에 입각하여 개념화한 '유자'는 주자학적인 도덕성을 담지하면서도 구체적인 현실 문제를 해결할 수 있는 경세적 능력 또한 구비해야만 하는 '유자 관료'[627]라고 규정할 수 있다. 정도전은 맹자의 민본주의 노선과 순자의 부국강병론적 사상을 스스로의 자화상이라고 할 수 있는 儒者에 의하여 통합시키려[628] 하고 있다.

2) 재상의 책임정치

'유자 관료'들로 구성된 백관을 통솔하는 총괄책임자는 일인지하 만인지상(一人之下 萬人之上)의 재상이다. 세습군주제하에서는 어리석은 사람이 군주가 될 수도 있고, 포악한 사람이 될 가능성도 전혀 배제할 수 없다. 강경한 사람이 될 수도 있고, 유약한 사람이 될 가능성도 있다. 군주가 절대권력으로 폭정을 한다면 그 피해는 백성들에게 그대로 전가될 것이다. 삼봉은 혼명(昏明)이 일정치 않는 세습군주로는 위민정치와 인정(仁政)을 보장할 수 없으므로 재상이 군주를 보필하는, 재상의 책임정치체제의 구축을 기획한다. 어질고 현명한 재상이 군주를 보상(輔相)한다면 군주의 불안정성으로 발생할 수 있는 폭정과 국정실패는 방지할 수 있다는 의도이다. 그래서 삼봉의 유교적 국가경영체제 구상은 권력을 분할하여 상호견제와 균형을 꾀하는 것

---

627) 『三峰集』 卷3, 序, 送楊廣按廉庾正郎詩序. 박병련, 앞의 글, 「정도전의 정치사상과 유교적 관료체계의 재설계」, pp.129~130. 박병련은 삼봉의 유자는 맹자적인 요소와 순자적인 요소의 결합에 의해 개념화되었음을 밝히고 있다. 그는 이러한 유자의 실존상황을 윤리성과 경세성의 긴장관계로 표현하고 있다. 이러한 삼봉의 유자의 역사적 전거로 주공, 관중, 제갈량 등을 들고 있다. 삼봉 자신이 이상적인 유자로 생각했던 사람들의 목록은 『三峰集』 卷3 「贈任鎭撫詩序」와 卷4 「高麗國新作都評議使司記」 참조.

628) 박병련, 앞의 글, 「정도전의 정치사상과 유교적 관료체계의 재설계」, p.131.

이었다. 군주는 통치권, 재상은 행정권, 언론(사간원, 사헌부)은 감찰
권과 탄핵권을 분할하는 구조이다.

삼봉은 재상의 책임정치를 구상하기 위해 역사적으로 왕정을 가장
효율적으로 운영한 관료체제의 청사진으로 주나라의 주례체제를 이
념형(Ideal type)으로 상정한다.

> 대저 왕이 나라를 세움에 그 방향을 변별하고 모든 위치를 바르게
> 해야 한다. 그 나라의 국토를 체화하여 성내와 교외의 경역을 잘
> 분획해야 한다. 그리고 관료를 설치하고 그 직책을 효율적으로 분
> 담시켜 민극(民極)을 확립해야 한다. 이에 천관총재를 세워 모든 관
> 료를 그에게 속하게 하여 통솔케 하고 나라의 다스림을 관장케 한
> 다. 그리하여 왕을 보좌케 하고 나라를 균등하게 한다.629)

군주는 국가경영의 치도관을 확립하고 관직을 설치하고 직분을 나
누어(設官分職) 천관총재로 하여금 모든 관료를 관장하게 한다.

> 주나라의 총재직은 거느리지 않는 것이 없었다. 내조에서 숙위하는
> 선비와 외정(外庭)에서 도역(徒役)하는 사람은 직위가 낮은 자들이
> 지만 총재가 통솔하고 다스렸는데 다른 날에 시어하는 종복들이
> 모두 바른 사람인 것은 여기서 나온 것이 아니겠는가? …… 심부름
> 하는 환관(宦腐)의 부류들과 궁중 빈어(嬪御)의 일과, 음식을 받들
> 어 공궤하는 역은 관원 가운데서 지극히 용렬하고 물건 중에서 지
> 극히 미미한 것임에도 총재가 주관하였은즉, 다른 날 집안이 가지
> 런하고 몸이 닦이며 마음이 화평하고 기운이 태평하여 여자의 총
> 애에 빠질 근심이 없게 된 것도 또한 여기에서 나온 것이니, 총재
> 의 존귀함으로써 그 통솔하는 것이 모두 사대부들이 대단치 않게
> 여기는 일들이라 비루한 것처럼 여겨진다. 이것이 도를 논하고 나
> 라를 경륜하는 바의 직분이요, 이것이 인군의 마음을 바르게 하는

---

629) 『周禮訂義』 卷1. "天官冢宰 惟王建國 辨方正位 體國經野 設官分職 以爲民極 乃立天官冢宰 使師其屬而掌
邦治 以佐王均邦國". 이 구절은 『周官新義』 卷1의 天官1과 周禮訂義卷1의 첫 페이지에 있는 내용이다.

바의 사업인 것이다.630)

삼봉이 생각하는 총재가 하는 일은 추상적인 도(道)에 대한 고담준론(高談峻論)을 하는 '담론의 정치' 이외에도 군주의 심부름, 음식 등 미미한 사항에 대한 관여는 물론 군주가 여자의 총애에 빠지지 않도록 살피는 것도 포함된다. 이렇게 자질구례하고 번거로운 일과 같은 소치(小治)에 해당되는 일부터 국가를 경륜하는 국가경영의 치도(治道)까지 총괄하고 있다. 이것이 "도를 논하고 국가를 경륜하는 바의 직분이요, 이것이 인군의 마음을 바르게 하는(格君心) 바의 사업"631)에 해당된다. 또한 "재상의 직은 위로 군주의 덕을 바르게 규정하고, 아래로는 백직(百職)을 총섭(總攝)하므로 그 직책은 매우 무겁다."632) 삼봉의 왕경패권(王經覇權)의 시각으로 보면 군주는 도덕적 최고 상위자로서의 위상을 지니고 있는 반면, 재상은 군주의 인정(仁政)을 현실화하기 위해서 실(實)을 드러내야 하는 책임을 맡고 있다. 왕패론적 재상정치에서 치세를 달성하는 방법에는 두 가지로 압축할 수 있다. 하나는 이윤처럼 군주를 왕자(王者)가 되게 보필하는 정치적 방법이고, 다른 하나는 제환공이 패자가 되도록 보좌한 관중의 패도론적 방법론을 선택하는 것이다. 삼봉은 이 문제 해결을 위해 재상연표에서 다음과 같은 대안을 제시한다.

제자(帝者: 堯舜)의 시대에는 인군과 신하가 모두 성인이었다. 그래서 서로 더불어 당폐의 위에서 '도'(都)라, '유'(兪)라 하면서 태평한

---

630) 『三峰集』 卷9, 經濟文鑑 上, 宰相.

631) 『三峰集』 卷9, 經濟文鑑 上, 宰相. 此其所以爲論道經邦之職 此其所以爲格君心之事業也

632) 『三峰集』 卷9, 經濟文鑑 上, 宰相. 宰相之職上以規正君德 下以總攝百職其任甚重

정치를 이루었다. 왕자(王者: 禹王, 湯王, 文王, 武王을 가리킴)의 시
대에는 인군과 신하가 모두 현인이었다. 그래서 서로 더불어 정사
에 부지런히 힘써서 융숭한 치세를 이루었다. 패자(覇者)의 시대에
는 인군이 신하만 못하였으나 신하에게 전권을 맡겼다. 그래서 또
한 일대의 공업(功業)을 이루었다. 만약 인군의 자질이 중간 정도의
경우에는 재상에 훌륭한 사람을 얻으면 정치가 잘되고, 재상에 훌
륭한 사람을 얻지 못하면 정치가 어지러워진다.[633]

유교적 왕패관의 시각에서 볼 때, 인군과 신하가 모두 성인인 요순
시대나 인군과 신하가 모두 현인인 탕무시대는 인군과 신하가 서로
더불어 정치하여 태평하고 융숭한 치세를 이루었다. 인군이 신하만
못하는 패자의 시대나 인군의 자질이 중간 정도인 보통군주일 경우
에는 훌륭한 재상은 전권을 위임받아 책임정치를 단행한다.

삼봉이 주장하는 왕패론적 재상정치의 중심으로서 "재상이 된 자
는 깊이 성현의 전하는 바 정도(正道)를 상고"[634]해야 한다고 주장한
다. 그러나 "이윤이 탕을 보필함에 아형(阿衡)이라 하였고, 주공이 주
나라를 보필함에 태재(大宰)라 하였은즉, 형(衡)이라 함은 만물의 경중
을 저울질(權)하여 평평한 데로 돌아가게 하는 것이요, 재라 함은 백
약의 많고 적음을 조제하여 화(和)에 맞게 하는 것이니 오로지 그 화
평일 따름이라"[635] 하여 재상의 직책 수행은 정도(正道)로서의 경(經)
과 상황에 대응하는 권(權)의 입장이 모두 고려되고 있다.

재상은 재상직(宰相職)의 책임을 성실히 수행해야 하는데, "삼대의
제도가 주(周)에 이르러 크게 갖추어져서 주관의 법도가 상세하고 밝

---

633) 『三峰集』 卷13, 朝鮮經國典上, 治典, 宰相年表.

634) 『三峰集』 卷9, 經濟文鑑 上.

635) 『三峰集』 卷9, 經濟文鑑 上. "伊尹之相湯曰阿衡 周公之相周曰大宰 衡者所以權萬物之輕重而歸於平 宰
者所以制百藥之多寡而適於和惟其和平而已"

아 들어 시행할만"636)했다. 주관의 천관총재는 재상의 임무를 가장 효율적으로 수행할 수 있는 체제로 구성되어 있고, 가장 명확하게 정의되어 있기 때문에 삼봉이 차용하고 있다고 본다.

그러나 주나라의 총재직은 진나라에 들어 무너지게 된다. "진나라 사람들이 주의 관제를 불사르고 옛사람이 체통을 유지하던 기구를 사방으로 분산시켜 버려, 뭇 직분이 나뉘어져서 대신이 통솔하지 않게 되니 군주가 사사로이 거처하여 희롱하고 친압할 때에 심술이 굴러 옮겨지고 성질은 잠겨 젖어서 이르지 않는 바가 없었으니, 이것이 주나라 사람의 재상을 신임하던 뜻이 진나라에서 무너진 것이다."637) 재상이 백직(百職)을 총섭(總攝)하던 직분이 분산되고 재상이 군주의 마음을 바르게 하는 '격군'의 정치적 행위가 무너진 상태다.

또한 "한(漢)나라 재상이 직책을 잃은 것은 진평으로부터 비롯되었다고 하겠다. 대개 전곡의 출납이란 나라 재용(財用)의 근본이요, 옥사의 재결(裁決)이 많고 적음에는 백성의 목숨이 매여져 있다. 그런데도 재상이 이에 더불어 간여하지 않고 천자로 하여금 정위(廷尉)와 치속내사(治粟內史)에게 책임을 지게 하였으니 무릇 구경(九卿) 이하 재상이 모두 참여하여 알지 못하였던 것이다."638) 한나라의 재상의 직책을 잃게 한 진평은 재상의 직책에 대해서 다음과 같이 말했다.

> 재상은 위로 천자를 도와 음양을 다스리고 사계절에 따르며, 아래로는 만물이 제대로 자라도록 하며, 밖으로는 사방 여러 나라와 제후들을 달래며, 안으로는 백성과 가까이 지내고 경대부들이 각각

---

636) 『三峰集』 卷9, 經濟文鑑 上.
637) 『三峰集』 卷9, 經濟文鑑 上.
638) 『三峰集』 卷9, 經濟文鑑 上.

자기 직책에 충실하도록 살피는 것입니다.[639)

주나라의 재상은 미미한 소치(小治)의 일에서부터 국가경영의 치도
관과 '격군(格君)'의 직무까지 수행하는 직분이고, 진평은 '소치(小治)'
의 구체성을 탈피하여 추상적인 개념규정으로만 그치고 있다.

또한 한나라 재상의 직분은 처음에는 무거웠으나 뒤에 가벼워졌는
데, "무제(武帝)가 전 분(田蚡)의 전권하는 폐단을 지나치게 징벌하여
재상의 권한을 심히 억누른 것인즉, 한나라 초기에 재상을 신임하던
제도가 무제에 이르러 무너지게"[640) 되었다.

삼봉이 구상하는 재상의 책임정치는 불인인지정(不忍人之政)의 인
정(仁政)과 강(强)·안(安)·영(榮)의 국가비전을 현실적으로 실현해야
한다. 그래서 재상은 투철한 책임감이 필요하고 재상의 직분은 매우
구체적이다.

> 도를 논하고 나라를 경륜하며 음양을 섭리한 연후에라야 재상의
> 직분을 하는 것인데 …… 대개 옛날의 도를 논하고 국가를 경영하
> 는 자가 일찍이 사물을 떠나서 청담한 적이 없었으니, 문서나 법령
> 가운데에도 도가 없는 곳이 없었다.[641)

삼봉이 기획하고 있는 재상의 직분은 진평의 주장처럼 사물을 떠

---

639) 곽존복·김영수 옮김, 『권력장』(서울: 푸른숲, 1998). pp.225~226. 처음으로 재상의 직분을 개괄한 사람
은 서한 초기에 좌승상을 지낸 진평(陳平)이었다. 문제는 우승상 주발과 좌승상 진평에게 지난 일 년 동
안 국가가 범법자를 형법으로 다스린 수와 수입 지출 액수를 물었다. 주발은 잘 모른다며 문제에게 용서
를 빈 반면, 진평은 순간적으로 재치를 발휘하여 그런 것은 주관하는 부서에 물어야 마땅하다고 대답했
다. 문제는 잔뜩 불쾌한 표정으로 그런 일을 주관하는 부서에서 관장한다면 승상 당신은 무슨 일을 하느
냐며 다그쳤다. 바로 여기서 최초로 재상의 직분을 거론한 대목이 나온다.

640) 『三峰集』 卷9, 經濟文鑑 上.

641) 『三峰集』 卷9, 經濟文鑑 上. 『경국대전』에는 재상은 "백관을 통솔하고 서정을 고르게 하며, 음양을 다스
리고 나라를 경륜한다"고 명시되어 있다. 『經國大典』, 吏典, 議政府.

나서 추상적인 청담만 일삼는 것이 아니라 국가경영의 치도를 논하고 조선이 당면하고 있는 구체적인 현실과 백성들의 민생문제 등에서 현실 적합성 있는 대안과 실현가능한 대책을 강구하는 일이다.

삼봉은 주자학과 사공학에 대해서 충분히 인지하고 있다. 삼봉이 주자학과 사공학을 두루 섭렵하고 있는 사상적 경향은 『경제문감』의 「간관(諫官)」 편에서 주자의 글[642]과 진량의 글[643]을 동시에 인용하고 있다는 점을 보더라도 알 수 있다. 『경제문감』에는 『주례정의(周禮訂義)』, 『산당고색(山堂考索)』, 『서산독서기(西山讀書記)』, 『문헌통고(文獻通考)』 등이 참고되었고, 송대 사공학 계열의 저술이 원용되었다.[644]

<표 Ⅳ-2> 『경제문감』의 인용 전거

『經濟文鑑』 上	宰相	『周禮訂義』 天官, 大宰. 『西山讀書記』 卷12, 君臣. 『山堂考索』 續集 卷30·31, 官制門, 別集 卷18, 人臣門.
『經濟文鑑』 下	臺官	『文獻通考』 卷53, 職官考7, 御史臺. 『山堂考索』 後集 卷25, 官制門, 續集 卷36, 官制門, 別集 卷18, 人臣門.
	諫官	『山堂考索』 後集 卷25, 官制門, 續集 卷36, 官制門, 別集 卷18, 人臣門.
	衛兵	『周禮訂義』 天官, 宮正, 宮伯. 『山堂考索』 後集 卷39·40, 兵門.
	監査	『山堂考索』 後集 卷37, 官制門, 別集 卷18, 人臣門.
	州牧	『文獻通考』 卷61, 職官考 15, 州牧勅史.
	郡太守	『文獻通考』 卷61, 職官考 17, 郡太守.
	縣令	『文獻通考』 卷63, 職官考 17, 縣令. 『山堂考索』 別集 卷18, 人臣門.

· 자료: 도현철, 「경제문감의 인용전거로 본 정도전의 정치사상」,
『역사학보 165집』(역사학회, 2000). p.72.

---

642) 『三峰集』 卷10, 經濟文鑑 下, 諫官, 出諫臣非美事 등. 『羣書考索別集』 卷18, 人臣門, 臺諫.

643) 『三峰集』 卷10, 經濟文鑑 下, 諫官, 諫臣過不若諫心過. 『羣書考索別集』 卷18, 人臣門, 臺諫.

644) 도현철, 앞의 글, 「정도전의 사공학 수용과 정치사상」, p.198. 삼봉이 사공학 계열의 서책에서 인용한 자세한 내용은 도현철, 앞의 글, 「『경제문감』의 인용전거로 본 정도전의 정치사상」 참조.

사공학은 왕안석을 연원으로 하면서 진량(陳亮),[645] 여조겸(呂祖謙), 섭적(葉適) 등으로 이어지는 학문적 계보를 형성하고 있다. 사공학은 내적인 도덕적 수양이나 본성함양을 내세우는 성리학과는 달리 『주례』와 외적인 제도를 중시했다.[646] 주자와 진량은 한당대(漢唐代)의 군주들의 패정에 대해서 수차례 논쟁을 벌였다. "주자는 전통적 주장을 인습하여 왕패를 서로 용납할 수 없는 두 정체라고 인식했다. 그래서 삼대를 존숭하고, 한당을 폄하"[647]했다. 진량은 현실의 상황을 어떻게 타개할 것인가를 중시하므로 실제의 일(事)에서 실질적인 결과와 업적(功)을 따진다. 그는 역사적인 사실을 따질 때도 사공을 기준으로 보고, 또 어떤 역사적인 인물을 평가할 때도 그가 처한 상황에서 어떻게 문제를 해결하여 안정과 질서를 가져왔는지를 중심으로 살핀다.

또한 삼봉은 재상의 직책에 대해서 '석개보(石介甫)'[648]의 말을 인용하고 있는 점이 두드러진다. 개보(介甫) 왕안석의 말은 『경제문감』의 재상직에 그대로 반영되고 있다.

> 재상의 직책은 모든 책임이 모이는 곳이다. 석개보가 말하기를 '재상은 위로는 음양을 조화하고 아래로는 백성을 편안히 어루만지며

---

645) 진량(1143~1194)은 절강성 무주 영강 출신이다. 그의 출신지 절강성 일대는 여조겸, 섭적 등 역사와 현실을 중시하는 학풍이 주류를 이루었다. 진량의 영가학파 역시 경전과 제도 연구를 통해 사공(事功, 현실적인 결과, 즉 상황타개)을 추구했다.

646) 簫公權 저, 최명·손문호 역, 앞의 책, pp.759~807.

647) 같은 책, p.792.

648) 石介라는 인물은 신유학 초기에 활동했던 손복의 제자 중에 한 명이다. 왕안석의 字가 介甫인 점으로 미루어볼 때 삼봉은 왕안석의 글을 인용한 것으로 추정된다. 왕안석에 대해서는 왕안석을 비판하는 부분 "하늘이 왕안석을 그 중간에 내지 않고" "왕안석은 논할 것도 없는"(『경제문감별집 하』, 「신종」 참조) "왕안석은 신법을 써서 천하가 이를 원망하였다"(『경제문감 상』, 「재상」)라고 매우 비판적인 입장일 경우에는 이름을 명확하게 명시하고 있다. 그러나 도현철에 의하면 삼봉은 『경제문감』의 3곳에서 왕안석의 이름을 밝히지 않고 王氏로 표현해 인용의 전거를 의도적으로 분명하게 밝히지 않고 있다. 도현철, 앞의 글, 「『경제문감』의 인용전거로 본 정도전의 정치사상」, p.77 참조.

작상과 형벌이 경유하는 바이고, 정화와 교령이 나오는 바이다'라
고 하였다. 저의 어리석은 생각에도 재상의 직책은 이 네 가지보다
더 중한 것이 없다고 여겨지며, 그 중에도 작상과 형벌이 더 막중
하다고 하겠습니다.[649]

삼봉은 이 내용을 『경제문감』 재상직에 그대로 투영시키고 있다.

위로는 음양을 조화하고, 아래로는 서민을 어루만져 편안하게 하
며, 안으로는 백성을 밝게 다스리고, 밖으로는 사방의 오랑캐를 진
정(鎭定)하고 무마하는 것이니, 국가의 작상(爵賞)과 형벌이 이에
관련이 있고, 천하의 정치와 덕화, 가르침과 명령이 이로 말미암아
나오는 것이다. 전폐(殿陛) 아래에서 치도(治道)를 논하여 일인을
돕고, 묘당(廟堂)의 위에 서서 도견(陶甄, 성인의 정사)을 잡아 만물
을 주재하며, 국가의 치란(治亂)과 안위(安危)가 항상 이에서 비롯
될 것[650]

재상직에 대한 왕안석의 말과 『경제문감』의 재상직 역할에 대한
부분 중 음양의 조화(調和陰陽), 백성을 편안하게 함(撫安黎庶), 작상과
형벌(爵賞刑罰), 정화와 교령(政化敎令) 부분은 거의 일치하고 있음을
알 수 있다.

왕안석은 국가경영체제의 이념형으로 『주례』를 중시하여[651] 『주관
신의(周官新義)』를 저술했는데, 삼봉은 관료제도와 재상의 기능적 역
할을 『주례정의(周禮訂義)』와 『주관신의(周官新義)』에서 착안한다.[652]

---

649) 『三峰集』 卷3, 書, 上都堂書. "宰相之職百責所萃也 故石介甫曰上則調和陰陽 下則撫安黎庶 爵賞刑罰
　　之所由關 政化敎令之所自出 愚以爲宰相之任 莫重於此四者 而尤莫重於賞罰也"

650) 『三峰集』 卷9, 經濟文鑑 上, 宰相之職. "上則調和陰陽下則撫安黎庶 內以平章百姓外以鎭撫四夷國家之
　　爵賞刑罰所由關也 天下之政化敎令所由出也 殿陛之下論道德而佐一人廟堂之上執陶甄而宰萬物其任豈
　　輕哉 國家之治亂天下之安危常必由之"

651) 제임스 류 저, 이범학 역, 『왕안석과 개혁정책』(서울: 지식산업사, 1992). p.49, p.63.

652) 『三峰集』 卷9, 經濟文鑑 上, 宰相(『周禮訂義』 卷1, 天官冢宰; 『周官新義』 卷1, 天官). 經濟文鑑 下, 衛兵
　　(『周官新義』 卷3, 天官). 經濟文鑑 下, 衛兵(『周禮訂義』, 『周官新義』 卷3, 天官) 등이 그 근거 자료이다.

특히 『경제문감 上』의 재상(宰相)의 직분을 다음과 같이 서술하면서 『주관신의』를 참고하고 있다.

국가를 경영하는 데 있어서 "태제의 직무는 나라의 육전을 관장하여 임금을 보좌함으로써 나라를 다스렸다."[653] 태제가 육전체제를 통해 각 분야별 다스리는 내용은 다음과 같다.

① 치전(治典)이니 이로써 방국을 경영하고 관부를 다스리며 백성을 기강으로 다스린다.
② 교전(敎典)이니 이로써 방국을 안정시키고 관부를 가르치며 백성을 순화시킨다.
③ 예전(禮典)이니 이로써 방국을 화목하게 하고 백관을 통합하여 백성을 화합하게 한다.
④ 정전(政典)이니 이로써 방국을 고르게 복속시키고 백관을 바루며 백성을 공평하게 한다.
⑤ 형전(刑典)이니 이로써 금제하고 백관을 형벌하며 백성을 규찰한다.
⑥ 사전(事典)이니 이로써 방국을 부강하게 하고 백관을 공에 따라 세우며 백성을 기른다.

국가경영 중 중앙의 관료기구는 "팔법(八法)으로써 관부를 다스리는"[654]데 다음과 같은 사항을 관장한다.

① 관속(官屬)이니 이로써 나라를 다스린다.
② 관직(官職)이니 나라의 다스림을 분변한다.
③ 관련(官聯)이니 관의 다스림을 모은다.
④ 관상(官常)이니 관의 다스림을 청단한다.
⑤ 관성(官成)이니 나라의 다스림을 경영한다.
⑥ 관법(官法)이니 나라의 다스림을 바룬다.

653) 『周官新義』 卷1, 天官1. 『三峰集』 卷9, 經濟文鑑 上, 宰相.
654) 『周官新義』 卷1, 天官1. 『三峰集』 卷9, 經濟文鑑 上, 宰相.

⑦ 관형(官刑)이니 나라의 다스림을 규찰한다.
⑧ 관계(官計)이니 나라의 다스림을 살펴 결단한다.

도읍과 지방을 통치하는 데는 "팔칙(八則)으로써 도읍과 지방(都鄙)을 다스린다."[655] 신(神)과 관(官), 선비와 씀씀이, 예속(禮俗)과 형상(刑賞) 등을 통해 도읍과 지방을 다스린다.

① 제사(祭祀)이니 신(神)을 관리한다.
② 법칙(法則)이니 관(官)을 관리한다.
③ 폐치(廢置)이니 이속(吏屬)을 관리한다.
④ 녹위(祿位)이니 선비를 관리한다.
⑤ 공부(貢賦)이니 씀씀이를 관리한다.
⑥ 예속(禮俗)이니 백성을 관리한다.
⑦ 형상(刑賞)이니 위엄을 관리한다.
⑧ 전역(田役)이니 무리를 관리한다.

국가의 세금관리에 대해서는 "구부(九賦)로써 재부를 거두고", "구식(九式)으로써 재용을 고루 조절하며", "구공(九貢)으로써 나라의 재용에 이른다."[656] 뿐만 아니라 『주관신의』와 『삼봉집』에는 재상은 "구량(九兩)으로 나라의 백성을 얽는"[657] 득민의 방법이 자세하게 서술되어 있다. 토지와 존귀함, 어진 것과 도 그리고 족친, 또한 이익과 부(富)를 통해 백성들의 마음을 사로잡을 수 있는 방법들이 명시되어 있다.

① 목(牧)이니 토지로써 백성을 얻는다.
② 장(長)이니 존귀함으로써 백성을 얻는다.

---

655) 『周官新義』 卷1, 天官1. 『三峰集』 卷9, 經濟文鑑 上, 宰相.

656) 『周官新義』 卷1, 天官1. 『三峰集』 卷9, 經濟文鑑 上, 宰相.

657) 『周官新義』 卷1, 天官1. 『三峰集』 卷9, 經濟文鑑 上, 宰相.

③ 사(師)이니 어진 것으로써 백성을 얻는다.
④ 유(儒)이니 도(道)로써 백성을 얻는다.
⑤ 종(宗)이니 족친으로써 백성을 얻는다.
⑥ 주(主)이니 이익으로써 백성을 얻는다.
⑦ 이(吏)이니 다스림으로써 백성을 얻는다.
⑧ 우(友)이니 벗의 믿음으로써 백성을 얻는다.
⑨ 수(藪)이니 부(富)로써 백성을 얻는다.

이처럼 백성들의 마음을 사로잡으려고 하는 까닭은 "민심이 무상하여 합치기는 어렵고 어그러지기는 쉬우니 평시에 차마 떠나지 못한 것이 아니라면 한 사람의 명위(名位)로 잡아 머물게 할 것이 아니다. 오로지 목(牧)은 토지로 하고, 장(長)은 존귀함으로 하며, 주는 이익으로 하고, 이(吏)는 다스림으로 하며, 수(藪)는 넉넉함으로 하면, 족히 백성의 몸을 매어 놓을 수 있으며, 가르침은 현으로써 하고, 선비는 도로써 하면, 백성의 마음을 족히 매어 놓을 수 있을 것이다. 종(宗)을 친족으로 하여 하늘에 속한 친(親)임을 알도록 해서 떠나지 못하게 하고, 벗하기를 믿음으로써 하여 인도의 사귐을 알도록 해서 틈이 벌어지지 않게 할 것이니, 이런 연후에야 서로 평안하고 봉양하며, 서로 친애하고 겸손해져서, 비록 변고가 있어 죽을지언정 다른 곳으로 가는 일이 없을"658) 것이기 때문이다.

이처럼 재상과 관련된 많은 부분을 『주관신의』에서 인용하고 있음에도 불구하고 왕안석에 대해서 비판적 입장을 취한다. 당시의 사상적 분위기는 왕안석은 소인(小人), 삼봉은 진유(眞儒)로 여겨지는 분위기659)여서 왕안석을 불명확하게 인용하고 있으나, 사공학적인 정치

---

658) 『三峰集』 卷9, 經濟文鑑 上, 宰相.

659) 『高麗史』 卷120, 列傳 卷33, 金子粹. 박초는 왕안석과 장천각을 소인으로, 삼봉은 진유로 왕안석과 대조적으로 평가하고 있다.

적 사유만은 삼봉에게 삼투되어 있음을 확인할 수 있다.

삼봉은 재상의 직분 중 작상(爵賞)과 형벌(刑罰)의 집행업무에 대해서도 왕안석의 글을 참고해서 재상의 역할을 설명한다.

> 그 해가 저물면, 모든 관부에 영을 내려 각각 그 다스림을 바르게 하고, 그 회(會, 大計 즉 업무계획)를 받아서 그 이룩한 일을 듣고 임금에게 상주하여 폐할 것은 폐하고 둘 것은 둔다.[660]
>
> 3년이면 뭇 관리들의 다스림을 크게 계량하여 형벌하고 상을 준다.[661]
>
> 또한 "그 한 해의 일한 공적과 재용의 회계를 받아 그 이룩한 바를 듣고 위에 고한 일로써 그 관리의 다스린 행적을 알 수가 있다. 그리하여 임금에게 상주해서 폐하고 두게 하는 것이다."[662]

재상은 관료들의 실적을 평가하고 작상과 형벌을 단행한다. 관료들의 실적 평가에 작상과 형벌의 수단을 동원하고 있으면서도, "왕안석은 사회에 유용한 공을 세우는 것이 '패도(覇道)'의 추구가 되어서는 안 되지만 반면에 도덕적인 '왕도(王道)'라고 해서 현실적인 측면을 무시해서는 안 된다고 주장하였다. 그는 '왕도'란 도덕적인 동시에 근본적으로 공리주의적인 것이라고 보았다."[663]

『조선경국전』과 『경제문감』에는 재상정치를 주장하면서 진서산이 주장했던 재상의 행동규범을 구체적으로 제시하고 있는데 그 내용을

---

660) 『周禮訂義』 卷2, 天官. 『周官新義』 卷1, 天官.

661) 『三峰集』 卷9, 經濟文鑑 上, 宰相.

662) 『三峰集』 卷9, 經濟文鑑 上, 宰相. 『周禮訂義』 卷2, 天官. 『周官新義』 卷1, 天官. 왕안석의 발상은 매우 법가적이지만, 제임스 류는 "왕안석의 사상은 일반적인 어느 유가보다도 법가사상에 가까웠다고 말할 수 있다. 그러나 왕안석이 근본적으로 강조한 것은 국가행정수단으로서 상벌을 중시하는 법가사상이나 법제가 아니었다"고 평가한다. 제임스 류 저, 이범학 역, 앞의 책, p.65 참조.

663) 제임스 류 저, 이범학 역, 앞의 책, p64 참조.

요약하면 다음과 같다.[664]

　　첫째, 자기 몸을 바르게 한다(正己).[665]
　　둘째, 군주를 바르게 한다(格君).[666]
　　셋째, 인재를 안다(知人).[667]
　　넷째, 일을 잘 처리한다(處事).[668]

　이 중 "자신을 바루고 인군을 바룰 것"이란 치전의 근본이고, "인재를 잘 선택하고 일을 잘 처리하는 것"으로 "치전이 그로 말미암아 행해지는 것"[669]이라고 여기고 있다. 또한 『경제문감』 「상업(相業)」의 내용은 진서산의 『서산독서기(西山讀書記)』와 『군서고색(羣書考索)』 등에서 사공학(事功學) 계열의 서책에서 재상의 행동규범을 주로 인용하고 있다.[670]

　　① 임금을 이끌어 도에 당하게 한다(引君當道).[671]
　　② 옳은 것은 드리고 그른 것은 바꾼다(獻可替否).[672]

---

664) 『삼봉집』에는 재상의 행동규범으로서의 4가지 사항이 3군데에 걸쳐 나오고 있다. 『경제문감 상』 「상업 (相業)」에서는 내용만 보이고 진서산의 이름은 보이지 않는다. 『조선경국전 상』의 「치전총서(治典總序)」 와 「고려국신작도평의사사청기(高麗國新作都評議使司廳記)」 두 군데에서는 진서산의 이름이 보이고, 특히 「고려국신작도평의사사청기」에서는 진서산이 재상의 해야 할 일을 논한 것처럼 재상의 직책을 수행해야 한다고 말한다.

665) 『三峰集』 卷9, 經濟文鑑 上, 相業. 卷13, 朝鮮經國典 上, 治典總序. 卷4, 高麗國新作都評議使司廳記.

666) 『三峰集』 卷9, 經濟文鑑 上, 相業. 卷13, 朝鮮經國典 上, 治典總序. 卷4, 高麗國新作都評議使司廳記.

667) 『三峰集』 卷9, 經濟文鑑 上, 相業. 卷13, 朝鮮經國典 上, 治典總序. 卷4, 高麗國新作都評議使司廳記.

668) 『三峰集』 卷9, 經濟文鑑 上, 相業. 卷13, 朝鮮經國典 上, 治典總序. 卷4, 高麗國新作都評議使司廳記.

669) 『三峰集』 卷13, 朝鮮經國典 上, 治典總序.

670) 도현철은 『경제문감』 주자 글을 바탕으로 주자 글의 원용과 의도에 대해서 이미 논한 바 있다. 그는 『경제문감』이 사공학 계열의 서책이라는 2차 자료를 통해서 인용되고 있다고 밝히고 있으나, 주자의 사상이 중심 내용이라고 주장한다. 도현철, 「정도전 『경제문감』의 주자 글 원용과 그 의도」, 『실학사상 10, 11』 (모악실학회, 1999)와 앞의 글, 「『경제문감』의 인용전거로 본 정도전의 정치사상」. 그러나 도현철은 주자의 글만 선택적으로 밝히고 있을 뿐이다.

671) 『三峰集』 卷9, 經濟文鑑 上, 相業.

③ 먼저 그 몸을 버린다(先遺其身).673)

④ 밝은 지혜로 일을 처리한다(明哲處之).674)

⑤ 악을 시초에 제지한다(止惡於初).675)

⑥ 근심하고 부지런하며 삼가고 두려워한다(憂勤謹畏).676)

⑦ 어진 이를 나오게 하고 불초한자를 물리친다(進賢退不肖).677)

⑧ 임금의 직분은 재상을 논함에 있다(人主之職在論相).678)

⑨ 재상은 천하의 기강이다(宰相天下之紀綱).679)

⑩ 마음을 바룸으로써 임금을 바로 잡는다(正心以正君).680)

⑪ 재상의 직분은 사람을 임용하는데 있다(宰相職在任人).681)

⑫ 재상은 천하를 화평하게 하는 것이다(宰相所以和平天下).682)

⑬ 재상은 마땅히 정밀하게 가려 뽑아 오래 맡긴다(宰相當擇之精
任之久).683)

⑭ 정권은 재상에게 있지 않아서는 안 된다(政權不可不在宰相).684)

⑮ 재상은 공심으로 어진 이를 써야 한다(宰相當公心用賢).685)

사공학을 수용한 삼봉은 재상의 책임정치를 기획하면서 왕안석과
진서산의 재상직과 재상의 행동규범을 수용하고 있다. "정도전의 재
상정치는 곧 功業·事功 지향의 정치론이었다."686) 뿐만 아니라 "공업

---

672) 『三峰集』 卷9, 經濟文鑑 上, 相業.

673) 『三峰集』 卷9, 經濟文鑑 上, 相業. 『西山讀書記』 卷12, 君臣, 全文見前仁篇.

674) 『三峰集』 卷9, 經濟文鑑 上, 相業. 『西山讀書記』 卷12, 君臣, 否九四傳.

675) 『三峰集』 卷9, 經濟文鑑 上, 相業. 『西山讀書記』 卷12, 君臣, 隨九四傳.

676) 『三峰集』 卷9, 經濟文鑑 上, 相業. 『西山讀書記』 卷12, 君臣, 大畜六四傳.

677) 『三峰集』 卷9, 經濟文鑑 上, 相業. 『羣書考索別集』 卷18, 人臣門, 宰相.

678) 『三峰集』 卷9, 經濟文鑑 上, 相業. 『羣書考索別集』 卷18, 人臣門, 宰相.

679) 『三峰集』 卷9, 經濟文鑑 上, 相業. 『羣書考索別集』 卷18, 人臣門, 宰相.

680) 『三峰集』 卷9, 經濟文鑑 上, 相業. 『羣書考索別集』 卷18, 人臣門, 宰相.

681) 『三峰集』 卷9, 經濟文鑑 上, 相業. 『羣書考索別集』 卷18, 人臣門, 宰相.

682) 『三峰集』 卷9, 經濟文鑑 上, 相業. 『羣書考索別集』 卷18, 人臣門, 宰相.

683) 『三峰集』 卷9, 經濟文鑑 上, 相業. 『羣書考索別集』 卷18, 人臣門, 宰相.

684) 『三峰集』 卷9, 經濟文鑑 上, 相業. 『羣書考索別集』 卷18, 人臣門, 宰相.

685) 『三峰集』 卷9, 經濟文鑑 上, 相業. 『羣書考索別集』 卷18, 人臣門, 宰相.

686) 정호훈, 앞의 글, p.210.

을 강조하는 정도전의 정치적 사유는 두 가지의 내용으로 구성되었다. 하나는 정치를 수행함에 가장 중요한 것이 재상과 관료의 덕성과 재능을 갖추는 일이며, 또 하나의 그러한 덕성과 재능을 관료제를 통하여 실현함으로써 공업(功業)·사공(事功)을 완성한다는 것이었다."[687] 그것은 왕도적 국가비전으로서의 인정(仁政)과 안부(安富)·존영(尊榮)의 패도적 실용성을 실현하려는 현실적 대안이었을 것으로 판단된다.

3) 대간의 간언정치

삼봉은 왕패론적 재상정치의 정치체제를 기획하면서, 정치를 감찰하고 탄핵하는 관료로서 대관의 지위와 직책이 높아야 한다고 주장한다.[688] 어사부는 "천자의 이목"[689]으로서 "어사부가 높으면 천자도 높아지니, 어사부는 조정 기강의 직책이 된다."[690] 때문에 "어사의 영예는 중하며",[691] "일을 말함에는 용감해야 한다."[692] 어사는 군주와 재상의 실정까지도 탄핵할 수 있는 위치에 있기 때문에 매우 중요하다.

> 임금이 방탕하여 덕을 잃고, 패란하여 덕을 잃었으며, 정사를 어지럽히고 간쟁을 받아들이지 않으며, 충성된 이를 폐하고 어진 이 쓰기를 게을리 하면 어사가 이를 간책할 수 있으며, 재상이 어긋나게 임금의 뜻만을 순종하여, 위로는 임금을 가리고 아래로는 백성을 속이며, 총애를 탐하여 간할 것을 잊고 복을 오로지 하고 위세를

---

687) 같은 글, p.210.

688) 『三峰集』 卷10, 經濟文鑑 下, 臺官. 『群書考索續集』 卷36, 官制門, 臺諫.

689) 『三峰集』 卷10, 經濟文鑑 下, 臺官. 『群書考索續集』 卷36, 官制門, 臺諫.

690) 『三峰集』 卷10, 經濟文鑑 下, 臺官. 『群書考索續集』 卷36, 官制門, 臺諫.

691) 『三峰集』 卷10, 經濟文鑑 下, 臺官. 『群書考索續集』 卷36, 官制門, 臺諫.

692) 『三峰集』 卷10, 經濟文鑑 下, 臺官. 『群書考索別集』 卷18, 人臣門, 臺諫.

부리면, 어사부가 이를 규탄하여 바로 잡을 수가 있으며, 장수가 흉한하여 명을 따르지 않고 무력을 믿고 함부로 해치거나, 군사를 자기 노리개로 삼고 전쟁하는 일은 버리고 폭리로 백성에게 해독을 끼치면, 어사부가 이를 탄핵할 수 있다.[693]

삼봉이 구상한 재상의 책임정치를 위해 어사는, 군주는 물론 재상, 장수까지 탄핵할 수 있고 "규찰(糾察)을 관장하여 백료(百僚)를 다스린다."[694]

사대부 가운데 간사하고 바르지 못함이 있거나, 교만하고 사치하여 제 뜻대로 행함이 있으며, 아첨으로 윗사람의 비위를 맞추거나 참특(讒慝)하여 성청(聖聽)을 어지럽히는 일이 있으며, 호강(豪强)한 자가 법을 우롱하거나, 총신이 권세를 훔치는 일이 있거나, 탐오하여 염치를 닦지 않음이 있거나, 사기(詐欺)가 있어 충신을 갖추지 않거나, 대신으로서 중립만을 지키고 고망(顧望, 눈치만을 살피고 일을 결정하지 않음)하거나, 소신(小臣)으로서 해이하고 태만하여 직분을 무너뜨리면, 마땅히 어사가 책임을 지고 이를 진술하여 그 죄를 탄핵해야 할 것이다.[695]

그러므로 어사는 "국가의 큰 좀벌레(大蠹)를 제거할 수 있고", "천하의 큰 이해와 생민의 휴척과 백관의 폐치와 뭇 이속(吏屬)의 출척을 감독하고 살피는" 것이니 "사방의 의표"[696]가 되고 "백관을 묶어 바로잡을 수 있으며"[697] "만사를 진작시킬 수 있다."[698]

뿐만 아니라 군주의 실정과 비행을 간쟁하는 일을 주임무로 하는 간관제도의 중요성도 역설한다. 간관은 천자와 더불어 항상 군주의

---

693) 『三峰集』 卷10, 經濟文鑑 下, 臺官. 『羣書考索別集』 卷18, 人臣門, 臺諫.

694) 『三峰集』 卷10, 經濟文鑑 下, 臺官. 『羣書考索續集』 卷36, 官制門, 臺諫.

695) 『三峰集』 卷10, 經濟文鑑 下, 臺官. 『羣書考索續集』 卷36, 官制門, 臺諫.

696) 『三峰集』 卷10, 經濟文鑑 下, 臺官. 『羣書考索別集』 卷18, 人臣門, 臺諫.

697) 『三峰集』 卷10, 經濟文鑑 下, 臺官. 『羣書考索別集』 卷18, 人臣門, 臺諫.

698) 『三峰集』 卷10, 經濟文鑑 下, 臺官. 『羣書考索別集』 卷18, 人臣門, 臺諫.

측근에 기거하면서 시비를 다투어야 한다.

> 천하의 득실과 생민의 이해, 사직에 관련된 대계와 같이 오로지 그 듣고 보는 바 직사에 얽매이지 않은 것은 홀로 재상만이 행할 수 있을 뿐이요, 간관만이 말할 수 있을 뿐이어서 간관의 직위가 비록 낮다고는 하지만 재상과 동등하다. 천자가 '안 된다' 하더라도 재상은 '됩니다' 할 수 있으며 천자가 '그렇다' 하더라도 재상은 '그렇지 않습니다' 할 수 있으니, 묘당에 자리 잡고 앉아서 천자와 더불어 가부(可否)를 상의할 수 있는 자가 재상이다. 천자가 '옳다' 하더라도, 간관은 '옳지 않습니다' 할 수 있으며, 천자가 '꼭 해야겠다' 하더라도, 간관은 '반드시 해서는 안 됩니다' 할 수 있으니, 전폐(殿陛)에 서서 천자와 더불어 시비를 다툴 수 있는 자가 간관이다. 재상은 그 다스리는 도(道)를 마음대로 행하며, 간관은 그 말할 바를 마음대로 행하며, 말도 행해지고 도 역시 행해진다. 구경(九卿)과 백집사(百執事)는 하나의 직책을 지키는 자들이라 한 직분의 소임만을 맡으나, 재상과 간관은 천하의 일을 엮으니, 또한 천하의 책임을 맡은 것이다.[699]

간관은 군주나 재상은 물론 어떠한 일에도 구애됨이 없이 아침부터 저녁까지 적극적으로 간쟁할 수 있어야 한다.

> 조정의 법령이 오롯하지 못하거나, 교화가 갖춰지지 못하거나, 예악이 닦여지지 못하거나 호령이 밝혀지지 못하며, 의론이 결단되지 못하거나, 경장하는 일이 합당하지 못하며, 음양에 재앙이 일어나고 변괴가 생기며, 임금이 기뻐해서 주는 것을 지나치게 하거나, 노하여 빼앗기를 지나치게 하면, 마땅히 간관이 책임을 지고 그 잘못을 말해야 한다.[700]

이처럼 간관은 간하는 신하이기 때문에 군주는 "간하는 신하를 내쫓는 것은 아름다운 일이 아니며",[701] "간관은 헌체(獻替, 취하고 버

---

699) 『三峰集』 卷10, 經濟文鑑 下.

700) 『三峰集』 卷10, 經濟文鑑 下, 臺官. 『羣書考索續集』 卷36, 官制門, 臺諫.

림)를 관장하여 임금을 바르게 하고”[702] 인정(仁政)과 재상의 책임정치 실현을 위해서 간관과 어사도 책임을 맡은 신하가 된다.

4) 수령의 목민정치

삼봉은 백성을 정치적 목적달성을 위한 수단적인 존재가 아니라 유교정치의 목적으로 상정한다. “군주는 나라에 의존하고 나라는 백성에 의존하는 것이니, 백성이란 나라의 근본이요 군주의 하늘인 것이다.”[703] 백성은 군주의 하늘이기 때문에 “관청을 설치하고 관리를 두는 것도 본디 백성을 위함”[704]이었다. 백성과 가장 가까운 거리에서 다스리는 “군수와 현령은 백성의 근본”[705]으로서 “백성의 목자”[706]가 되어야 한다.

> 천자가 작록을 나누어 주었던 것은 신하를 위함이 아니요, 아래로 모두 백성을 위한 것이었다. 성인이 한 번 동작하는 것이나, 한 가지를 설치하는 것이나, 한 번 명령을 내리는 것이나 한 가지 법을 제정하는 것이 반드시 백성에게 근본을 두었다.

> 사람을 택하여 목양하게 하였고, 그 소임을 무겁게 하여 은총을 이롭게 하였으니, 군주가 관리에게 책임을 지우는 것도 한 가지로 백성에게 근본을 두고, 관리가 군주에게 보답하는 것도 한 가지로 백성에게 근본을 두게 되면, 백성은 소중하게 되는 것이다.

---

701) 『三峰集』 卷10, 經濟文鑑 下, 諫官. 『羣書考索別集』 卷18, 人臣門, 臺諫.

702) 『三峰集』 卷10, 經濟文鑑 下, 諫官. 『羣書考索續集』 卷36, 官制門, 臺諫.

703) 『三峰集』 卷13, 經濟文鑑 上, 賦典.

704) 『三峰集』 卷10, 經濟文鑑 下, 縣令. 『羣書考索別集』 卷18, 人臣門, 臺諫.

705) 『三峰集』 卷10, 經濟文鑑 下, 縣令.

706) 『三峰集』 卷10, 經濟文鑑 下, 縣令. 『羣書考索別集』 卷18, 人臣門, 臺諫.

백성이 소중해지면 군수 현령이 소중해지며, 군수와 현령이 소중해
지면 천하 국가가 소중해지는 법이니, 그러므로 군수와 현령을 가
벼이 여김은 백성을 가벼이 여기는 것이요, 백성이 가벼이 여겨지
면 천하 국가가 가벼이 여겨질 것이다.707)

그럼에도 불구하고 고려체제에서는 권세가가 자의적으로 공직에
대해서 공적(公的)인 업무 외에 사채징수와 같은 사적(私的)인 용무도
부탁하는 일이 벌어지고 있다.

지정(至正) 3년 월에 밀성군지사(密城郡知事)로 나갔는데, 이때 재
상 조영휘(趙永暉)가 밀성 사람에게 받을 빚이 있어서 어향사 안우
(安祐)를 통해 본군에 공문을 보내어 받아 오도록 했다. 그러나 선
생은 그를 묵살하고 시행하지 않았다. 밀성의 영접 나간 아전이 어
향사가 김해부(金海府)에 달려 들어가 교외까지 마중 나오지 않았
다고 부사(府使)를 매질하는 것을 보고는 빨리 달려와서 아전의 우
두머리와 함께 들어와서 아뢰는 말이, '김해부사가 까닭 없이 욕을
당하고 있으니 지금 명을 따르지 않으면 어떤 욕을 당할지 모릅니
다' 했으나 선생은 듣지 아니하니 온 고을 사람들이 위태롭게 생각
했다. 어향사가 군에 들어와서 인사를 나눈 다음 묻기를, '전번에
공문 보낸 일은 어찌되었소' 했다. 선생은 답하기를, '밀성 사람이
빚을 진 것이 있더라도 조상(趙相)이 스스로 받을 일이지 상공께서
물을 일이 아닙니다' 하니 어향사가 성을 내어 좌우의 사람으로 포
위하게 하였다.708)

이것은 정도전이 부친인 정운경이 밀성군지사(密城郡知事) 시절에
겪은 일화를 행장으로 정리한 내용이다. "군주가 백성을 보호하되 자
식을 보호하듯 하고, 백성을 사랑하되 소를 아끼기보다 더하게 하기
위해 그 유모(乳母)와 목자(牧者)의 역할을 실로 여러 아전에게 부탁한

---

707) 『三峰集』 卷10, 經濟文鑑 下, 縣令.

708) 『三峰集』 卷4, 行狀.

것”709)인데도 오히려 관직을 사적으로 남용하고 있는 실태를 생생하게 고발하고 있다. “장리(贓吏)라는 것은 사람 마음의 큰 좀이니”, “탐포한 정사가 휘둘러져 석서(碩鼠)710)가 되”기 전에 “그 뿌리를 베어내 뻗어 나가지 못하게 하고, 그 가지를 쳐서 싹트지 못하게 하여”711) “생민을 돌보고 기르는 자에게 ‘가혹한 정치가 사나운 범보다 더하다’는 혐의가 없게”712) 해야 한다.

『경세육전』에 수령은 근민지직(近民之職)713)이라고 지칭하고 있다. 백성과 가까운 거리에서 직접 다스리는 직책이라는 뜻이다. 삼봉은 “군수 현령은 백성의 근본”714)이라고 규정하고 있다. 삼봉이 직접 작성한 태조의 즉위조서에서도 “수령은 백성에게 가까운 직책이니 중시하지 않을 수 없다.”715) 군현의 실질적인 통치자로서 “남의 음식을 먹는 자는 남에게 책임을 맡아야 하고, 남의 옷을 입는 자는 남의 근심을 품어야 하는 즉, 조정에서 10만 호의 백성을 한 사람의 수령에게 맡기고, 백 리의 땅을 한 사람의 영에게 위탁하였으니, 백성의 안락과 근심이 이에게 매이게”716) 되었다. 수령은 “백성을 다스리는 직책을 맡은 사람”717)으로서 “인(仁)이 마음속에 형성되면 백성이 복속하니 이것은 천하의 덕화”718)라고 할 수 있다. 특히 “양한(兩漢)의 순

---

709) 『三峰集』 卷10, 經濟文鑑 下, 縣令.

710) 『三峰集』 卷10, 經濟文鑑 下, 縣令. ‘석서’는 큰 쥐라는 뜻으로 관리에 비유한 것이다.

711) 『三峰集』 卷10, 經濟文鑑 下, 縣令. 『羣書考索別集』 卷18, 人臣門, 臺諫.

712) 『三峰集』 卷10, 經濟文鑑 下, 縣令. 『羣書考索別集』 卷18, 人臣門, 臺諫.

713) 연세대학교 국학연구원 편, 『經濟六典輯錄』 吏典 薦擧(서울: 신서원, 1993). p.71. 『太祖實錄』 1년 7월 28일(정미) 卽位教書.

714) 『三峰集』 卷10, 經濟文鑑 下.

715) 『太祖實錄』 1년 7월 28일(정미). “守令近民之職”

716) 『三峰集』 卷10, 經濟文鑑 下, 縣令. 『羣書考索別集』 卷18, 人臣門, 臺諫.

717) 『三峰集』 卷13, 朝鮮經國典 上, 版籍. “故任民牧之職者”

리(循吏)들은 완악한 백성을 법으로 교화하여 인을 이루어",719) "승평한 세월 1백년"720)을 지낼 수 있게 하였다. 민목(民牧)의 직책을 맡은 자는 휴양생식 등으로 백성을 돌봐야 한다.

> 그러므로 목민관이 된 자는 백성을 휴양시키고 생식시켜 인구를 번창하게 하고, 백성을 위로해서 모여들게 하고 편안히 살 수 있게 해서 그들의 거주를 보호하면 백성이 많아지게 될 것이다. …… 이와 같이 하면 …… 나라는 부유해지고 백성은 편안하게 될 것이다.721)

이렇게 하기 위해서는 목민관들을 경관과 외관으로 분리 운영하여 차별화시킬 것이 아니라 모든 관료가 외관직을 통해 유자관료(儒者官僚)로서 능력을 검증받고 경관으로 선발되는 제도를 구상했다. 이러한 구상을 실현하는 가장 모범적인 제도로 한대의 수령제도를 보고 있다.

> 한나라 제도가 군현의 소중함을 가히 알았다 하겠으니, 군의 수령이 들어와 삼공이 되고, 낭관이 나가서 백리를 다스리는 수령이 되었다. 또 간대부를 내보내어 군리로 보임시키되, 다스린 효과가 있는 자에게는 옥새를 찍은 교서를 내려 수고할 것을 권면하고, 금품을 하사하여 관질을 높였다. 문득 자리를 옮기지 않았다가, 공경에 결원이 생기면 그 중에서 업적이 두드러지게 뛰어난 자를 선발하여 그 자리에 임명하였다. 그러므로 한나라의 선량한 관리들이 이때에 흥성하였으니, 진실로 무엇이 중요한 것인지를 알았던 것이다.722)

삼봉이 구상한 왕패론적 재상정치에서 민본정치와 위민정치를 실

---

718) 『三峰集』 卷10, 經濟文鑑 下, 縣令. 『羣書考索別集』 卷18, 人臣門, 臺諫.

719) 『三峰集』 卷10, 經濟文鑑 下, 縣令. 『羣書考索別集』 卷18, 人臣門, 臺諫.

720) 『三峰集』 卷10, 經濟文鑑 下, 縣令. 『羣書考索別集』 卷18, 人臣門, 臺諫.

721) 『三峰集』 卷13, 朝鮮經國典 上, 版籍.

722) 『三峰集』 卷10, 經濟文鑑 下, 縣令.

현하기 위해서는 수령의 선정(善政)이 무엇보다 중요하다. 수령의 지방정치의 성패에 따라 인정(仁政)의 확산과 백성들의 행복과 불행이 좌우되기 때문이다. 수령은 오직 백성들을 편안하게 살게 해 주어야 한다. 안민이야말로 군주의 덕을 펼치는 일이다.

> 각도 관찰사를 삼봉재에 초청하였는데 상주목사도 좌상에 있었음[723]
> **(邀諸道觀察使于三峰齋尙州牧使亦在席上)**
>
> | 임금님이 외방을 근심하시와 | 君王憂外寄 |
> |---|---|
> | 영호들만 골라서 임명하였오 | 分命皆豪英 |
> | 절 잡으니 풍채도 좋으려니와 | 杖節重風采 |
> | 거문고를 울리며 찬송 노래 부르네 | 鳴琴與頌聲 |
> | 무엇으로 성상의 덕을 펼 건고 | 何以宣上德 |
> | 요령은 백성 편히 살리는 그 일 | 要當安民生 |

정도전은 수령제도가 비교적 잘 운영된 시대로 한당시대를 염두에 두고 있다. 특히 한나라의 순리(循吏)들의 이천석(二千石)의 정치는 완악한 백성을 법으로 교화하여 인(仁)을 이룬 매우 바람직한 정치로 평가하고 있다.[724] 고려 말의 부패하고 타락한 관료의 폐단을 이렇게 정리하고 있다.

> 서릿발 같이 논평하는 자도 두려워하지 않고, 아침저녁으로 가렴주구하면서도 매양 태연자약하게 여겨 탐욕스럽고 외람된 짓을 서로 결탁하여 저지르며, 질투하고 험악한 짓을 악착스럽게 한다.
>
> 탐욕스럽고 포악한 독을 함부로 부리고 남을 무고(誣告)하는 풍조를 조장하며, 송사로 이익을 늘리는 문호로 삼으며, 감옥(獄狂)을 재물 흥정하는 집으로 만든다.

---

723) 『三峰集』卷2.

724) 『三峰集』卷10, 經濟文鑑 下, 縣令. 『羣書考索別集』卷18, 人臣門, 臺諫.

사사로운 감정으로 정해진 법을 멋대로 무너뜨리고, 국가에 바칠
세금의 일부를 가로채며, 자상하고 온화한 것을 고식적이라 하고,
각박하고 독살스럽게 하는 것을 정돈한다고 말한다. 그러니 의론이
나 습속이 날마다 각박한 데로 줄달음쳐서 마치 청명한 성군시절
이 있어선 안 될 것처럼 여긴다.[725]

    이러한 고려 말 수령의 부패상을 일소하고 새로운 유교적인 민본
정치와 위민정치가 실효를 거두기 위해서는 수령의 직책을 중시하고
도덕규범과 책임을 강조했다. 하지만 "인재란 어둡고 밝음과 강하고
약함이 같지 않고 …… 어리석고 불초한 자가 사이에 끼어들기도 하
고, 어질고 지혜로운 이 또한 얻어 널리 펼치지 못하기도 하며, 직분
이 닦여지지 못해 직무에 태만하다는 한탄이 일어나게 된다."[726] 더
구나 "주목, 군수, 현령은 임금과 더불어 나라를 함께 다스리는 자이
니, 그 사람됨이 어질면 백성이 복록을 받을 것이요, 만일 어질지 못
하다면 백성이 앙화를 받을 것"[727]이므로 수령에 대한 감찰을 강화해
야 한다. 때문에 수령을 감찰하는 업무를 수행하는 감사는 몇 가지
자격요건을 필요로 한다. "반드시 마음이 굳세고 바르며 강어(强禦)를
두려워하지 않는 자라야 그 직분을 맡길 것이요. …… 반드시 청렴하
고 곧으며, 치우치지 않고 바른 자라야 천거할 수 있으며, 가혹하게
꼼꼼하며 과격한 자는 쓸 수 없다. 그러므로 그 선택하는 방법에 공
정·총명의 과(科)와, 강방(剛方)·개제(愷悌)의 목(目)이 있었으니, 진
실로 비재(非才)한 자가 그 사이에 끼는 것을 용납하지 않았다."[728] 감

---

725) 『三峰集』卷10, 經濟文鑑 下, 縣令. 『羣書考索別集』卷18, 人臣門, 臺諫.

726) 『三峰集』卷10, 經濟文鑑 下, 縣令.

727) 『三峰集』卷10, 經濟文鑑 下, 縣令.

728) 『三峰集』卷10, 經濟文鑑 下, 監司. 『羣書考索續集』卷37, 官制門, 監司.

사는 그 사람됨을 보고 가려서 선발해야 한다고 주장한다. 선발된 감사는 사사로운 감정에 이끌려 "지나치게 관후하여서도 안 되고",[729] "마땅히 그 직분을 다하여야 하며",[730] "감사는 마땅히 모두 들추어 탄핵해야 한다."[731] 감사들의 직무수행은 수령들의 직무수행을 감찰하는 일을 주 업무로 삼고 있으나 지방 세력가들의 후환을 두려워하거나 무사안일에 빠져 직무를 유기하는 일이 다반사로 벌어지고 있는 현실을 준엄하게 비판하고 있다.

> 곤궁한 백성들은 수령이나 호리(豪吏)에게 침포(侵暴, 침범하여 손해를 끼침)당하여 분한 마음을 참지 못하고 하루아침에 감사에게 호소를 하지만, 감사는 이를 불문에 붙이거나 심하면 소장(訴狀)을 봉하여 보내버리고 만다. 수령의 위세와 세력 있는 아전의 권세를 빙자하여 백성 보기를 원수 대하듯 하니 곤궁한 백성이 입는 피해가 도리어 지난날보다 더하매 후에 비록 원통한 일이 있다 한들 누가 고소하겠는가?[732]

감사가 직무를 수행하는 목적은 철저하게 민본과 위민에 초점을 맞춰 곤궁한 백성들의 원한과 아픔을 보살피는 것이다. 그렇기 때문에 감사는 궁벽한 시골 구석구석까지 순시해서 백성들을 안찰하여 억울함을 풀어주어야 한다.

> 백성들은 궁벽한 시골이나 먼 고장에 살고 있는데, 강역(疆域)이 광막하고 멀어 안찰(按察)이 드물게 임하게 되고, 궁궐은 만리라서 하소연하려 해도 미칠 수 없으니, 이곳 수령 중에 탐오한 자가 그 욕

---

729) 『三峰集』 卷10, 經濟文鑑 下, 監司. 『羣書考索續集』 卷37, 官制門, 監司.

730) 『三峰集』 卷10, 經濟文鑑 下, 監司. 『羣書考索續集』 卷37, 官制門, 監司.

731) 『三峰集』 卷10, 經濟文鑑 下, 監司. 『羣書考索續集』 卷37, 官制門, 監司.

732) 『三峰集』 卷10, 經濟文鑑 下, 監司. 『羣書考索續集』 卷37, 官制門, 監司.

심대로 자행하게 되매 백성이 골몰(汩沒)하여도 호소하지 못하고, 뇌물이 공공연히 행해져서 민생은 피폐하고 억울함을 펼 길이 없이 민정(民情)이 막혀버린즉, 밤낮으로 감사가 한 번이라도 와서 그 억울함을 살펴 풀어주기만을 고대하니, 감사된 자가 어찌 그 땅이 황막하고 멀다하여 안 가볼 수가 있겠는가?[733]

감사는 국가비전에 부응하여 백성들이 살고 있는 궁벽한 시골까지 군주의 덕이 미치고 인정이 실현될 수 있도록 민본과 위민행정을 실천해야 한다. 탐욕을 자행하고 부패한 수령들을 감찰하여 억울하고 피폐한 민심을 추슬러 민정을 살려야 한다. 그래서 백성들이 인(仁)의 질서를 누리고 풍속을 쇄신시켜 궁벽한 시골에서부터 인정(仁政)의 열매를 맺게 해야 한다.

5) 고과법(考課法)과 형명(刑名)사상

삼봉은 왕지(王旨)에 따라 실상을 덕스럽게 한다는 표덕(表德)을 지어 올리면서 "이름이 있는 곳에는 반드시 실상이 따라야 한다"[734]고 말한다. 또한 "이 이름을 따라 이 실상을 가져와야 한다"[735]고 주장한다. 명(名)과 실(實)은 그 본래의 목적과 괴리될 가능성이 언제나 상존한다. 그래서 군주의 이름(名)에 맞는 실질적인 성과(實)가 뒷받침되어야 한다는 논리이다. 정보위(正寶位)에서 군주의 위(位)는 인(仁)으로서 지켜야 한다고 말한 바 있듯이 위(位)는 명(名)이 되고 인(仁)은 실(實)이 되는 구조라고 말할 수 있다. 삼봉은 순명치실(循名致實)에 입각

---

733) 『三峰集』 卷10, 經濟文鑑 下, 監司.

734) 『三峰集』 卷3, 箋, 撰進御諱表德說. "名之所在 實必從之"

735) 『三峰集』 卷3, 箋, 撰進御諱表德說. "循是名而致是實"

해서 군주에게 명(名)에 따른 실(實)을 요구하고 있는 셈이다.

왕패론적 재상정치에서 재상 역시 관부에 영(令)을 내려 업무계획과 이룩한 일(致事), 즉 명(名)과 실(實)의 일치 여부를 살피고 그 결과에 따라 형벌과 상을 준다.

> 그 해가 저물면, 모든 관부에 영을 내려 각각 그 다스림을 바르게 하고, 그 회(會, 大計를 말한다. 즉 업무계획)를 받아서 그 이룩한 일을 듣고 임금에게 상주하여 폐할 것은 폐하고 둘 것은 둔다. 3년이면 뭇 관리들의 다스림을 크게 계량하여 형벌하고 상을 준다.[736]

뿐만 아니라 고려의 구법(舊法)을 참작하여 방어도감(防禦都監), 조성도감(造成都監) 등 이른바 "도감(都監)의 직무를 본감(本監)에 귀속시키고 이름(名)과 실제(實)가 서로 부합"[737]하는 관제(官制)를 구상한다. 관제의 구상에도 관부의 명칭과 실제적인 역할이 일치하도록 순명책실(循名責實)의 시각이 투영되어 있음을 알 수 있다.

감사는 목민(牧民)정치의 실질적인 효과를 거두기 위해 본래의 직분을 성실히 수행해야 한다. 수령의 직무 수행 능력을 평가하기 위해 『태조실록』에는 수령전최법(守令殿最法)에 대한 기록이 보인다. 수령에 대한 출척제도를 강화하려면 분명한 기준이 필요했기 때문이다.

---

736) 『三峰集』 卷9, 經濟文鑑 上, 宰相. "歲終則令百官府各正其治受其會(會, 大計也) 聽其致事而詔王廢置 三歲則大計羣吏之治而誅賞之"

737) 『三峰集』 卷13, 朝鮮經國典 上, 治典, 官制. "所謂都監者 以其務歸之本監 循名而責實也"

수령을 전최(殿最)하는 법을 정하였다. 무릇 대소 목민관은 모두 30 개월을 임기로 한다. 임기가 차서 대체된 뒤에 경력한 녹봉의 달수 를 계산하여 같은 부류를 선발해서 승진과 제배(除拜)에 빙고(憑考) 한다. 그 수령이 욕심이 많고 잔인 포악하고 무능하고 유약하고 게 으르고 용렬하여 직무를 감내하지 못하는 사람은 각도의 감사가 그 실상을 조사하고 출척(黜陟)도 하게 한다. 그리고 본도(本道)의 한량관(閑良官) 중에서 공평하고 근실하고 청렴하고 재능 있고 재 주와 덕망이 다 갖추어진 사람을 추천하여 뽑아서 임시로 사무를 대리하게 한다. 예수(禮數)로서 임명하여 공무를 집행하게 하며 직 명을 위에 보고하여 계문(啓聞)에 빙고하게 해서 제수(除授)하고, 그 덕이 있고 재능이 있어 공적이 남보다 출중한 자는 재임에 차례 를 밟지 않고 발탁하여 쓰게 하였다.738)

수령은 백성에게 가까운 직책이니 중시하지 않을 수 없다. 그것을 도평의사사와 대간 육조로 하여금 각기 아는 사람을 천거하게 하 여 공평하고 청렴하고 재간이 있는 사람을 얻어 이 임무를 맡겨서 만 30개월이 되어 治績이 현저하게 나타난 사람은 발탁 등용시키 고 천거된 사람이 적임자가 아니면 천거한 사람(擧主)에게 죄가 미 치게 할 것이다.739)

목민관의 임기는 30개월로 하고 임기가 만료되면 감사가 실적평가 를 통해 인사고과에 반영하는 체계이다. 또한 욕심 많고, 포악하며 무 능하고 유약해서 직무수행에 문제가 있는 수령에 대해서는 감사에게 그 실상을 조사해서 출척(黜陟, 승진과 파면)시킬 수 있는 권한을 주 고 있다. 그리고 한량관 가운데서 재덕을 갖추고 있는 자에게 임무를 맡겨 치적이 현저하게 월등한 사람은 발탁해서 등용한다. 이와 관련

---

738) 『太祖實錄』 1년 8월 2일(辛亥). "定守令殿最法 凡大小牧民 俱以三十箇月爲一考 考滿得代後 計所歷俸 月 以憑類選陞除 其守令貪婪殘暴 罷軟怠劣 不稱職任者 從各道監司檢擧其實 竝行黜陟 仍於本道閑良 官內 推選公勤廉幹 才德兼備者 權行差攝 禮任行公 申報職名 以憑啓聞除授 其賢能功績出衆者 在任不 次擢用"

739) 『太祖實錄』 1년 7월 28일(丁未). "守令近民之職 不可不重 其令都評議使司臺諫六曹 各擧所知 務得公 廉材幹者 以任其任 滿三十箇月 政績殊著者擢用"

된 내용이 정도전의 『경제문감』「감사(監司)」편에 "본조 임신년(조선 태조 1년 1392) 즉위 때에 교시한 고과법"[740]이라고 구체적으로 명시되어 있다.

선(善): 공(公)·염(廉)·근(勤)·근(謹).
최(最): 전야를 넓히는 것(田野闢), 호구를 늘리는 것(戶口增), 부역을 균등하게 시키는 것(賦役均), 학교를 일으키는 것(學校興), 사송이 간결한 것(詞訟簡).
악(惡): 탐(貪)·포(暴)·태(怠)·열(劣).
전(殿): 전야가 황폐한 것(田野荒), 호구가 줄어드는 것(戶口損), 부역이 번다한 것(賦役煩), 학교가 폐해진 것(學校廢), 사송이 밀린 것(詞訟滯).

삼봉은 이 고과법 바로 하단에 "옛사람의 전최의 법을 취하되, 옛법에도 합당하고 지금에도 마땅한 것으로서 고과하는 법을 만들어 그 분수(分數)를 정하고 잘잘못을 살펴서 들춰내는 자로 하여금 의거하는 바가"[741] 있도록 하고 있다. 목민의 정치를 수행하는 핵심인물로서 수령은 공(公)·명(明)·염(廉)·근(勤)(공정성, 투명성, 청렴성, 근면성)의 덕목이라는 선(善)의 항목으로서 수령의 소양과 자질을 평가한다. 그 가운데 청렴성과 근면성(廉勤)보다 공정성과 투명성(公明)을 더 중요시하였다. 뿐만 아니라 수령의 업무실적으로서 '최(最)'의 평가대상이 되는 직무는 다음과 같이 분류되어 있다.

---

740) 『三峰集』 卷10, 經濟文鑑 下, 監司.

741) 『三峰集』 卷10, 經濟文鑑 下, 監司.

① 토지를 넓히는 일(田野闢)
② 호구를 증대하는 일(戶口增)
③ 학교를 진흥시키는 일(學校興)
④ 풍속을 바로잡는 일(風俗成)
⑤ 재판과 형벌을 고르게 하는 일(獄訟平)
⑥ 도적을 없게 하는 일(盜賊息)
⑦ 부역을 균등하게 하는 일(差役均)
⑧ 세금을 가볍게 하는 일(賦斂節)

수령은 여러 직무 중에서도 토지를 개간하여 경제를 발전시키고 교육을 통한 도덕의 진흥을 최우선적인 업무로 수행해야 한다. "의식이 넉넉하여 예의를 알면 스스로 법을 범하지 않고 일에 잘 따를 수 있기"[742] 때문이다. 뿐만 아니라 "그의 부국강병 이념과 밀접한 관련을 가진 것으로 물질적인 생산을 중요시하는 법가의 체취를 다분히 풍기고 있다."[743] 이처럼 중요한 직책이기 때문에 수령의 자질에만 의존하기보다는 수령의 업적을 고과법에 따라 평가하여 실적이 우수한 사람에게는 상을 주고, 실적이 저조한 사람은 징계하는 상벌제도를 구상했다. 직무를 수행한 수령의 실적은 "'아무 수령은 어떠어떠한 일에는 선(善)이고, 어떠어떠한 일에는 최(最)이다' 하여 그 분수의 많고 적음을 고찰해서 상·중·하를 정하여 승진시키고, 선·최가 모두 없는 자는 내쫓는다"[744]는 형식으로 기록 관리된다. 이 제도는 직무를 수행한 실적에 따라 수령을 평가하는 제도 구상이다. 이 중 "선은 덕(德)으로, 최는 재(才)로"[745] 보고 있다. 덕은 근본적인 요소가 되

---

742) 『三峰集』 卷10, 經濟文鑑 下, 監司. 『管子』 牧民. "倉廩實 知禮節 衣食足 則知榮辱"

743) 민족문화추진회, 앞의 책, p.15.

744) 『三峰集』 卷10, 經濟文鑑 下, 監司.

745) 『三峰集』 卷10, 經濟文鑑 下, 監司.

고 재주는 지엽적인 부분이기 때문이다. 그런데도 "지금 고과하는 사람은 대개가 재주를 먼저 보고 덕을 뒤에 보기 때문에 모든 관리들이 거의 백성에게 혜택을 주려는 생각은 하지 않고, 오직 공적을 나타내는 데만 급급하여, 백성들이 덕은 보지 못하고 도리어 고통만 당하는 것은 감사의 고과가 그 차례를 잃었기 때문이다."746) 이렇게 되면 "재주가 많고 덕이 적은 사람은 가혹(苛酷)한 관리를 면치 못할 것이다."747) 이것이 수령의 재능보다 덕을 우선으로 하고, 재주를 덕의 뒤에 두어야748) 하는 이유이다. 당장의 업무실적보다 유자관료(儒者官僚)로서 수령의 자질을 평가하는 데 큰 비중을 두고 있다.

또 다른 고과법에서는 사공학 계열의 『군서고색후집(羣書考索後集)』에서 더 분명하게 수령의 자질과 소양을 평가하는 덕목과 업무실적을 포폄(褒貶)하는 방안을 인용하고 있다.749)

선(善): 덕의(德義)·청근(淸勤)·공평(公平)·각근(恪勤)

최로 삼는 덕목(最):
- 옥송에 억울함이 없는 것(獄訟無寃)
- 납세를 독촉하여 받아들이되 백성을 불안하게 하지 않는 것(催科不擾)
- 부세에 흠이 없는 것(稅賦無欠)

---

746) 『三峰集』 卷8, 附錄, 諸賢叙述, 監司要約跋.

747) 『三峰集』 卷8, 附錄, 諸賢叙述, 監司要約跋.

748) 『三峰集』 卷10, 經濟文鑑 下, 監司.

749) 『三峰集』 卷10, 經濟文鑑 下, 監司. 『羣書考索後集』 卷15, 官制門, 考課類.
　·『羣書考索後集』 卷15, 官制門, 考課類(937〜198). "唐置考功中員外郎各一人 掌文武百官功過善惡之考法 凡考課有四善 德義淸謹公平恪勤"
　·『羣書考索後集』 卷15, 官制門, 考課類(937〜208). "哲宗元祐七年四月 …… 以獄訟無寃 催科不擾 稅賦別無 失陷宣救 條貫經帳 簿書齊整 差役均平 爲治事之最 農桑墾殖 野廣土闢 水利興修 民賴其用 爲勤課之最屛除奸盜 人獲安處 賑恤窮困 不致流移 爲撫養之最(會要)"
　·『羣書考索後集』 卷15, 官制門, 考課類(937-201). "政績尤異者爲上 恪居官次 職務粗治者爲中 臨事弛慢 所莅 無狀者爲下 歲終以聞將大行誅賞焉(長篇)"

- 장부를 정제하게 한 것(簿書齊整)
- 부역을 균등하게 차출한 것(差役均等 爲治事之最)
- 농토를 개간하고 뽕나무를 심은 것(農桑墾殖)
- 들을 넓히고 토지를 개척하는 것(野廣土闢)
- 수리를 잘 다스리는 것(水利興修 爲勸課之最)
- 간특함과 도적을 없애는 것(屛除姦盜)
- 곤궁함을 진휼하는 것(賑恤窮困 爲撫養之最)

상중하로 평가하는 항목:
- 정사의 업적이 더욱 특이한 자를 상(上)으로 삼는다(政績尤異者爲上)
- 각별하게 직위를 지켜 직무가 대충 다스려진 자는 중(中)으로 삼는다(恪居官次 職務粗治者爲中)
- 일에 임하여 해이하고 태만해서, 가는 곳마다 보잘것없는 자는 하(下)로 삼는다(臨事弛慢 所莅 無狀者爲下)

또한 수령들의 실적을 고과법에 따라 평가하여 출척할 수 있게 "도에는 감사를 두어 이를 도관찰출척사(都觀察黜陟使)"라 하는데 이들은 "교화를 널리 펴고, 전곡(錢穀)·형명(刑名)·병마(兵馬)에 관한 일을 총괄"하여 "왕의 교화가 수행됨을 볼 수"[750] 있도록 하고 있다. 여기서 형명(刑名)이란 한비자가 객관적 기준에 맞추어 상벌을 운영해야만 비로소 효과를 거둘 수 있다는 형명참동(刑名參同)의 논리를 말한다.

> 군주와 신하의 도는 서로 다르다. 신하는 명분을 내세워 작록을 구하고, 군주는 그 명분을 붙잡아 두며 신하는 일한 성과를 드러내야 한다. 형과 명이 참동하면 군주와 신하가 조화를 이룬다.[751]

'형'(刑)은 형(形)자로도 통하는데 바꾸어 말하자면, 군주에게 제출한

---

750) 『三峰集』 卷13, 朝鮮經國典 上, 賦典 州郡. "道置監司曰道觀察黜陟使 …… 以摠錢穀**刑名**兵馬之事其州府郡縣各置守令焉 可見其疆理之整齊而王化之攸行也"

751) 『韓非子』 揚權. "君臣不同道 下以名禱 君操其名 臣效其形 形名參同 上下和調也"

신하의 업무계획이 '명'이라면, 실제로 해낸 고과표가 '형'이다.752) 그러므로 관료들의 직책은 '명'(名)이 되고 그 직책에 합당한 업무수행은 실질(實)이 된다. 한비에 있어서 명과 실은 각각 명과 형으로 대체되고, 이름(名)은 말(言)을, 형(刑, 즉 形)은 일(事)을 의미한다.753) 이는 "군주가 간신을 막기 위해, 그 형과 명이 일치하는가를 살핀다는754) 것은 신하가 진술한 말과 실제 일한 성과를 말한다. 신하 된 자가 어떤 일에 대하여 정책을 개진하면 군주는 그 말을 듣고 일을 맡긴다. 그리하여 그가 행한 일에 의하여 오직 그 공효에 대한 책임을 지운다. 공효가 그 일에 합당하고 일이 그 말에 합당하면 상을 준다. 공효가 그 일에 합당하지 않고 일이 그 말에 합당하지 않으면 벌을 준다."755) 이것은 순명책실(循名責實)의 형명사상(刑名思想)을 의미한다.

삼봉은 유자 관료들이 자신의 업무를 직접 기획하고 실천하도록 하고, 도관찰사는 유자 관료의 업무기획과 실천이 일치하는지 점검하고 평가하는 제도를 구상했다.

> 감사는 풍기를 바로잡는 일을 맡고 수령은 민을 가까이 하는 관리이니, 수령이 현명하느냐, 않느냐에 민의 휴척이 달려 있는 것이다. 감사가 출척의 법을 거행하매 수령들은 이로써 권징되는 것이요, 시종낭관으로써 교대로 수령을 임용하는 것은 수령 선택을 신중하게 하기 위한 것이다.756)

---

752) 한비 저, 윤찬원 편, 『한비자 -덕치에서 법치로-』(서울: 살림, 2005). p.87.

753) 같은 책, p.87.

754) 한비 저, 이운구 옮김, 『韓非子』(서울: 한길사, 2002). p.110. 형(刑)은 일의 실상인 형(形)과 통함. 명(名)은 일하겠다고 내건 명목(名目). 말한 명목과 일한 실적을 맞대조하여 일치 여부를 살핌.

755) 『韓非子』二柄. "人主將欲禁姦 則審合刑名者 言與事也 爲人臣者陳而言 君以其言授之事 專以其事責其功 功當其事 事當其言 則賞; 功不當其事 事不當其言 則罰"

756) 『三峰集』卷13, 朝鮮經國典 上, 治典, 官制.

고과법으로 기획과 실적의 일치 여부를 평가하고 그 결과에 따라 신상필벌을 가능하게 하고 있다. 그러나 한비자가 극단적으로 실적만을 요구하는 것과는 달리 수령의 소양과 자질을 재능보다 더 우선시하고 있다는 점에서 차이점을 드러내고 있다. 요컨대 삼봉이 제시한 전최방식은 수령의 소양과 자질을 평가하는 덕의 항목과 수령의 실질적인 업무실적을 평가하는 재(才)의 항목으로 구분하는 방식이다. 이 방식은 수령의 덕행과 재능이라는 두 가지 기준을 제시하고 있다. 그러나 수령의 재능보다 덕을 우선시하더라도 민생에 도움이 되는 실질적인 효과와 사공(事功)도 중시한다. 사공학에서 인용한 고과법은 수령의 덕목 평가를 최우선으로 하는 점에 있어서는 거의 동일한 평가구조를 띠고 있으나 수령의 실적을 평가하는 '최(最)'의 부분에서 다소 차이점이 발생한다. 사공학은 소송이나 납세 그리고 부세와 부역문제를 평가의 중요항목으로 설정하고 있으나, 삼봉은 재판이나 형벌보다 수령이 우선적으로 수행해야 할 업무는 토지를 넓히고, 호구를 증대하여 학교를 진흥시키는 경세적인 일이다.

수령과 감사는 목민(牧民)의 정치를 수행하는 핵심적인 두 축이다. 이들의 정치는 민본을 중심으로 먼저 의식을 풍부하게 하고, 학교와 도덕의 진흥을 추구하고 있다. 관중의 실용적인 사상과 사공학의 경세적인 사상 그리고 한비자의 형명사상이 중첩되어 투영되고 있음을 확인할 수 있다. 삼봉의 고과법은 덕행의 왕도적 요소와 실무능력을 중시하는 실용적인 패도적 요소 사이에서 균형을 이루고 있다.

제 V 장

결 론

지금까지 우리는 국가경영 치도관의 시각으로 유교적 국가경영체제를 운영하기 위한 삼봉의 '유교적 왕패관'과 '왕패론적 재상정치'에 대해서 살펴보았다. 삼봉은 새로운 유교적 질서를 창출하고자 『조선경국전(朝鮮經國典)』, 『경제문감(經濟文鑑)』을 통하여 유교국가의 이념과 통치 질서의 사상적 기반을 구축했다. 그는 조선 왕조의 '이념적 설계자'이자 유교적 국가경영의 질서를 설계한 '국가경영 치도관의 기획자'였다. 또한 인정(仁政)과 강함(强)·안락(安)·번영(榮)의 유교적 국가비전을 실현시키기 위해 국가경영을 전략적으로 구상한 정치사상가였다.

제2장에서는 국가이념의 기획자이자 국가경영체제의 구상자로서 한국정치사상사에 있어서 삼봉의 사상사적 위상과 배경을 살펴보았다. 특히 필자는 삼봉의 유교적 왕패관을 분석하기 위한 사전 작업으로서 그의 학문에 영향을 끼치며 그가 부대끼며 살았던 여말선초의 사상적 동향을 검토하였다. 상제(上帝)와 천군(天君), 신명(神明)과 같은

도가적인 개념을 거침없이 사용하고 있음을 확인했다. 또한 본연지성, 기질지성과 같은 주자학의 핵심 개념을 사용하기도 하는가 하면, 반면에 공자와 맹자의 말까지 교조적으로 해석하지 않고 객관화시키는 개방적이고 탄력적인 학문적 태도를 파악할 수 있었다. 뿐만 아니라 신불해와 한비자의 법가사상까지 현실문제의 처방책으로 통용되고 있었음을 확인하는 계기가 되었다.

이처럼 탄력적이고 개방적이며 다양한, 사상의 시공간적 콘텍스트 속에서 삼봉의 유교적 왕패관은 발생하고 형성된 역사적 산물로 파악된다.

정치적 이상주의로서 맹자의 왕도론과 정치적 현실주의로서 순자의 패도론이 중심을 이루고 있다. 또한 신유학에서는 당위적 도덕주의로서 주희의 왕도론과 사공(事功)을 중시하는 진량의 왕패병용론이 두 축을 형성하고 있다.

삼봉의 유교적 왕패관의 시각으로 볼 때 한소제(漢昭帝) 때 국가경영 책임자이자 주요 정책책임자인 법가의 상홍양과 재야 향리 출신인 유가의 문학과 현량들이 국가경영전략회의에서 왕패도에 대해 논쟁을 벌인 염철론(鹽鐵論)이라고 일컫는 왕패논쟁은 유교정치의 성격 및 방향을 결정하는 중요한 사상사적 사건으로서 부각된다.

이 논쟁은 삼봉으로 하여금 한무제와 같은 패도적 국가경영의 한계를 경계하고, 왕도와 패도를 어떻게 절충하고 항상적인 기제를 창출하느냐의 문제의식을 촉발시켜 결과적으로 유교적 왕패관(王覇觀)의 단서를 제공하는 계기로 작동하고 있음을 알 수 있다.

제3장에서는 유교적 왕패관 근저에는 민의 본성이 자리하고 있다는 것을 살펴보았다. '성선과 도적'이라는 모순적 관계를 통해 정치의

발생과 패도정치를 정당화한다. 또한 유교정치의 궁극적 지향점으로서의 인정(仁政)과 국가의 안위와 백성들의 번영을 기약하는 유교적 국가비전을 수립한다. 인정을 비전으로 설정하고 法/刑, 武/兵, 富/利라는 패도적 통치요소를 수용하여 왕경패권(王經覇權)의 새로운 유교적 왕패관을 수립한다. 삼봉은 유교국가의 정치적 비전인 인정(仁政)을 법과 제도로서 실현시키려는 독특한 유교적 왕패관을 지니고 있다.

삼봉은 유교적 국가경영을 위해 『논어』, 『맹자』, 『순자』, 『관자』, 『한비자』, 주자학, 사공학 등의 다양한 사상을 수용하고 있다. 때문에 삼봉은 주자사상만을 답습하고 독창적인 사상적 요소 없이 유교국가 조선을 구상하였다기보다는 유교를 국가이념으로 구상하면서 정치적 실용성을 확보하기 위해 법전을 기획하고 패도적 요소도 적극 수용하고 있다. 왕도와 패도가 동거하며 상호 교직하는 정치적 사유를 하고 있는 것이다. 즉 유가의 왕도적 비전뿐만 아니라 패도적 실용성도 동시에 고려하고 있다고 할 수 있다. 삼봉은 왕도와 패도의 대립에 의한 충돌성보다 보완성의 측면을 고려하여 국가이념과 체제의 기획을 도모했다고 볼 수 있다. 국가경영을 위해 대단히 절충적이며 전략적으로 사상을 구축하고 있다.

삼봉의 유교적 왕패관은 다음과 같은 구조를 띠고 있다. 첫째, 민의 본성은 왕패정치가 발동하는 핵심적 원동력으로서 성선(性善)과 도적(盜賊)의 상호모순적인 구조를 띠고 있다. 둘째, 유교적 국가비전의 구조는 불인인지정(不忍人之政)의 인정(仁政)과 국가는 강하고(强), 백성들은 안락하며(安), 번영하는(榮) 국가비전의 구조를 형성하고 있다. 셋째, 군주의 군도(君道)는 도덕성과 공업(功業)을 두 축으로 하고 있다. 넷째, 儒者의 자질 구조는 도덕성과 경세성을 양대 기둥으로 하고 있다. 다섯째, 수령에게 요구하는 자질은 덕(德)과 재(才)를 핵심항목으로 하고 있다. 여섯째, 유교적 국가경영의 치도관은 왕도와 패도를 두 축으로 하고 있다.

삼봉의 유교적 왕패관의 구조는 '민'의 본성과 국가비전 그리고 군도(君道)와 유자(儒者)의 자질, 수령의 자질 등을 비롯한 국가경영의 치도관은 왕경패권(王經覇權)의 패러다임이 일관되게 관통하면서 작동하고 있음을 확인할 수 있었다.

국가경영의 치도관적인 입장에서는 도통론(道統論)과는 달리 왕도와 패도에 대해 통합적 시각을 취하는 입장이다. 패도도 국가경영과 치세를 위한 하나의 중요한 수단이기 때문이다. 왕도는 치세에 적합한 통치사상이고 패도는 난세에 그 유력을 발휘한다는 점이 특징이다. 국가경영의 치도관의 측면에서 왕도적 비전과 패도적 실용성을 사상적 충돌 없이 융합하고 있다.

제4장은 유교적 국가경영과 보통군주에 대한 실천적 대안으로서 왕패론적 재상정치를 주장했다. 재상정치의 모델은 왕도적 재상정치의 이윤형과 패도적 재상정치의 관중형이 있다. 삼봉은 이윤을 최종적인 역할모델로 설정하면서 현실적인 정치적 역할모델로 관중도 고려하고 있다. 삼봉은 이 두 유형의 재상모델을 통해 책임윤리에 의한 책임정치와 실용적 패도를 통합한 왕패론적 재상정치를 기획한다. 특히 수령의 업무실적을 평가하는 고과법에 순명책실(循名責實)의 법가적 사유와 한비자의 형명사상(刑名思想)이 관통하고 있음을 확인할 수 있었다.

이 글은 삼봉의 정치사상에 내재되어 있는 『논어』, 『맹자』, 『순자』, 『관자』, 『한비자』 등의 사상을 밝혀 조선정치사상사의 지형 구도를 폭넓게 이해할 수 있는 계기를 제공한다. 삼봉은 정치적 이상주의로서 맹자의 왕도론과 정치적 현실주의로서 순자와 관자 그리고 한비자의 형명사상을 수용하여 왕경패권(王經覇權)의 유교적 왕패관을 수립하고 있다. 유교적 왕패관은 법가의 부국강병에 몰두하지 않고 유가의 도덕적 명분주의에도 경도되지 않으며 왕도를 국가적 비전으로 설정하고 패도적 실용성과 법제적 사유를 기반으로 유교적 국가경영의 치도관으로서 사상사의 새로운 지평을 전개했다.

삼봉의 유교적 왕패관에 내재하고 있는 내면적인 시간은 선진시대의 유법가, 한대와 당대의 유교, 그리고 신유학의 역사적 시간들이 누적적으로 축적되어 있고, 동시적으로 공존하고 있는 형국이다. 즉 '비동시성의 동시성'을 함축하고 있다.

마지막으로 이 글을 통해 도출된 사상사적인 과제는 첫째, 삼봉의 왕패융합(王覇融合)과 같은 조선 초기의 사상적 성격이 조선 중기에 들어서서 왜, 어떻게, 어떠한 사상적 배경하에서 패도적인 요소가 탈각되고 주자학 일변도로 정착할 수 있었는지에 대한 의문점이 연구과제로 부각되었다. 둘째, 삼봉의 유교적 왕패관이 후대에 끼친 영향에 대해서 아직까지 연구된 바가 없다. 국가경영의 치도관의 입장에서 삼봉의 유교적 왕패관의 정치사상사적 맥락에 대한 연구와 함께 조선정치사상사로 확대 연구할 필요가 있다.

參考文獻

■ 1차 자료

1. 實錄 및 史書

『太祖實錄』, 『定宗實錄』, 『太宗實錄』, 『世宗實錄』, 『世祖實錄』, 『高麗史』, 『經國大典』, 『大明律直解』

2. 文集

『三峰集』, 『稼亭集』, 『梅月堂集』, 『牧隱文藁』, 『保閑齋集』, 『四佳集』, 『陽村集』, 『雙梅堂篋藏集』, 『陶隱集』, 『浩亭集』, 『訥齋集』, 『靜菴集』, 『厖村先生文集』, 『南冥集』

권근, 『국역 陽村集』, 민족문화추진회, 1997.
변계량, 『국역 춘정집』, 민족문화추진회, 1998.
양성지·남만성 역, 『訥齋集』, 대양서적, 1975.
정도전, 『국역 三峰集』, 민족문화추진회, 1997.
______, 『三峰集』, 민족문화추진회, 1977.
하륜, 『浩亭先生文集』, 문집편찬위원회, 2005.

3. 中國 經史 및 文集

『論語』, 『孟子』, 『大學』, 『中庸』, 『管子』, 『禮記』, 『荀子』, 『韓非子』, 『書經』, 『商君書』, 『貞觀政要』, 『大學衍義』, 『龍川集』, 『羣書考索』, 『文獻通考』, 『周禮訂義』, 『西山讀書記』, 『伊川易傳』, 『朱子語類』, 『吳子兵法』, 『諸葛亮集』, 『朱文公文集』, 『鹽鐵論』, 『孫子兵法』, 『史記』

김필수 외 옮김, 『管子』, 소나무, 2006.
김학주 옮김, 『荀子』, 을유문화사, 2001.
상앙 지음, 김영식 옮김, 『상군서』, 홍익출판사, 2000.

오기 지음, 이영직 편역, 『吳子兵法』, 스마트비지니스, 2007.
이상옥 역해, 『管子』, 명문당, 1985.
한비 저, 이운구 옮김, 『한비자 Ⅰ, Ⅱ』, 한길사, 2002.

■ 2차 자료

1. 편 · 저서

C. E. 메리암, 신복룡 역, 『정치권력론』, 청아, 1987.
E. H. 카, 권오석 옮김, 『역사란 무엇인가』, 홍신문화사, 1992.
강광식 외, 『조선시대개혁사상연구』, 한국정신문화연구원, 1998.
______ 외, 『한국정치사상사 문헌자료연구Ⅰ』, 집문당, 2005.
______ 외, 『한국정치사상사 문헌자료연구Ⅱ』, 한국학중앙연구원, 2005.
______, 『신유학사상과 조선조 유교정치문화』, 집문당, 2000.
______, 『한국정치연구의 이론과 방법시론』, 한국정신문화연구원, 1997.
康有爲 지음, 이성애 옮김, 『대동서』, 을유문화사, 2006.
강재언 저, 정창열 역, 『한국의 개화사상』, 비봉출판사, 1989.
경북대퇴계연구소 경상대남명학연구소, 『퇴계학과 남명학』, 지식산업사, 2001.
경상대남명학연구소, 『남명학연구 제10집』, 도서출판 臥牛, 2000.
고영진, 『조선중기예학사상사』, 한길사, 1996.
곽신환, 『조선조 유학자의 지향과 갈등』, 철학과 현실사, 2005.
곽존복 · 김영수 옮김, 『權力場』, 푸른숲, 1998.
권근, 『국역 삼경천견록』, 청명문화재단, 1999.
권오영 외, 『혜강 최한기』, 청계, 2000.
권인호, 『조선중기 사림파의 사회정치사상』, 한길사, 1996.
금장태, 『仁과 禮: 다산의 논어해석』, 서울대학교출판부, 2006.
______, 『조선전기의 유학사상』, 서울대출판부, 1998.
김돈, 『조선전기 군신권력관계 연구』, 서울대학교출판부, 1997.
김곡치 외, 조성을 역, 『중국사상사』, 이론과 실천, 1991.
김광철, 『고려후기 세족층 연구』, 동아대출판부, 1991.
김기동, 『중국병법의 지혜』, 서광사, 1993.
김기춘, 『조선시대 형전』, 삼영사, 1990.
김당택, 『원간섭하의 고려정치사』, 일조각, 1998.

김승혜, 『원시유교』, 민음사, 1994.

김영국 외, 『한국정치사상』, 박영사, 1991.

김영수, 『건국의 정치』, 이학사, 2006.

김용남, 『성리학, 유불도의 만남』, 운주사, 2002.

김용배, 『東洋哲學思想史 大觀』, 三鳩文化社, 1956.

김용옥, 『동경대전 1』, 통나무, 2004.

______, 『삼봉 정도전의 건국철학』, 통나무, 2004.

김운태, 『高麗 政治制度와 官僚制』, 박영사, 2005.

______, 『조선왕조 정치행정사(근세편)』, 박영사, 2002.

______, 『조선왕조정치행정사』, 박영사, 1995.

김일영 외, 『한국정치와 헌정사』, 한울, 2001.

김준석, 『조선후기 정치사상사 연구』, 지식산업사, 2003.

______, 『한국 중세 유교정치사상사론 Ⅱ』, 지식산업사 2005.

김충열, 『남명 조식의 학문과 선비정신』, 예문서원, 2006.

______, 『노장철학강의』, 예문서원, 1995.

______, 『유가윤리강의』, 예문서원, 1994.

______, 『중국철학사』, 예문서원, 1994.

김태영, 『실학의 국가개혁론』, 서울대학교출판부, 1998.

______, 『조선전기토지제도사연구』, 지식산업사, 1983.

김태완, 『책문』, 소나무, 2004.

김형효 외, 『민본주의를 넘어서』, 청계, 2000.

______ 외, 『구조주의 사유체계와 사상』, 인간사랑, 2003.

______ 외, 『마음혁명』, 살림, 2007.

______ 외, 『孟子와 荀子』, 삼지원, 1990.

______ 외, 『물학 심학 실학』, 청계, 2003.

______ 외, 『사유하는 도덕경』, 소나무, 2004.

______ 외, 『철학적 사유와 진리에 대하여 1, 2』, 청계, 2004.

김홍경, 『조선 초기 관학파의 유학사상』, 한길사, 1996.

김홍우, 『현상학과 정치철학』, 문학과 지성사, 1999.

남상호, 『육경과 공자 인학』, 예문서원, 2003.

冷成金 지음, 김영진 옮김, 『치도』, 세계사, 2005.

勞思光, 정인재 역, 『중국철학사』(송명편, 한당편), 탐구당, 1987, 1992.

니시다 다이찌로 지음, 천진호·임대희·전영섭 옮김, 『중국형법사 연구』, 신
　　　서원, 1998.

다카하시 도오루, 조남호 옮김,『조선의 유학』, 소나무, 1999.

도광순,『權陽村思想의 硏究』, 교문사, 1989.

도현철,『고려 말 사대부의 정치사상 연구』, 일조각, 1999.

뒤베르제, 배영동 역,『정치란 무엇인가』, 1988.

柳肅 지음, 洪熹 옮김,『禮의 정신』, 동문선, 1994.

리쭝우, 신동준 편역,『중국통치학』, 효형출판, 2003.

리처드 도킨스, 홍영남 옮김,『이기적유전자』, 을유문화사, 1993.

마루야마 마사오, 김석근 옮김,『일본정치사상사연구』, 통나무, 1995.

마르티나 도이힐러 지음, 이훈상 옮김,『한국사회의 유교적 변환』, 아카넷,
    2003.

막스 베버, 박종선 옮김,『프로테스탄티즘의 윤리와 자본주의 정신』, 고려원,
    1996.

_________, 이상률 역,『유교와 도교』, 문예출판사, 1993.

매트리틀리, 신좌섭 옮김,『이타적유전자』, 사이언스북스, 2001.

모리아 히로시 지음, 김현영 옮김,『중국재상열전』, 청어람, 2005.

모종삼, 정인재 · 정병석 공역,『중국철학특강』, 형설, 1991.

문승익,『자아준거적 정치학의 모색』, 오름, 1999.

미조구찌 유조 외, 동국대동양사연구실 옮김,『중국의 예치시스템』, 청계,
    2001.

박병련 외,『남명 조식』, 청계, 2001.

_____ 외,『유교리더십과 한국정치』, 백산서당, 2002.

_____ 외,『잠곡 김육연구』, 태학사, 2007.

_____ 외,『조선조 유교사상과 유교정치문화』, 한국정신문화연구원, 1992.

박시형,『조선토지제도사(중)』, 신서원, 1994.

박영신,『실천도덕으로서의 정치』, 연세대출판부, 2000.

박원재,『유학은 어떻게 현실과 만났는가』, 예문서원, 2001.

박원호,『명초조선관계사 연구』, 일조각, 2002.

박종기,『고려의 지방사회』, 푸른역사, 2002.

박종성,『왕조의 정치변동』, 인간사랑, 1995.

박충석,『한국정치사상사』, 삼영사, 1982.

박충석 · 와다나베 히로시 공편,『국가이념과 대외인식』, 아연출판사, 2002.

박현모,『정치가 정조』, 푸른역사, 2001.

박희병,『운화와 근대』, 돌베개, 2003.

배상현,『고려후기 사원전 연구』, 국학자료원, 1998.

배종호, 『한국유학사』, 연세대학교출판부, 1974.

백민정, 『맹자: 유학을 위한 철학적 변론』, 태학사, 2005.

백상건, 『정치사상사』, 일조각, 1990.

范忠信 외, 이인철 역, 『중국법률문화탐구』, 일조각, 1996.

법제처 편, 『대명률직해』, 법제처, 1964.

벤자민 슈왈츠, 나성 옮김, 『중국고대사상의 세계』, 살림, 1996.

변동명, 『고려 후기 성리학 수용연구』, 일조각, 1995.

변태섭, 『고려정치제도사연구』, 일조각, 1997.

사마천 지음, 김원충 옮김, 『사기열전』, 민음사, 2007.

삼봉정도전기념사업회, 『성리학자 정도전의 국제적 위상』, 경세원, 2008.

__________________, 『정치가 정도전의 재조명』, 경세원, 2004.

설석규, 『조선시대 유생상소와 공론정치』, 선인, 2002.

소공권, 최명 역, 『중국정치사상사』, 법문사, 1991.

_____, 최명·손문호 역, 『중국정치사상사』, 서울대출판부, 1998.

송수환, 『조선 전기 왕실재정 연구』, 집문당, 2000.

송영배 편저, 『諸子百家의 사상』, 현암사, 1997.

_____ 편저, 『유교적 전통과 중국혁명』, 철학과 현실사, 1992.

송영배·금장태 외, 『한국유학과 리기철학』, 예문서원, 2000.

守本順一, 김수길 옮김, 『동양정치사상사연구』, 동녘, 1985.

수운 최제우 지음, 김용옥 역주, 『동경대전 1』, 통나무, 2004.

시마다 겐지, 김석근·이근우 옮김, 『주자학과 양명학』, 까치, 1998.

신동준, 『덕치 인치 법치』, 예문서원, 2003.

신병주, 『남명학파와 화담학파의 연구』, 일지사 2000.

신복룡, 『한국정치사상사』, 나남출판, 1997.

심백강, 『경제개혁의 지혜』, 청년사, 2000.

아담 스미스, 박세일·민경국 공역, 『도덕감정론』, 비봉출판사, 1996.

아라키겐코, 심경호 옮김, 『불교와 유교』, 예문서원, 2000.

알렌 C. 아이작, 정규섭 옮김, 『정치학의 범위와 방법』, 대왕사, 1990.

앤거스 그레이엄, 나성 옮김, 『도의 논쟁자들』, 새물결, 2001.

야마다 게이지, 김석금 옮김, 『朱子의 自然學』, 통나무, 1992.

양종국, 『宋代士大夫社會硏究』, 삼지원, 1996.

楊孝濚, 고재울 역, 『중국사회사상사』, 강원대출판부, 1999.

여명협 지음, 신원봉 옮김, 『제갈량 평전』, 지훈, 2007.

余英時, 정인재 역, 『중국 근세 종교윤리와 상인정신』, 대한교과서주식회사,

1993.

여운필 외, 『역주 목은시고』, 월인, 2000.

연세대학교 국학연구원 편, 『經濟六典輯錄』, 신서원, 1993.

__________________ 편, 『중세사회의 변화와 조선건국』, 혜안, 2005.

__________________ 편, 『한국중세사회의 변화와 조선건국』(제36회 국학
　　　연구발표회 자료), 연세대학교 국학연구원, 2003.

연영모, 『국가설계의 정치사상』, 대경, 2005.

연정열, 『한국법제사상사』, 한성대학교출판부, 2007.

오영교 편, 『조선건국과 경국대전체제의 형성』, 혜안, 2004.

_____ 편, 『조선후기 체제변동과 속대전』, 혜안, 2005.

왕소석 저, 윤익수 편역, 『중국의 전통적 경제윤리』, 효형출판, 2003.

王陽明, 정인재 · 한정길 역주, 『傳習錄 1, 2』, 청계, 2001.

왕충, 이주행 옮김, 『논형』, 소나무, 1996.

위은숙, 『고려후기 농업경제연구』, 혜안, 1998.

儒經學會, 『南坡金貞壽博士 華甲紀念論叢』, 1990.

劉明鐘, 『中國思想史(1)』, 以文出版社, 1983.

유명종 · 김재구 공저, 『중국전통윤리사상사』, 세종출판사, 2000.

유성룡 · 이재호 옮김, 『징비록』, 위즈덤하우스, 2007.

유승원, 『조선초기 신분제 연구』, 을유문화사, 1987.

유택화 주편, 장현근 옮김, 『중국정치사상사선진편 상, 하』, 동과 서, 2002.

윤국일, 『경국대전연구』, 여강출판사, 1991.

윤대식, 『동아시아의 정치적 의무관에 대한 모색』, 한국학술정보(주), 2008.

윤무학, 『중국철학방법론』, 한울, 1999.

윤사순 · 고익진 편, 『한국의 사상』, 열음사, 1991.

윤영혜, 『주자의 선불교비판 연구』, 민족사, 2000.

윤정분, 『중국근세 경세사상 연구』, 혜안, 2002.

윤찬원, 『한비자 -덕치에서 법치로-』, 살림, 2005.

윤훈표, 『여말선초 군제개혁연구』, 혜안, 2000.

윤훈표 · 임용한 · 김인호, 『경제육전과 육전체제의 성립』, 혜안, 2007.

이경식, 『조선전기 토지제도 연구(II)』, 일조각, 1998.

李景植, 『조선전기토지제도연구』, 일조각, 1986.

이문영, 『논어맹자와 행정학』, 나남출판, 1996.

이병걸, 『조선전기사림파의 현실인식과 대응』, 일조각, 1999.

이상수, 『한비자, 권력의 기술』, 웅진지식하우스, 2007.

이성무, 『조선양반사회연구』, 일조각, 1998.

______, 『조선왕조사(1, 2)』, 동방미디어, 1998.

______, 『조선의 사회와 사상』, 일조각, 1999.

이승환, 『유가사상의 사회철학적 재조명』, 고려대학교출판부, 1998.

______, 『유교담론의 지형학』, 푸른숲, 2004.

이은봉, 『중국고대사상의 원형을 찾아서』, 소나무, 2003.

이이 지음, 김태완 옮김, 『성학집요』, 청어람미디어, 2007.

이이화, 『개혁의 실패와 역성혁명』, 한길사, 1999.

이재룡, 『조선전기 경제구조연구』, 숭실대출판부, 1999.

이재호, 『조선정치제도 연구』, 일조각, 1997.

이종은, 『정치철학』, 까치, 1994.

이춘식, 『사대주의』, 고려대학교출판부, 1997.

______, 『유학의 천도관과 정치이념』, 고려대학교출판부, 2004.

______, 『중화사상의 이해』, 신서원, 2002.

______, 『춘추전국시대의 법치사상과 세·술』, 아카넷, 2002.

이태진, 『의술과 인구 그리고 농업기술』, 태학사, 2002.

______, 『조선유교사회사론』, 지식산업사, 1998.

임옥균, 『왕충』, 성균관대학교출판부, 2005.

임용한, 『조선전기 수령제와 지방통치』, 혜안, 2002.

임효선, 『삶의 정치사상』, 한길사, 1996.

장국종, 『조선정치제도사』, 한국문화사, 1998.

장국화 엮음, 임대희 외 옮김, 『중국법률사상사』, 아카넷, 2003.

장인성, 『장소의 국제정치사상』, 서울대학교출판부, 2002.

장현근 편저, 『중국정치사상입문』, 지영사, 1997.

______, 『상군서 동양의 마키아벨리즘』, 살림, 2005.

全樂熙, 『동양정치사상연구』, 단국대출판부, 1995.

전세영, 『율곡의 군주론』, 집문당, 2007.

정두희, 『조광조』, 아카넷, 2000.

______, 『조선시대 인물의 재발견』, 일조각, 1997.

정성식, 『포은과 삼봉의 철학사상』, 심산, 2003.

정약용 지음, 이익성 옮김, 『경세유표 Ⅰ, Ⅱ, Ⅲ』, 한길사, 1997.

정윤재 외, 『세종의 국가경영』, 지식산업사, 2006.

______ 외, 『한국정치사상의 비교연구』, 한국정신문화연구원, 1999.

______, 『다사리국가론』, 백산서당, 1999.

정재훈, 『조선전기 유교정치사상 연구』, 태학사, 2005.

정호훈, 『조선후기 정치사상 연구』, 혜안, 2004.

제임스 류, 이범학 역, 『왕안석과 개혁정책』, 지식산업사, 1992.

제임스 버나드 팔레, 이훈상 역, 『전통한국의 정치와 정책』, 신원문화사, 2000.

제임스 탈리, 유종선 옮김, 『의미와 콘텍스트』, 아르케, 1999.

趙廣洙, 『유가의 군주역할론』, 신지서원, 1998.

趙紀彬 지음, 조남호·신정근 옮김, 『反논어』, 예문서원, 1999.

조기영, 『삼봉리더십』, 이치, 2004.

조남호, 『주희: 중국철학의 중심』, 태학사, 2004.

조선시대사학회, 『동양삼국의 왕권과 관료제』, 국학자료원, 1999.

조셉 니담, 이석호·이철주·임정대·최임순 역, 『중국의 과학과 문명 I, II』,
　　　　을유문화사, 1998.

조지만, 『조선시대의 형사법』, 경인문화사, 2007.

朱日耀, 정귀화 옮김, 『전통중국정치사상사』, 신지서원, 1999.

주자사상연구회편, 『주자사상과 조선의 儒者』, 혜안, 2003.

朱熹·黎靖德 編, 이주행·조원식·정갑임·김우형·박현주 옮김, 『朱子語類』,
　　　　소나무, 2001.

池載熙·李俊寧 解譯, 『주례』, 자유문고, 2002.

陳來, 이종란 외 옮김, 『주희의 철학』, 예문서원, 2002.

陳立夫, 정인재 역, 『중국철학의 인간적 이해』, 민지사, 1992.

진영첩, 표정훈 옮김, 『주자강의』, 푸른역사, 2001.

쯔지호라 유즈루, 동양사상연구회 편역, 『관자』, 지문사, 1990.

蔡尙思, 이광호 옮김, 『중국예교사상사』, 범인문화사, 2000.

蔡仁厚, 천병돈 옮김, 『순자의 철학』, 예문서원, 2000.

최명, 『춘추전국의 정치사상』, 박영사, 2004.

최상용 외, 『인간과 정치사상』, 인간사랑, 2002.

최상용·박홍규, 『정치가 정도전』, 까치, 2007.

최승희, 『조선초기 정치사 연구』, 지식산업사, 2002.

최연식, 『창업과 수성의 정치사상』, 집문당, 2003.

최정용, 『조선조 세조의 국정운영』, 신서원, 2000.

최진덕 외, 『유교의 예치이념과 조선』, 청계, 2007.

　　　　, 『주자학을 위한 변명』, 청계, 2000.

최환, 『한중 유서문화 개관』, 영남대학교출판부, 2008.

최희남, 『정다산의 경제윤리사상』, 김영사, 2007.

푸란시스 후쿠야마, 이상훈 옮김,『역사의 종말』, 한마음사, 1992.

풍우란, 정인재 역,『중국철학사』, 형설출판사, 1991.

하현강,『한국중세사론』, 신구문화사, 1989.

한국동양정치사상학회,『동양정치사상사』(제1권 2호), 예응커뮤니케이션, 2002.

한국사상연구회 편저,『조선유학의 학파들』, 예문서원, 1997.

_____________ 편저,『圖說로 보는 한국유학』, 예문서원, 2000.

한국역사연구회 조선시기 사회사 연구반,『조선은 지방을 어떻게 지배했는가』, 아카넷, 2000.

한국정신문화연구원,『역주 경국대전』(飜譯篇, 국역총서 86-1), 朝銀文化社, 1995.

________________,『역주 경국대전』(註釋篇, 국역총서 86-1), 朝銀文化社, 1995.

________________,『청계논총』(통권 제15호), 柳盛印刷公社, 2000.

한국정치사상학회,『정치사상연구』(3집), 2000.

한국정치외교사학회,『한국정치와 헌정사』, 한울아카데미, 2000.

한국학중앙연구원,『13~14세기 동아시아 법과 사회』(지정조격 출판기념), 한국학중앙연구원, 2007.

한승조,『한국의 정치사상』, 일념, 1990.

한영우,『왕조의 설계사 정도전』, 지식산업사, 1999.

_____,『정도전 사상의 연구』, 서울대출판부, 1973.

_____,『정도전 사상의 연구』, 서울대출판부, 1999.

_____,『조선 수성기 제갈량 양성지』, 지식산업사, 2008.

_____,『조선시대신분사연구』, 집문당, 1997.

_____,『朝鮮前期社會思想研究』, 지식산업사, 1983.

한우근 외,『譯註 經國大典』, 한국정신문화연구원, 1995.

_____ 외,『유교정치와 불교』, 일조각, 1997.

한충희,『조선초기 관직과 정치』, 계명대학교출판부, 2008.

_____,『조선초기 육조와 통치체계』, 계명대학출판부, 1998.

한형조,『주희에서 정약용으로』, 세계사, 1996.

형상윤,『조선유학사』, 현음사, 1992.

홉즈, 김용한 역,『리바이어던』, 살림, 2005.

洪承基,『高麗貴族社會와 奴婢』, 1983.

환관 저, 김한규·이철호 역,『염철론』, 소명출판, 2002.

___ 지음, 김원중 옮김,『염철론』, 현암사, 2007.

황병태,『유학과 현대화』, 우석, 2001.

황영선,『황희의 생애와 사상』, 국학자료원, 1998.

Crane Brinton, 1960, *The Automy of Revolution*, New York: Vintage.

J. G. A Pocock, 1989, *Politics, Language, and Time*, chicago: The University of Chicago press.

JaHyun Kim Haboush, 2001, *The Confucian Kingship in Korea*, New York: Columbia University Press.

James B. Palais, 2002, *Confucian Statecraft and Korea Institutions*, Seattle and London: University of Washington Press.

James Palais, 1991, *Politics and Policy in Traditional Korea*, Cambridge(massachusetts) and London: Harvard University Press.

Tully, James. eds., 1988, *Meaning and Context: Quentin Skinner and his Critics*, Princeton, N.J.: Princeton University Press.

九山眞南, 王中江 譯, 『日本政治思想史 硏究』, 北京: 三聯書店, 2000.

束景南, 『朱子大傳』, 泉州: 福建敎育出版社, 2000.

孫希旦 撰, 『禮記集解(上, 中, 下)』, 北京: 中華書局, 1989.

余英時, 『中國近世 宗敎倫理與商人精神』, 安徽: 安徽敎育出版社, 2001.

王貞珉 注譯, 王利器 審訂, 『鹽鐵論譯注』, 長春: 吉林文史出版社, 1996.

劉鄂培, 『孟子大傳』, 北京: 淸華大學出版部, 1997.

劉澤華 主編, 『中國古代政治思想史』, 天津: 南開大學出版社, 1992.

劉厚琴, 『儒學與漢代社會』, 濟南: 齊魯書社, 2002.

林茂生·王維禮·王檜林 主編, 『中國現代政治思想史』, 哈爾濱: 黑龍江人民出版社, 1984.

陳光林 主編, 『荀子與儒家社會理想』, 濟南: 齊魯書社, 2001.

胡寄窗, 『中國經濟思想史簡編』, 中國社會科學出版社, 1989.

丸山眞男, 『日本政治思想史硏究』, 北京: 三聯書店, 2000.

侯家駒, 『周禮硏究』, 臺北: 聯經出版社業公司, 民國76年.

2. 석·박사학위논문

강신주, 「염철론 사상 연구」, 서울대학교 석사학위논문, 1995.

고혜령, 「14세기 고려사대부의 성리학 수용과 가정 이곡」, 이화여자대학교 박사학위논문, 1992.

권미숙, 「순자예치사상의 사회윤리학적 연구」, 한국학중앙연구원 한국학대학원 박사학위논문, 1996.

金鎔坤, 「朝鮮前期 道學政治思想研究」, 서울대학교 박사학위논문, 1994.

김남일, 「권근의 세계관과 역사인식」, 한국학중앙연구원 한국학대학원 박사학위논문, 2000.

김상철, 「조선조 정책과정에 관한 연구」, 한국학중앙연구원 한국학대학원 박
　　　사학위논문, 1994.

김석제, 「권근예기천견록 연구」, 성균관대학교 박사학위논문, 1999.

김성문, 「조선 중기 사림정치와 사의 카리스마」, 한국학중앙연구원 한국학대
　　　학원 석사학위논문, 2001.

김영수, 「고려 말과 조선조 건국기의 정치적 위기와 극복과정에 관한 연구」,
　　　서울대학교 박사학위논문, 1996.

김용은, 「漢 前期 國家財政과 財政論 硏究-상홍양의 재정정책을 중심으로-」, 경
　　　희대학교대학원 박사학위논문, 2000.

김원동, 「정도전의 통치이념과 제도에 관한 연구」, 경희대학교 박사학위논문,
　　　1979.

김현수, 「J. G. A. Pocock과 Quentin Skinner의 新政治思想史」, 서강대학교 석사학
　　　위논문, 1994.

南智大, 「조선 초기 중앙정치제도연구」, 서울대학교 박사학위논문, 1993.

도민재, 「조선 전기 예학사상 연구」, 성균관대학교 박사학위논문, 1998.

문형진, 「大明律的特点及對朝鮮社會的影向」, 중앙민족대학 박사학위논문, 1998.

朴丙鍊, 「조선조 유교관료제의 성격에 관한 연구」, 서울대학교 박사학위논문,
　　　1991.

朴天植, 「朝鮮建國功臣硏究」, 전남대학교 박사학위논문, 1985.

부남철, 「조선전기 정치사상연구: 군주, 관료론을 중심으로」, 한국외국어대학
　　　교 박사학위논문, 1990.

손문호, 「고려 말 신흥사대부들의 정치사상 연구-유교적 국가주의를 중심으로
　　　-」, 서울대학교 박사학위논문, 1989.

신동준, 「先秦 儒法家의 治道觀과 治本觀의 비교연구」, 서울대학교 박사학위논
　　　문, 1998.

심승구, 「조선전기 武科 연구」, 국민대학교 박사학위논문, 1994.

유기준, 「조선 초기 형률 연구」, 충남대학교 박사학위논문, 1995.

尹大植, 「맹자의 정치사상연구」, 한국외국어대학교 박사학위논문, 2001.

李碩圭, 「조선 초기 민본사상연구」, 한양대학교 박사학위논문, 1994.

이유진, 「정약용 주례론의 연구」, 동국대학교 박사학위논문, 1995.

李章雨, 「조선 초기의 전제제도와 국가재정」, 서강대학교 박사학위논문, 1993.

이재룡, 「조선시대의 성리학적 규범관」, 고려대학교 박사학위논문, 1991.

이한수, 「세종시대 가와 국가에 관한 논쟁」, 한국학중앙연구원 한국학대학원

박사학위논문, 2005.

임중혁, 「한 율령의 형성과 발전에 대한 연구」, 고려대학교 박사학위논문, 1992.

鄭杜熙, 「조선 초기 지배세력연구」, 서강대학교 박사학위논문, 1983.

정성식, 「여말선초의 역사적 전환과 성리학적 대응에 관한 연구」, 성균관대학교 박사학위논문, 1997.

鄭容和, 「유길준의 정치사상연구」, 서울대학교 박사학위논문, 1998.

정재훈, 「조선전기 유교정치사상 연구」, 서울대학교 박사학위논문, 2001.

조광권, 「조선조 준천과정에 나타난 위민담론 분석」, 한국학중앙연구원 한국학대학원 박사학위논문, 2004.

조준하, 「예론의 연원과 그 전개에 관한 연구」, 성균관대학교 박사학위논문, 1992.

趙顯傑, 「여말선초 주자성리학파의 정치사상연구」, 경북대학교 박사학위논문, 1992.

지교헌, 「동양의 자연법사상과 법실증주의에 관한 연구」, 성균관대학교 박사학위논문, 1986.

陳元海, 「마키아벨리의 정치사상연구」, 계명대학교 박사학위논문, 1983.

진희권, 「조선조 초기의 유교적 국가이념과 국가질서」, 고려대학교 박사학위논문, 1998.

최복희, 「주희의 의리론」, 서강대학교 석사학위논문, 1996.

최연식, 「여말선초 성리학적 정치담론의 형성과 분화에 관한 연구」, 연세대학교 박사학위논문, 1997.

3. 일반논문

강광식, 「한국정치사상사 연구의 대상과 방법」, 『한국정치사상사 문헌자료 연구 I』, 집문당, 2005.

강길중, 「진량의 경세사상에 대한 일고」, 『경상사학』 제9호, 경상사학회, 1993.

강진석, 「왕도-패도의 철학적 논쟁연구」, 『국제지역연구』 제9권 제1호, 한국외국어대학교, 2005.

곽신환, 「포은철학사상의 탐색」, 『육사논문집』 제21집, 육군사관학교, 1981.

김광수, 「정도전의 진법에 관한 고찰」, 『육사논문집』 제50집, 육군사관학교, 1996.

김석근, 「개혁과 혁명 그리고 주자학: 여말선초를 산 정몽주와 정도전의 현실인식과 비전」, 『한국정치의 재성찰: 전근대성·근대성·탈근대성』, 한울, 1996.

______, 「조선시대 법규범과 제도에 관한 시론」, 『한국정치와 헌정사』, 한국정치외교사학회, 2001.

김영수, 「여말선초 정치운영과 변화」, 『역사와 현실』 제29호, 한국역사연구회, 1998.

김인호, 「여말선초 군주수신론과 대학연의(大學衍義)」, 『역사와 현실』 제29호, 한국역사연구회, 1998.

______, 「여말선초 육전체제의 성립과 전개」, 『동방학지』 제118호, 연세대학교 국학연구원, 2002.

______, 「정도전의 역사인식과 군주론의 기반」, 『한국사연구』 제131호, 한국사연구회, 2005.

김태영, 「려말선초 성리학 왕정론의 전개」, 『조선시대사학보』 제14호, 조선시대사학회, 2000.

______, 「주자학 세계관과 조선성리학의 주체의식」, 『대동문화연구』 제37집, 성균관대학교 대동문화연구원, 2000.

김한규, 「漢代 中國의 世界秩序의 理論的 基礎에 대한 一試論」, 『동아연구』, 서강대 동아연구소, 1982.

김형효, 「맹자적인 것과 순자적인 것」, 『정신문화연구』 통권51호, 한국정신문화연구원, 1993.

노태천, 「조선경국전에 나타난 정도전의 農工에 대한 인식」, 『대한공업교육학회지』 제16권 제1호, 대한공업교육학회, 1991.

도현철, 「경제문감의 인용전거로 본 정도전의 정치사상」, 『역사학보』 제165집, 역사학회, 2000.

______, 「고려 말 사대부의 왕안석 인식」, 『역사와 현실』 제42호, 한국역사연구회, 2001.

______, 「고려 말기 교화론과 생업안정론」, 『한국사상사학』 제9집, 사상사회연구소, 1997.

______, 「고려 말기 사대부의 이상군주론」, 『동방학지』 제88호, 연세대학교 국학연구원, 1995.

______, 「정도전 경제문감의 주자 글 원용과 그 의도」, 『실학사상』 제10, 11호, 모악실학회, 1999.

______, 「정도전의 사공학 수용과 정치사상」, 『한국사상사학』 제21집, 한국사상사학회, 2003.

______, 「정도전의 정치체제 구상과 재상정치론」, 『한국사학보』 제9호, 고려사

학회, 2000.

류주희, 「조선 초 비개국파 유신(儒臣)의 정치적 동향」, 『역사와 현실』 제29호, 한국역사연구회, 1998.

문철영, 「정치가 정도전에 대한 역사심리학적 고찰」, 『정치가 정도전의 재조명』, 경세원, 2004.

문형진, 「대명률 전래와 한국적 변이양상」, 『국제지역연구』 제6권 제3호, 한국외국어대학교, 2002.

______, 「대명률과 경국대전 편찬의 법제사적 의의」, 『중국연구』 제34권, 한국외국어대학교 외국학종합연구센터 중국연구소, 2004.

박병련, 「남명 조식의 정치사상과 사상사적 위치」, 『정신문화연구』 통권68호, 한국정신문화연구원, 1997.

______, 「동양적 관료체제에 관한 비교연구」, 『한국행정학보』 제27권 4호, 한국행정학회, 1993.

______, 「정도전의 정치사상과 유교적 관료체계의 재설계」, 『한국사회와 행정연구』 제11권 2호, 한국행정학회, 2000.

______, 「조선관료제의 이념에 관한 연구」, 『한국의 정치와 경제』 제3집, 한국정신문화연구원, 1992.

______, 「朝鮮朝 ‘修己治人’論의 思想史的 變容과 實學思想」, 『한국행정학보』 제32권 제4호, 한국행정학회, 1998.

______, 「조선조 민본주의 행정관에 관한 연구」, 『南波金貞壽博士華甲記念論叢』, 儒經學會, 1992.

______, 「朝鮮初期 儒家行政思想과 行政엘리트의 充員」, 『韓國의 政治와 經濟』 제2집, 한국정신문화연구원, 1992.

박성진, 「『사고전서』 札記」, 『유교문화연구』 제9집, 성균관대학교출판부, 2005.

박현모, 「세종과 경국의 정치: 세종은 외교적 난관을 어떻게 헤쳐 갔는가?」, 『유교문화연구』 제9집, 동아시아학술원 유교문화연구소, 2003.

______, 「정치이념으로서의 유교국가주의」, 『한국정치사상사 문헌자료 연구Ⅰ』, 집문당, 2005.

______, 「태종 이방원의 국가경영」, 『조선시대 왕과 재상의 리더십 연구』, 한국학중앙연구원, 2007.

박홍규, 「전술가 정도전」, 『정치가 정도전의 재조명』, 경세원, 2004.

______, 「주자학과 조선건국(1): 고려 말기 주자학의 수용과 적용」, 『아세아연구』 통권 103호, 고려대학교 아세아문제연구소, 2000.

박홍규·방상근, 「태종 이방원의 권력정치: 揚權의 정치술을 중심으로」, 『정신문화연구』 29-3(통권104호), 한국학중앙연구원, 2006.

배병삼, 「변계량을 통해 보는 조선 초기 재상리더십」, 『조선시대 왕과 재상의 리더십 연구』, 한국학중앙연구원, 2007.

손문호, 「조선전기 문헌자료의 준거와 체계」, 『한국정치사상사 문헌자료 연구 Ⅰ』, 집문당, 2005.

신항수, 「경전해석을 통해 본 이익의 왕패인식」, 『한국사상사학』 제19집, 한국사상사학회, 2002.

심재우, 「유교 법사상과 서양 법사상의 비교법적 고찰」, 『유교문화연구』 제4집, 성균관대학교출판부, 2002.

유희성, 「중국의 예적 질서와 법적 질서」, 『사회와 철학』 제14호, 사회와 철학 연구회, 2007.

윤사순, 「정도전 성리학의 특성과 그 평가」, 『한국유학사상론』, 열음사, 1986.

______, 「정도전 성리학의 특성과 그 평가문제」, 『진단학보』 제50호, 진단학회, 1980.

윤훈표, 「여말선초 군법의 운영체계와 개편안」, 『한국사상사학』 제21집, 사상사회연구소, 2003.

이기동, 「순자철학의 사회철학적 의미」, 『대동문화연구』 제21집, 성균관대학교 대동문화연구원, 1987.

이문교, 「의리 왕패논변」, 『철학논구』 제31집, 서울대학교 철학과, 2003.

이석규, 「조선 초기 교화의 성격」, 『한국사상사학』 제11집, 사상사회연구소, 1998.

이승환, 「결과주의와 동기주의의 대결」, 중국철학연구회, 『논쟁으로 본 중국철학』, 예문서원, 1996.

이을호, 「조선조 전기의 유가철학」, 한국철학회 편, 『한국철학연구 中』, 동명사, 1978.

이익주, 「삼봉집 시문을 통해 본 고려 말 정도전의 교유관계」, 『정치가 정도전의 재조명』, 경세원, 2004.

이재룡, 「도덕과 제도, 국가권력의 분산과 집중의 변주」, 『법철학연구』 제7권 제2호, 2004.

______, 「삼봉 정도전의 법사상」, 『민족문화연구』 제23호, 고려대학교 민족문화연구소, 1990.

이태진, 「조선왕조의 유교정치와 왕권」, 『한국사론』 제23집, 서울대학교 인문대학 국사학과, 1990.

이한수, 「세종시대 황희의 재상리더십」, 『조선시대 왕과 재상의 리더십 연구』,

한국학중앙연구원, 2007.

______, 「조선초 '개국주도파'와 '개국후 참여파'의 정치사상적 갈등-정도전과 하륜을 중심으로-」, 『청계논총』 제2집, 한국정신문화연구원, 2000.

장기근, 「예와 예교의 본질」, 『동아문화』 9집, 서울대학교 동아문화연구소, 1970.

정긍식·조지만, 「조선전기 대명률의 수용과 변용」, 『진단학보』 제96집, 진단학회, 2003.

정두희, 「삼봉집에 나타난 병제개혁안의 성격」, 『진단학보』 제50호, 진단학회, 1980.

정인재, 「순자의 지식론」, 강성위 외, 『동서철학의 향연』, 이문사, 1981.

정호훈, 「정도전의 학문과 공업지향의 정치론」, 『한국사연구』 제135호, 한국사연구회, 2006.

조남욱, 「仁政의 실상과 요령 및 그 현대적 가치」, 『유교문화연구』 제9집, 성균관대학교출판부, 2003.

조준구, 「염철론에 나타난 현량과 문학」, 『명지사론』 제10호, 명지사학회, 1999.

조천수, 「도가의 무위와 법가의 無爲而術」, 『법철학연구』 제6권 제2호, 한국법철학회, 2003.

______, 「商鞅의 變法改革과 法治思想」, 『법철학연구』 제7권 제2호, 한국법철학회, 2004.

지교헌, 「순자의 정치윤리사상」, 『정신문화연구』 가을호, 한국정신문화연구원, 1986.

진희권, 「순자의 예치와 법치」, 『법철학연구』 제7권 제2호, 한국법철학회, 2004.

______, 「조선 초기의 관료제의 성립과 정도전을 통해 본 사상적 기반」, 『안암법학』 제18호, 안암법학회, 2004.

______, 「조선의 국가이념에 대한 소고」, 『법철학연구』 제6권 제2호, 한국법철학회, 2003.

______, 「한비자 법치의 재해석」, 『법철학연구』 제9권 제2호, 한국법철학회, 2006.

최상용, 「정치가 정도전을 생각한다」, 『정치가 정도전의 재조명』, 경세원, 2004.

최연식, 「여말선초의 권력구상」, 『한국정치학회보』 제32집 제3호, 한국정치학회, 1998.

최종고, 「정도전의 법사상」, 『문학과 지성』 제21호, 문학과지성사, 1975.

최창규, 「고려 말 조준과 정도전의 개혁방안」, 『국사관논총』 제46집, 국사편찬위원회, 1993.

최창대, 「전한 武帝期 興利之臣 桑弘羊論」, 『부산공업전문대학 연구논문집』 제
　　　　22집, 부산공업대학교, 1981.
＿＿＿＿, 「전한대 염철논의와 현량문학」, 『부산공업전문대학 연구논문집』 제22
　　　　집, 부산공업대학교, 1981.
하의대, 「조선 초기 군사정책과 병법서의 발전」, 국방군사연구소 편, 『한국군
　　　　사사 논문선집』, 한국군사연구소, 1996.
한영우, 「정도전의 인간과 사회사상」, 『진단학보』 제50호, 진단학회, 1980.
한정길, 「조선 전기 도학적 세계관의 형성과 그 전개」, 『한국사상사학』 제21
　　　　집, 사상사회연구소, 2003.
함재학, 「경국대전이 조선의 헌법인가」, 『법철학연구』 제7권 제2호, 한국법철
　　　　학회, 2004.
＿＿＿＿, 「유교전통 안에서의 입헌주의 담론」, 『법철학연구』 제9권, 한국법철학
　　　　회, 2006.
허남욱, 「관자의 법치론에 대한 일고」, 『강원문화연구』 제15집, 강원대학교 강
　　　　원문화연구소, 1996.
허창무, 「관자의 정치윤리사상」, 『정신문화연구』 가을호, 한국정신문화연구원,
　　　　1986.

색인

권행완

한국학중앙연구원 한국학대학원 정치학박사
서강대학교 공공정책대학원(중국학) 정치학석사
성남시 30년사 시사편찬위원회 집필위원
홍익대학교 외래교수

「삼봉 정도전의 왕패정치담론에 관한 연구」
「탈냉전기 중국과 대만 간 정치적 갈등관계의 구조적 분석」

왕도와 패도

초 판 인 쇄 | 2012년 9월 21일
초 판 발 행 | 2012년 9월 21일

지 은 이 | 권행완
펴 낸 이 | 채종준
펴 낸 곳 | 한국학술정보㈜
주　　　소 | 경기도 파주시 문발동 파주출판문화정보산업단지 513-5
전　　　화 | 031) 908-3181(대표)
팩　　　스 | 031) 908-3189
홈 페 이 지 | http://ebook.kstudy.com
E-mail | 출판사업부　publish@kstudy.com
등　　　록 | 제일산-115호(2000. 6. 19)

ISBN　　978-89-268-3587-6 93910 (Paper Book)
　　　　978-89-268-3588-3 95910 (e-Book)

내일을여는지식 ■ 은 시대와 시대의 지식을 이어 갑니다.